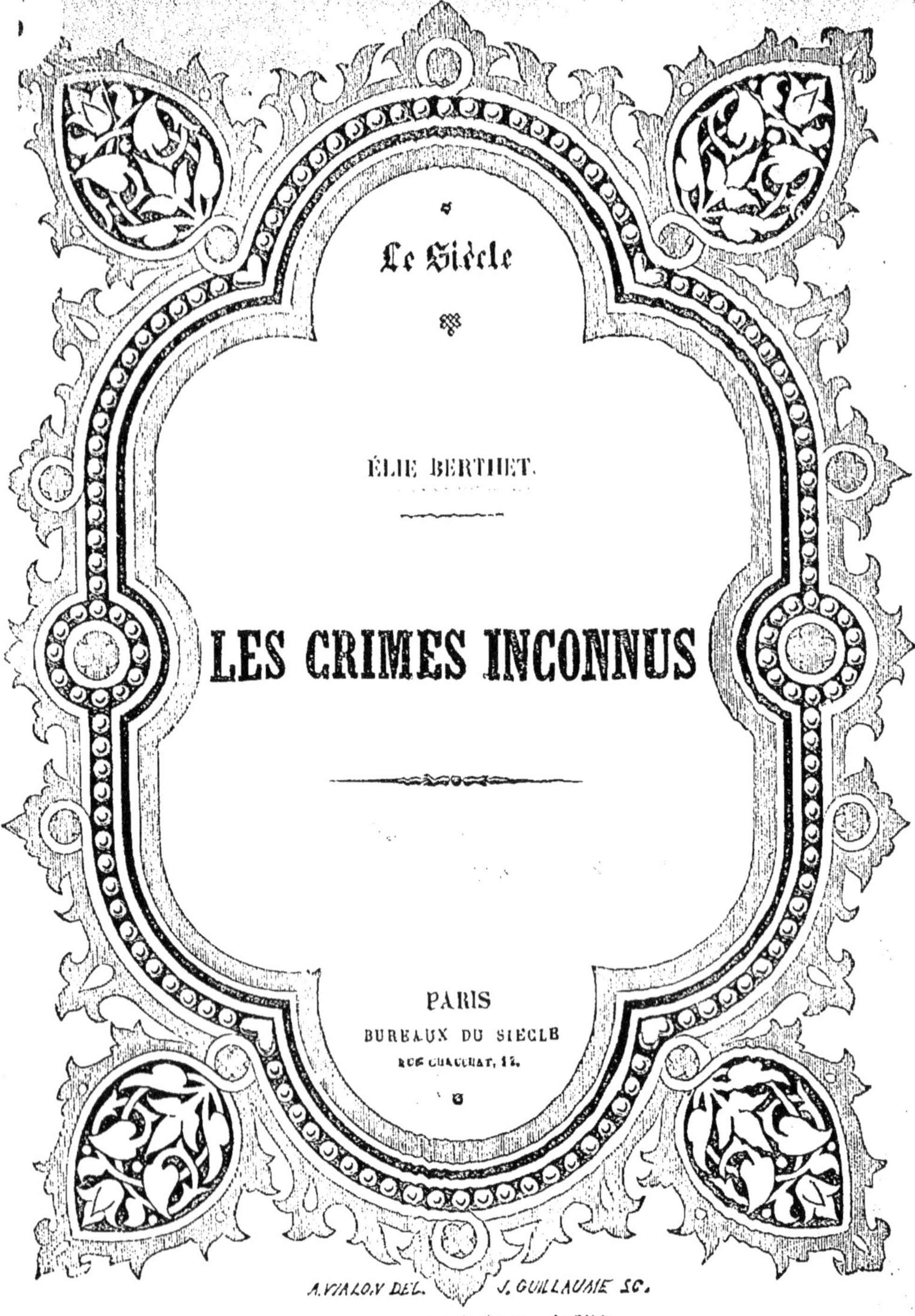

Le Siècle

ÉLIE BERTHET.

LES CRIMES INCONNUS

PARIS
BUREAUX DU SIÈCLE
RUE CHAUCHAT, 14.

A. VIALON DEL. J. GUILLAUME SC.

LES CRIMES INCONNUS

AVANT-PROPOS.

— Ah çà ! — me disait mon vieil ami X***, — pourquoi les romanciers s'obstinent-ils à mettre sous les yeux de leurs lecteurs des drames de cour d'assises, des scènes de bagne, des Vautrins insaisissables qui bravent sans vergogne le juge d'instruction ? Croient-ils vraiment que le public ait un goût particulier pour ces horreurs ?

— Hélas ! — répondis-je.

— On disait autrefois, — poursuivit X***, — que la littérature était l'expression de la société. Or savez-vous que, si l'on en jugeait par les romans actuels, notre société aurait une forte laide expression ? Nous ne valons pas grand'chose, je l'avoue. Jamais les scandales n'ont été aussi insolents, jamais la pudeur publique n'a été mise à d'aussi rudes épreuves. La courtisane a ses journaux qui la divinisent chaque matin. Des gens soi-disant spirituels (comme si l'esprit pouvait subsister en dehors du bon sens) ont attaqué tous les principes qui font la base des sociétés régulières, l'honneur, le patriotisme, que sais-je ? On a ridiculisé les vertus de famille, l'honnêteté bourgeoise ; puis les croyances de toute nature, puis l'histoire, la poésie et jusqu'à la mythologie, jusqu'à la légende. On a fait table rase de tout le passé, sans s'inquiéter de l'avenir ; on s'acharne à démolir, sans songer comment on reconstruira... Oui, notre époque, ne saurait m'inspirer aucune admiration ; et cependant j'ai la certitude qu'on la calomnie. Par-dessous cette couche turbulente et ricaneuse qui s'agite à la surface, se trouvent des couches profondes où les agitations se font à peine sentir. Là existe un monde paisible et laborieux qui ne dédaigne, nullement certains avantages, mais qui ne cherche à les acquérir que par la patience, le travail et la probité. Là on rencontre une rassurante quantité d'honnêtes femmes, modestes jeunes filles ou bonnes mères de famille, qui sont importunées par le vice triomphant, mais qui ne l'envient pas : une jeunesse sérieuse occupée de fortes études ; une active et intelligente population d'industriels, de commerçants, de fonctionnaires, qui donne de nombreux exemples de vertus privées. Mais ce monde tranquille, où chacun accomplit sa tâche quotidienne, fait moins de bruit, malgré sa masse, que quelques centaines d'individualités tapageuses qui sont toujours en scène. Comme on ne l'entend pas, on le croit inerte et insensible, quand au contraire il vit, il palpite, et il est à lui seul la force la plus réelle de cette nation gangrenée à l'épiderme... — J'ignore si mon ami X*** allait continuer longtemps sur ce ton-là, mais je fis une telle moue qu'il s'interrompit au milieu de sa boutade philosophique. — Revenons au roman actuel, — reprit-il, — et aux crimes dont le goût public lui impose le sempiternel récit. Les romanciers sont obligés de subir ces exigences, soit ; mais, bon Dieu ! est-il donc nécessaire d'aller sans cesse piller l'histoire des causes célèbres ou d'imaginer des caractères révoltants, des scènes atroces jusqu'à l'absurdité, pour exciter un puissant intérêt ? Aussi bien, le crime, dans notre société hypocrite et énervée, n'a pas toujours ces allures brutales, ce caractère de révolte ouverte qui appelle une punition retentissante ; il est perfide, silencieux et lâche. On l'ignore trop souvent ; mais, fût-il connu, la loi serait impuissante contre lui.

— Je comprends ; vous voulez parler du crime *d'intention*, qui au point de vue de la morale publique est en effet aussi condamnable que le crime avoué. C'est encore l'ancienne histoire du mandarin de la Chine, vieux, poussif, odieux et inutile, que l'on suppose pouvoir être tué, à mille lieues de distance, par la seule action de la volonté... Balzac nous a débité de fort jolies choses sur les gens qui tuent leur mandarin.

— Non, non ; il ne s'agit pas de crimes d'*intention*... ! Combien peu de personnes, au milieu des luttes ardentes que nous avons tous à soutenir, garderaient leur mandarin vivant ! Il s'agit de crimes volontaires, accomplis « avec préméditation » comme dit le code pénal. Ainsi, moi qui vous parle, j'ai eu l'occasion de rencontrer dans le monde un fils qui a tué son père, une mère qui a tué son enfant, une femme qui a tué son mari, et d'autres scélérats inconnus, mais à peine moins abominables.

— Morbleu ! mon cher, quels braves gens vous fréquentiez là ! Eh bien ! où donc étaient le commissaire et le gendarme ?

— Encore une fois le commissaire et le gendarme n'avaient rien à voir dans tout ceci. Les coupables, si on leur eût reproché leur mauvaise action, l'auraient niée victorieusement, peut-être même trouvaient-ils quelques sophismes, quelques arguments complaisants pour la justifier à leurs propres yeux. Aussi le monde ne les frappait-il d'aucune réprobation réelle.

— Vous piquez vivement ma curiosité; consentiriez-vous à me raconter quelques-uns de ces *crimes inconnus* dont vous avez pu être témoin?

— Bien volontiers; plusieurs sont compris dans l'histoire d'une famille qui jouit encore d'une grande considération. N'espérez pas pourtant trouver dans cette histoire les péripéties forcées, le gros mélodrame, les scènes violentes des romans en vogue; mais, telle qu'elle est, elle ne peut pas moins émouvoir, car personne n'est à l'abri des attentats dont il s'agit.

— Ainsi ces attentats n'ont pas même le mépris public pour châtiment?

— Pas toujours... Néanmoins ils ne restent pas impunis.

— Comment cela?

— Mon cher, je suis vieux, mais j'ai conservé ma naïveté. Je crois à Dieu et à la conscience.

— Eh bien! et moi aussi! — m'écriai-je.

Alors X*** me raconta ce que je vais vous raconter à mon tour.

I

LES DEUX AMIS.

Un matin de l'année 184., le train de Chartres allait partir de la gare de l'Ouest, et on s'installait avec empressement dans les vagons de première classe.

Un de ces vagons portait une indication annonçant qu'il était réservé aux voyageurs pour Z*** (Z*** est une petite ville située entre Versailles et Chartres), et c'est dans un des compartiments de celui-ci que nous allons introduire le lecteur.

Trois personnes s'y trouvaient déjà; mais comme la portière restait béante, d'autres voyageurs allaient monter sans doute. Au fond, du côté de la voie, étaient assises deux dames de l'extérieur le plus distingué. L'une était vieille, l'autre était jeune; on pouvait les prendre pour la mère et la fille, ou tout au moins pour des parentes à un degré rapproché. La vieille, dont la physionomie était calme et bienveillante, avait pour unique souci en ce moment de dérober à la vigilance des employés de la gare un tout petit chien anglais que les règlements reléguaient dans le vagon spécial. Mais vainement sa maîtresse s'efforçait-elle de le dissimuler sous un pan de son ample cachemire, la mignonne bête, curieuse et volontaire, s'agitait pour se dégager et semblait à chaque instant près de lâcher un aboiement qui pouvait la trahir.

L'anxiété de la vieille dame était partagée, dans une certaine mesure, par sa compagne. Celle-ci, qui ne pouvait avoir dépassé sa vingtième année, avait une taille souple et élégante. Une masse de cheveux blonds cendrés débordait en boucles gracieuses sous son chapeau orné d'une simple fleur. Quant à son visage, on en voyait seulement une partie, caché qu'il était sous un de ces demi-voiles de dentelle noire appelés *loups*, en souvenir du masque féminin adopté au temps de Louis XIII. Mais à travers le léger tissu brillaient deux yeux bleus pleins d'intelligence et de douceur; et au-dessous on pouvait admirer une bouche vermeille, toujours prête à sourire, un menton fosselé, et la naissance d'un col onduleux comme celui d'un cygne. Cette charmante fille s'efforçait aussi d'apaiser le roquet pétulant, et, tout en le flattant de la main, elle lui adressait à demi-voix des paroles caressantes qui ne produisaient pas grand effet.

A l'autre extrémité du vagon avait pris place un assez beau garçon de vingt-cinq à vingt-six ans, vêtu à la mode du jour. C'était ce qu'on appelait alors un *gandin* et ce qu'on appellerait aujourd'hui un *petit crevé*; le nom a changé, la chose est resté la même. Une mallette en cuir verni, contenant son bagage, était déposée sur le banc à son côté, et il chiffonnait plusieurs journaux illustrés qu'il venait d'acheter. Cependant il ne lisait pas et regardait en chantonnant les gens qui allaient et venaient. Il avait précédé les deux dames dans la voiture et, quand elles étaient montées, il s'était incliné légèrement. Mais, après un rapide examen, il s'était tourné vers la portière avec un sourire impertinent qui voulait dire :

— Ce sont des prudes... Il n'y a pas lieu de s'occuper d'elles.

Tous les voyageurs de première classe semblaient être installés, lorsqu'un pas précipité résonna sur le trottoir; un nouveau venu, après avoir lu l'inscription du vagon, franchit le marche-pied, salua poliment et s'assit à la place vide en face du gandin.

Ce nouveau venu était encore un jeune homme, mais d'un type fort différent. Ses traits délicats avaient plus d'expression que de régularité, et l'on remarquait quelque chose de maladif dans toute sa personne. Une jolie moustache brune tranchait sur la pâleur de son visage, auquel ses yeux gris bleu, pleins de vivacité, donnaient un caractère sympathique. Il n'avait aucun bagage et tenait à la main un jonc qui lui avait servi à soutenir sa marche. Son costume consistait en un pantalon et une redingote de drap noir, avec un léger pardessus dont il s'enveloppait frileusement malgré la chaleur de la saison.

Somme toute, son équipement était modeste mais convenable; l'on devinait dans ce jeune homme des goûts simples et le désir de n'attirer l'attention ni par un excès de négligence ni par un excès de recherche dans sa mise.

Il paraissait fatigué et demeurait tout haletant sur les coussins de la voiture, en portant la main à sa poitrine d'un air de souffrance. Toutefois le repos dont il semblait avoir besoin ne lui fut pas accordé.

Le petit chien avait dégagé sa tête fine du cachemire de sa maîtresse, et il salua l'intrus d'abord par des grondements sourds, puis par des aboiements clairs et sonores. En vain les deux dames cherchaient-elles à l'apaiser; le jeune homme vêtu de noir lui-même adressa en souriant à la malicieuse bête quelques paroles caressantes; caresses et menaces, rien n'y fit, et le roquet continua ses aboiements.

Ils eurent le résultat prévu et redouté. Ils attirèrent un surveillant, qui, se plaçant à la portière, dit d'un ton rébarbatif :

— Il y a un chien ici; cela est contraire aux règlements... Allons! madame, vous ne pouvez garder cette bête avec vous; il faut descendre et la conduire aux bagages.

La dame se redressa.

— Je n'en ferai rien, — répliqua-t-elle du ton d'une femme habituée à commander; — King ne me quitte pas.

— Oh! monsieur, — dit la jeune demoiselle à son tour d'une voix suppliante, — ne nous séparez pas de King... Il est si petit!

— C'est un chien pourtant, et nous avons ordre...

Le jeune homme vêtu de noir se hâta d'intervenir :

— Appelez-vous cela un chien? — dit-il; — ce n'en est que la miniature... Voyons, mon cher, ne tourmentez pas ces dames. Il n'y a que monsieur (il désignait le gandin) et moi qui puissions nous plaindre de cette infraction à votre consigne, et si monsieur ne s'en plaint pas...

— Moi, — dit le gandin dédaigneusement, — j'ai les chiens en horreur ; mais n'importe !

Le surveillant voulut élever la voix.

— Allons, l'ami, en voilà assez, — interrompit le défenseur de King en souriant, mais avec fermeté ; — puisque nous sommes tous d'accord ici, vos exigences n'ont pas le sens commun.

— Ah ! c'est ainsi ! Je vais prévenir le chef de gare... et nous verrons.

— Prévenez, mon cher, prévenez ; et ne revenez qu'en force, car nous sommes disposés à défendre vaillamment notre petit compagnon de voyage à quatre pattes.

Le surveillant s'éloigna furieux, en apparence pour aller chercher main forte ; mais il ne revint plus. Les voyageurs de deuxième et de troisième classe arrivaient en foule, et les employés n'avaient pas peu à faire d'écouter leurs réclamations.

Ce grave débat ainsi terminé, la vieille dame remercia son protecteur par un signe de tête. Mais la jolie demoiselle parut croire que l'obligeante intervention du voyageur méritait mieux.

— Mille grâces ! monsieur, — dit-elle de sa voix caressante ; — sans vous on eût relégué notre cher King dans le vilain endroit où l'on met ces pauvres animaux, et ma tante serait cruellement inquiète.

Le jeune homme balbutia avec timidité :

— C'est si peu de chose... Il se faut entr'aider en voyage.

Puis, ne voulant pas se prévaloir du léger service qu'il avait rendu à ces dames pour leur imposer sa conversation et sa compagnie, il s'inclina et redevint silencieux. D'ailleurs, malgré son apparente gaieté, il semblait souffrant, et il porta deux ou fois la main à sa poitrine, ce qui était son geste habituel.

Une vive agitation avait lieu sur le trottoir d'embarquement ; on courait vers les vagons vides, et ce tumulte semblait divertir le gandin, qui s'était mis avec nonchalance à la portière. Tout à coup un de ces voyageurs, qui se bousculaient pour trouver une place, s'arrêta devant lui et, après l'avoir salué obséquieusement, lui dit d'un ton flagorneur :

— Est-ce bien vous, monsieur Oscar de Vareilles ? Vous vous décidez donc enfin à quitter votre beau Paris pour notre ennuyeuse ville de Z***. Ah ! monsieur le conseiller, votre père, va être bien content et... toute votre famille.

Ce voyageur, vêtu avec une recherche ridicule, exhalait à dix pas à la ronde l'odeur de tous les parfums connus. Il était jeune et sa figure n'avait rien de disgracieux, quoique elle fut un peu commune ; mais il était outrageusement bossu, et ses épaules inégales, ses jambes cagneuses, outre sa proéminence dorsale, formaient l'ensemble le plus difforme. En revanche, une insupportable fatuité semblait être le trait saillant de son caractère. Il dévisageait les passants avec insolence, et se dandinait avec une évidente satisfaction de lui-même.

— Bonjour, Mourachon, — répliqua froidement celui qu'on avait appelé Oscar de Vareilles ; — je vais à Z*** en effet, car ce matin j'ai été mandé par une dépêche télégraphique... Mais vous-même, comment vous êtes-vous décidé à quitter un moment cette très-curieuse et très-cancanière ville, dont vous êtes le plus bel ornement ?

— Que voulez-vous ? On s'encroûterait si l'on ne venait de temps en temps se retremper dans la *capitale !* Cependant les occupations ne me manquent guère là-bas. Je remplis plusieurs fonctions importantes ; je suis secrétaire de la mairie, vice-président et premier ténor de la société philharmonique...

— Et sans doute, aussi, Mourachon, — demanda Oscar avec une intention évidente de moquerie, — vous êtes encore le boute-en-train de toutes les fêtes, le brillant danseur de tous les bals, la coqueluche de toutes les belles ?

Le bossu se rengorgea.

— Vous me flattez, monsieur de Vareilles.

— Bon ! ne disait-on pas autrefois que toute jolie fille qui se trouvait par hasard sur votre chemin était *amourachée* ?

— C'est un calembour de province qui ne mérite pas d'être relevé, — répliqua Mourachon avec une fausse modestie, — et d'ailleurs on aurait dû dire *amourachonée*.

Oscar de Vareilles paraissait fort disposé à s'amuser de cet original quand une voix s'écria :

— En voiture, les voyageurs !

— Montez-vous ? — demanda Oscar en portant la main au bouton de la portière.

— Impossible ! je n'ai qu'un billet de seconde classe. A vrai dire, je suis en ce moment à la poursuite d'une femme si accorte, si agaçante... Et j'ai pris les secondes afin de me trouver auprès d'elle... Mais je vous verrai aux stations.

En même temps le bossu se jeta dans une voiture voisine, et le convoi se mit en marche.

Pendant les premiers instants, un silence complet régna dans le vagon de Z***. La vieille dame, toute heureuse de voir King endormi sur ses genoux, s'abandonnait elle-même à la somnolence qui la gagnait, tandis que la jolie nièce regardait obstinément par la portière. Oscar continuait de feuilleter ses journaux. Seul le jeune homme vêtu de noir semblait préoccupé et son regard se fixait avec obstination sur le gandin assis en face de lui.

— Pardon, monsieur, — demanda-t-il enfin en paraissant surmonter sa timidité, — n'ai-je pas entendu tout à l'heure que l'on vous appelait monsieur Oscar de Vareilles ?

— C'est mon nom en effet, — répondit Oscar avec quelque hauteur.

— Ancien interne au collége Saint-Louis, à Paris, n'est-ce pas ?

— Il est vrai.

— En ce cas, nous avons été grands amis, il y a quelques dix ou douze ans.

— Attendez donc ! — dit Oscar en examinant à son tour son compagnon de voyage ; — Quoi ! Léon Mersey, est-ce toi ?

Et il tendit nonchalamment la main à Léon Mersey qui la serra avec effusion et qui reprit :

— Nous ne nous reconnaissions pas... Il y a si longtemps en effet que nous ne nous sommes vus, et nous sommes si changés l'un et l'autre !

La glace ainsi rompue entre les deux jeunes gens, Oscar demanda :

— Eh bien ! mon cher Léon, que diable as-tu fait depuis que nous avons quitté les bancs du collége ?

— Ma position est modeste. J'étais encore très-jeune, tu t'en souviens, quand j'eus le malheur de perdre mon père, capitaine d'infanterie, et ma mère aurait eu beaucoup de peine à m'élever si je n'avais obtenu une bourse de l'Etat au collége où nous nous sommes connus. Mon éducation terminée, je suis entré comme surnuméraire au ministère des finances, où j'occupe maintenant un emploi de commis. Je vis avec ma mère, devenue presque aveugle, et, quoique nous ayons parfois de mauvais jours, notre existence serait assez paisible si ma santé ne s'était déplorablement dérangée depuis quelque temps. Mais, à ton tour, Vareilles, que fais-tu en ce moment ?

— Je ne fais rien du tout... ce qui ne m'empêche pas d'être fort occupé. Ensuite, si tu y tiens, je crois que je suis étudiant en droit de huitième année.

— Je comprends... En effet, tu as de la fortune ; [illegible] te sourit, et la vie pour toi doit être une fête continuelle.

— Hum ! on a bien aussi de vilains moments, et, sans parler des créanciers... Mais comment se trouve-t-il que toi, employé d'un ministère, tu t'absentes ainsi, au risque d'avoir maille à partir avec ton chef de bureau?

— Je ne serai pas longtemps absent; je vais seulement jusqu'à Z***, et je retournerai aujourd'hui même à Paris, soit seul, soit en compagnie de la personne que je suis chargé de ramener.

— Ah çà! tu connais donc quelqu'un à Z***?

— Non, et je n'ai jamais mis le pied dans le pays. Mais j'ai dû partir précipitamment ce matin, car il s'agit d'un intérêt capital pour ma mère et pour moi.

— Vraiment; conte-moi donc cela... si tu n'y vois aucun inconvénient, bien entendu!

Oscar, en provoquant une confidence, cédait moins à quelque sentiment d'intérêt pour Léon qu'au désir de combattre la monotonie du voyage, car il était de ces jeunes désœuvrés qui sont continuellement rongés par l'ennui. Mersey, au contraire, nature expansive et confiante, ne vit que de la cordialité dans cette demande.

Toutefois, avant de conter ses affaires à son ancien camarade, il jeta un regard furtif vers les dames qui occupaient l'autre côté de la voiture. La plus âgée semblait réellement dormir avec son King bien-aimé. Quant à la nièce, elle avait cessé de regarder par la portière, mais, cachée sous son voile, elle demeurait immobile et silencieuse, indifférente en apparence à la conversation des deux jeunes gens.

— Tu sauras, mon cher de Vareilles, — reprit Mersey, — que ma mère, dont la famille était riche et noble, épousa contre le vœu de ses parents mon père, qui n'était ni l'un ni l'autre, mais qu'elle aimait. Par suite de ce mariage, elle se brouilla avec tous les siens, et depuis ma naissance aucun rapport n'a existé entre eux et nous. Je connaissais à peine de nom mes plus proches parents du côté maternel, et pendant nos cruelles épreuves, ma mère avait à Paris une sœur, veuve sans enfants et fort riche, que je n'avais jamais vue.

« Depuis peu seulement ma tante, qui est atteinte d'une grave maladie, s'est souvenue de nous, et elle nous a mandés auprès d'elle. Nous nous sommes empressés de céder à son désir, et une réconciliation complète a eu lieu. Par malheur, comme elle s'affaiblit de plus en plus, le médecin croit une catastrophe prochaine et inévitable.

» Hier, pendant que nous prodiguions à la malade nos soins et nos encouragements, elle dit tout à coup à sa sœur :

» — Agathe, je sais ta position et celle de ton fils. Vous avez eu bien à souffrir l'un et l'autre, et les torts envers ta famille ne méritaient pas une si longue et si dure expiation. J'ai résolu de remédier à cet état de choses; je veux que vous puissiez chérir et respecter ma mémoire. Autrefois, pendant notre désunion, j'ai fait un testament par lequel je lègue toute ma fortune à monsieur de Maledan, le frère de mon mari. Mais monsieur de Maledan est lui-même extrêmement riche, et ma fortune doit vous revenir en toute justice. Le testament dont je parle a été remis par moi à monsieur Claveau, mon notaire, qui conserve ma confiance, bien qu'il ait récemment vendu son étude et qu'il se soit retiré à la campagne aux environs de Z***. Voici donc ce que j'attends de mon neveu Léon : Demain matin il prendra le train de Chartres, et ira à Z*** trouver monsieur Claveau. Il le priera en mon nom de venir à Paris; il le ramènera avec lui si c'est possible. Claveau, qui connaît parfaitement mes affaires, fera rédiger un nouveau testament au plus vite, et je ne mourrai pas sans avoir assuré votre bien-être, votre tranquillité à tous deux.

» — Je te l'ai déjà dit, Vareilles, ma santé est très-chancelante; je suis sujet à des crachements de sang que l'on attribue à la vie sédentaire de Paris, et pour lesquels on me recommande l'air de la campagne. Cette maladie me donne des inquiétudes; ma mère est âgée, atteinte d'une cécité presque complète, et, si je venais à lui manquer, que deviendrait-elle sans fortune et sans appui?

» Je remerciai donc madame de Maledan avec effusion. Ma mère, qui m'aime par dessus tout fit pourtant remarquer timidement à sa sœur que ce voyage pouvait me fatiguer, et elle proposa d'appeler un autre notaire.

» — Non, non, — dit ma tante avec un peu d'impatience; — je veux consulter Claveau. Pendant dix ans il a été le notaire de mon mari et le mien; c'est une faiblesse sans doute, mais je ne saurais me passer de lui. Z*** est situé sur un chemin de fer; on y arrive commodément et sans fatigue. Léon se trouvera bien de ce petit voyage. Il expliquera lui-même la situation à Claveau, et l'engagera vivement à se hâter, car peut-être n'ai-je pas le temps d'attendre.

» Voilà comment il se fait, mon cher Oscar, — poursuivit Léon Mersey, — que je me suis mis en route aujourd'hui, et je vais à la recherche de ce monsieur Claveau, qui tient entre ses mains notre sort, et peut-être notre existence, à ma mère et à moi. »

En achevant ce récit, Léon jeta encore un regard oblique vers ses deux compagnons de voyage. La maîtresse de King continuait de sommeiller, mais la jeune fille se retourna brusquement, comme si elle était prise en flagrant délit d'indiscrétion, pas si vite pourtant que Léon n'eût eu le temps de voir, à travers la dentelle du voile, deux grands yeux humides fixés sur lui.

— Allons, Mersey, — dit Oscar avec son indifférence ordinaire, — espérons que ton voyage aura tout le succès désirable. Quoique je ne sois pas allé à Z*** depuis longtemps, j'ai beaucoup entendu parler de ton monsieur Claveau. C'est un parvenu dans toute la force du terme. Il vient de faire construire, à une lieue environ de la ville, un château dont on dit merveille et qui est doré depuis les ferrements des portes jusqu'aux girouettes du toit. Il ne paraît pas que ce soit un mauvais homme, malgré ses travers, et il ne se refusera pas sans doute à l'acte de complaisance que tu attends de lui.

— Quoi! sa demeure est-elle à une lieue de la ville? La course pourra me sembler bien longue... Mais sans doute je trouverai à la station un omnibus, une patache, un véhicule quelconque.

— Rien, mon pauvre garçon; on n'est pas encore aussi civilisé que cela à Z***.

— Soit, donc; j'irai à pied, puisqu'il le faut. Ah! autrefois une pareille course ne m'eût pas fait peur! Mais une lieue à franchir, par ce beau temps, ne me décourage pas. Aussi bien cet air pur agit déjà sur moi; je respire plus librement, et pourvu que je puisse prendre à Z*** une tasse de lait...

— Je voudrais t'être utile, — reprit Oscar de Vareilles d'un air distrait, — et en temps ordinaire j'aurais trouvé moyen là-bas de te faire conduire chez Claveau. Mais je retourne à ma ville natale dans les conditions les plus fâcheuses, et selon toute apparence, notre maison est en complet désarroi... D'après la dépêche télégraphique qui m'appelle à Z***, mon père a été frappé, ce matin même, d'une attaque d'apoplexie et peut-être ne le retrouverai-je pas vivant.

Mersey était confondu; son ancien camarade parlait aussi tranquillement que s'il se fût agi de la chose la plus simple, et l'on ne pouvait comprendre qu'il se montrât si calme et même si gai quand il avait une semblable perspective au terme du voyage.

— Quoi! mon ami, — demanda-t-il avec émotion, — la situation de ton père est-elle si grave?

— Mon père est vieux, et cette nouvelle m'a plus affligé que surpris. Du reste, il a auprès de lui des personnes dévouées, et les soins ne lui manquent pas.

Mersey demeura silencieux. Cette sécheresse de cœur le révoltait.

En ce moment on arrivait à une station, et le train

s'arrête pour quelques minutes. Oscar s'empressa de descendre afin de fumer une cigarette, et Léon l'aperçut bientôt causant et riant avec le bossu Mourachon.

Pour lui, il ne songea pas à quitter sa place; tirant de sa poche un morceau de chocolat, il se mit à le grignoter en silence. La vieille dame, éveillée par l'immobilité du train, échangeait quelques mots à demi-voix avec sa nièce, tout en flattant King, qui, éveillé lui aussi, manifestait de nouvelles velléités de courir et d'aboyer. Léon Mersey, en se trouvant seul avec ces dames, était fort tenté de leur adresser la parole; mais son invincible timidité le retenait. Il semblait pourtant qu'on ne demandât pas mieux que de lui répondre. On le regardait, on lui souriait avec complaisance.

Léon avait ainsi laissé passer la plus grande partie du temps d'arrêt, quand il s'avisa d'un expédient pour commencer la conversation. Il présenta au petit chien un morceau de chocolat.

Maître King regarda d'abord l'audacieux qui prenait avec lui de semblables libertés; puis, il flaira dédaigneusement la friandise, hésita quelques secondes, et finit par croquer avec ses mignonnes dents d'ivoire ce qu'on lui offrait.

Les deux dames avaient observé, avec une attention mêlée de surprise les faits et gestes de leur favori.

— Il l'a mangé, ma tante, il l'a mangé! — s'écria la jeune fille en battant des mains.

— Ah! — dit la tante, — King n'accepte pas ainsi de tout le monde; mais il sait reconnaître ses amis.

— Enchanté de cette faveur! — reprit Léon en riant; — mais je préférerais avoir acquis quelques droits à la bienveillance de la maîtresse de King.

— Pourquoi pas? — reprit la vieille dame avec aménité; — c'est à la douceur envers les animaux, comme envers les créatures humaines, que l'on reconnaît les bons cœurs.

— Madame, pour mériter un tel éloge, j'aurais peut-être besoin d'avoir d'autres titres que mes caresses à ce gentil animal.

La conversation, ainsi engagée, allait sans doute se continuer sur le même ton, quand le cri « En voiture! » retentit encore au dehors. Les voyageurs se mirent à courir dans tous les sens, les portières se refermèrent avec bruit, et Oscar, exhalant une forte odeur de tabac, se précipita dans le vagon.

Aussitôt les dames se turent. Autant le modeste Léon leur était sympathique, autant elles paraissaient avoir d'éloignement pour le dédaigneux gandin. Celui-ci se réinstalla à sa place et dit à Mersey, tandis que le train se remettait en marche.

— Ce Mourachon est insupportable avec sa fatuité.

— Qu'est-ce donc que ce monsieur? — demanda Léon qui pensait à tout autre chose.

— Il est de Z***, dont il se croit le plus important personnage, et il vit avec sa sœur, une vieille fille qui tient la maison... Mais sais-tu ce qu'il me disait tout à l'heure, Mersey? Le percepteur de Z*** est mort dernièrement et sa place est vacante; cette place serait bien ton affaire, puisqu'on te recommande la campagne pour le rétablissement de ta santé.

Mersey soupira.

— Elle me conviendrait bien en effet, — répliqua-t-il; — mais, pour l'obtenir, j'aurais besoin de protections qui me font absolument défaut. Ah! ça! et toi, tu vas sans doute t'établir dans ta ville natale?

— A Dieu ne plaise! Ma ville natale m'est odieuse, et il a fallu une circonstance aussi grave pour me décider... Je ne peux et ne veux qu'habiter Paris, où mes goûts et mes habitudes m'attachent d'une manière invincible. En tout état de choses, je compte avoir regagné d'ici à trois jours mon petit appartement de la Chaussée-d'Antin... Du reste, mon cher Léon, cette modeste position ne te sera pas nécessaire, puisque tu vas hériter de la grande fortune de ta tante!

— J'aimerais mieux être bien portant et vivre en quelque endroit paisible du produit de mon travail, avec ma bonne mère.

Mersey devint pensif, et Oscar de Vareilles sembla, malgré son insouciance, s'absorber dans de sombres réflexions à mesure que l'on approchait du terme du voyage. Les dames, de leur côté, ne témoignaient aucun désir de causer avec leurs compagnons de route. Un profond silence avait donc fini par s'établir dans le vagon quand le train s'arrêta de nouveau et la voix du surveillant annonça la station de Z***.

II

L'ARRIVÉE.

Z*** est une jolie petite ville, proprette, riante, qui n'en pouvait mais du mal que l'on disait de ses habitants. A l'entour s'étend une campagne, un peu plate peut-être, mais fraîche, verdoyante, bien pourvue d'eau et de feuillage. Léon Mersey et les autres voyageurs du vagon ne prirent pas le temps de jeter un regard sur cet agréable tableau. Oscar, le premier, saisit son sac de cuir verni et s'élança à terre, sans songer à ses compagnons de route. Léon s'empressa de descendre à son tour: mais à peine eut-il touché le sol qu'il se retourna vers les dames pour leur offrir la main. La jeune demoiselle avait levé son voile et laissait voir un visage d'une beauté si éblouissante que le pauvre garçon, quand la tante et la nièce furent sur le quai, demeurait bouche béante, son chapeau à la main, sans savoir comment se retirer.

La dame âgée lui dit avec l'aisance d'une femme du monde:

— Merci pour toutes vos politesses, monsieur, et bon voyage!... Du reste, mon King porte bonheur à ceux qu'il aime, et j'espère que vous aurez lieu bientôt de vous en apercevoir... Vous riez! Mais souvenez-vous de mes paroles: King porte bonheur.

— Il y a, ma tante, — dit la jeune fille avec une rougeur charmante, — quelque chose qui porte plus bonheur encore que votre King, ce sont les procédés délicats, les sentiments élevés, un caractère droit et loyal.

Puis elle salua, prit le bras de sa tante, et toutes deux s'approchèrent d'un valet en livrée qui semblait les attendre à quelque distance.

Mersey les perdit un moment de vue dans la foule. Alors il poussa un soupir, et, reprenant conscience de sa situation, il chercha des yeux Oscar de Vareilles pour lui demander encore quelques indications. Il l'aperçut causant, de l'autre côté de la barrière du chemin de fer, avec un vieux bonhomme qui avait l'air d'un domestique de confiance, et il s'empressa de le rejoindre.

La conversation était si animée que Vareilles et son interlocuteur ne remarquèrent pas l'approche de Mersey. Oscar disait d'un ton d'indignation:

— On s'est moqué de moi, je vous le répète... On m'annonce par une dépêche que mon père est frappé d'apoplexie, qu'il est à toute extrémité, et quand j'arrive, accablé d'inquiétude et la mort dans le cœur (Léon savait à quoi s'en tenir sur les angoisses filiales de son ancien camarade), on m'apprend que tout danger est passé et que deux ou trois jours de repos suffiront pour rétablir complétement le malade. Je vois dans ceci une manœuvre afin de m'obliger à venir à Z*** quand j'avais juré de n'y jamais remettre le pied; mais elle ne saurait réussir, car le diable m'emporte si je fais un pas de plus! Je vais retourner à Paris par le train qui passera ici dans deux heures.

Le vieux domestique était consterné.

— Monsieur Oscar, — répliqua-t-il, — calmez-vous, je

vous en conjure. Votre père a été réellement en très-grand danger... Plus de voix, plus de mouvement ; et si l'officier de santé Martinval, que je suis allé chercher, en l'absence du docteur Gilbert, n'avait pratiqué une abondante saignée, un malheur était inévitable.

— Alors pourquoi ne m'avoir pas envoyé une nouvelle dépêche, ne fût-ce que pour calmer mon anxiété? Ce n'est certainement pas vous, Benoît, qui m'avez expédié la première?

— Non sans doute, monsieur Oscar; j'étais trop occupé de soigner mon pauvre maître. Quoique la dépêche fût signée de mon nom, elle a été envoyée au télégraphe par votre tante...

— Ma tante! — répéta Oscar avec un accent étrange; — et comment cette femme, dans la situation où nous sommes, a-t-elle pu se permettre... Mais puisque tout est fini, je n'ai plus rien à faire dans ce pays.

En même temps il voulut reprendre la mallette dont le domestique s'était emparé.

— Monsieur Oscar, — dit Benoît d'un ton suppliant, — votre père sait que vous arrivez, il vous attend, et, si vous repartiez sans le voir, ce trait pourrait lui porter un mauvais coup.

— Bah! mon père ne tient pas tant à moi; s'il y tenait, il ne me laisserait pas dans l'embarras à Paris avec une misérable pension... Son argent lui est plus cher que son fils.

Benoît recommençait ses supplications à voix basse, quand Léon Mersey, qui en avait entendu assez pour être au courant de la question, s'approcha résolûment :

— Oscar, — dit-il, — autrefois, dans notre enfance, je te parlais avec une entière franchise; accorde-moi le même privilége aujourd'hui. Si tu repartais sans voir ton père, comme tu l'annonces, tu accomplirais un acte odieux, dont certainement tu aurais sujet de te repentir.

Oscar de Vareilles se retourna :

— Fort bien, monsieur Mersey, — répliqua-t-il avec ironie; — mais savez-vous s'il n'y a pas dans ma famille quelque secret qui rend ma détermination non-seulement naturelle, mais encore éminemment louable? Nous ne sommes plus des enfants, et chacun de nous est seul juge de ses actions.

— C'est juste, Oscar, — répliqua Mersey avec tristesse; — j'oubliais combien les temps sont changés... Adieu donc, et pardonne-moi.

Il salua et voulut s'éloigner; le vieux Benoît le retint!

— Parlez-lui encore, mon bon monsieur, — dit-il en joignant les mains; — vous saurez mieux que moi... Dites-lui que, malgré ses torts, son père l'aime toujours. Ces affaires d'argent peuvent aisément s'arranger, et j'ai entendu monsieur le conseiller exprimer le désir de donner toute satisfaction à son fils. Sans doute il suffira d'une occasion... Mais, pour Dieu! que monsieur Oscar ne reparte pas ainsi, car, dans l'état où est monsieur en ce moment, une pareille injure pourrait lui porter le coup de la mort.

— Vous avez vu, mon ami, — dit Léon avec un sourire amer, — comment mes conseils ont été reçus!

Les paroles de Benoît semblaient pourtant avoir produit une certaine impression sur Oscar. Il demeura un moment pensif et reprit tout à coup :

— Au fait, peut-être avez-vous raison tous les deux, et j'ai trop écouté un mouvement d'humeur. Soit donc; puisque je suis à Z***, je verrai mon père; mais comme il est bien portant, comme mes services lui sont inutiles, je repartirai aujourd'hui même. Sans doute, Mersey, quand tu vas repasser par ici avec ton homme d'affaires pour retourner à Paris, je ferai encore le voyage avec toi.

— A la bonne heure! — dit Léon.

En ce moment les dames du vagon sortaient de la gare, ainsi que le domestique chargé de leurs bagages. Oscar de Vareilles, malgré sa préoccupation, les regardait avec curiosité, quand il aperçut Mourachon, qui semblait aussi les observer à distance. Il fit signe au bossu d'approcher, et lui demanda d'un ton léger qui contrastait avec les sentiments dont il venait de faire étalage,

— Vous, le favori de toutes les belles, vous devez connaître ces dames qui étaient tout à l'heure dans notre vagon?

— Dans votre vagon! — répéta Mourachon avec un désappointement comique; — et moi qui n'ai pas reconnu, qui ne me suis pas douté... Je ne me pardonnerai jamais ma gaucherie.

— Vous les connaissez donc? qui sont-elles?

— Oui, oui, qui sont-elles? — demanda Mersey avec plus d'intérêt encore.

— Tout le pays pourra vous le dire aussi bien que moi... Ce sont madame et mademoiselle de Bertigny, la femme et la nièce de monsieur de Bertigny, le député du département.

— Monsieur de Bertigny, un des hommes les plus influents de la chambre! — répliqua Vareilles avec dépit; — et moi qui me suis montré d'une maussaderie ridicule!

— La famille de Bertigny, — poursuivit le bossu, — a loué pour la saison une superbe habitation située à l'autre bout de la ville. Les dames se rendent parfois à Paris, comme aujourd'hui, pour voir le député, qui de son côté vient passer le dimanche à Z***. Je rencontre ces dames à la promenade, — poursuivit Mourachon avec un sourire de suffisance, — et il m'a semblé que j'avais été remarqué de mademoiselle Henriette, la nièce et la fille adoptive de monsieur de Bertigny.

— Il y a de quoi, — répliqua sèchement Oscar.

— La fille adoptive d'un député! — pensait Léon avec tristesse.

Mais, surmontant cette impression, il s'empressa de demander le chemin qui conduisait chez l'ancien notaire Claveau.

— Tenez, — dit Mourachon, — vous n'avez qu'à suivre ces dames. Vous passerez devant chez elles, et, au bout d'une heure de marche, vous apercevrez le château à gauche de la route. Il n'y a pas à s'y tromper; c'est l'habitation la plus vaste, la plus neuve et la plus pimpante de tout le voisinage.

Mersey remercia et se mit en devoir de partir.

— Au revoir, Léon! — lui dit Oscar de Vareilles en lui tendant la main, — et sans rancune pour notre petite querelle... Nous nous retrouverons dans quelques heures.

On se sépara donc, et c'est Léon Mersey que nous allons accompagner d'abord.

Il avait eu l'intention, comme on l'a dit, de s'arrêter à Z*** pour prendre quelques rafraîchissements nécessités par son état maladif. Mais il réfléchit que le moindre retard pouvait compromettre le résultat de son voyage; il se sentait frais et dispos, enfin il voyait à cinquante pas en avant la forme svelte de mademoiselle de Bertigny. Aussi se mit-il en marche d'un pas délibéré et il n'eût pas tardé à rejoindre les dames s'il l'eût voulu. Il se tint par respect à une distance raisonnable et murmurait avec une admiration mélancolique :

— Elle s'appelle Henriette... Il me semble que c'est le plus joli nom qu'on ait jamais prononcé devant moi! — Par malheur, on n'alla pas loin ainsi. Les dames ne s'étaient pas retournées et avaient continué d'avancer en causant paisiblement, tandis que King sautillait tout joyeux autour d'elles. Bientôt elles s'arrêtèrent devant une porte cochère, qui semblait dépendre d'une habitation importante, et entrèrent avec le domestique. Quand Léon, à son tour, se trouva devant la porte, elle s'était déjà refermée. Machinalement, il essaya d'examiner la demeure de la belle voyageuse; mais l'habitation était située au fond d'une cour plantée d'arbres, et la porte massive était flanquée d'une haute muraille qui faisait obstacle aux regards indiscrets. A l'un des angles de cette muraille, s'élevait un élégant kiosque, orné de verres de couleur, d'où l'on dominait la voie publique. Il n'y avait rien dans tout cela qui pût captiver longtemps l'attention de Mersey. Aussi ne tarda-t-il pas à se rejeter en arrière, et il se dit avec une sorte de colère contre lui-même : —Pauvre fou ! à quoi penses-tu donc? La poétique vision s'est dissipée... Il faut l'oublier comme on oublie au matin les vagues images de la nuit.

Bientôt il fut en pleine campagne ; les murs et les habitations qui bordaient la route avaient disparu ; la vue s'étendait librement sur des champs, des bois, des pâturages. On était au mois de juin et à l'heure la plus chaude de la journée. Le soleil avait des ardeurs implacables ; la route était couverte d'une fine poussière que le moindre souffle d'air ou tout simplement les pas du voyageur suffisaient pour soulever.

Aussi le pauvre Parisien, si frêle et si délicat, donnat-il au bout d'un certain temps des signes de fatigue. La sueur ruisselait sur son front ; sa respiration devenait courte et sifflante, et par moments une toux sèche ébranlait sa poitrine. Il avait donc hâte d'arriver ; mais les hameaux succédaient aux hameaux, les paysages succédaient aux paysages, et rien n'annonçait encore qu'il approchât du but.

Sa marche se ralentissait de plus en plus, et il avait un extrême besoin du secours de sa canne, qui d'ordinaire lui servait seulement de contenance, quand, à un détour de la route, il aperçut enfin la demeure de l'ancien notaire Claveau.

III

UN PARVENU.

On n'avait nullement exagéré l'importance de cette habitation. C'était bel et bien un château, flanqué aux quatre angles des tourelles classiques, couvert en ardoises et surmonté de girouettes. Il était précédé d'une vaste cour, avec fontaine d'eau jaillissante, et une grille de fer à lances dorées, que décoraient à intervalles égaux les initiales du propriétaire, donnait toute liberté aux passants d'admirer les splendeurs de ce grandiose logis.

Par malheur, les passants étaient rares, et l'habitation elle-même avait un air de solitude. Dans la cour, dans le jardin, dans le parc enclos de murs, ne s'élevait aucun de ces vieux arbres qui encadrent si majestueusement les grands édifices. On avait fait des plantations nombreuses, il est vrai, et on pouvait espérer que, vingt années plus tard, la demeure de Claveau serait suffisamment fournie d'ombre et de feuillage ; mais, en attendant, tout était découvert, sec et nu ; tout sentait le nouvel enrichi qui n'a pu encore jouir de sa richesse. Le soleil ruisselait sur ces murailles polies, sur ces ardoises neuves, sur ces grillages fraîchement peints, et, en admirant la richesse du maître de ce domaine, on ne songeait pas à envier son bonheur.

Les deux battants de la grille étaient ouverts en ce moment, comme si l'on eût attendu une voiture, et Léon Mersey put pénétrer dans la cour. Quand il se dirigeait vers le bâtiment, un homme, qui semblait remplir les fonctions de concierge, sortit d'un pavillon latéral et lui demanda ce qu'il voulait. Léon nomma monsieur Claveau.

— Etes-vous une des personnes que monsieur attend de Paris ? — reprit le concierge. Le visiteur répondit négativement et annonça qu'il venait pour affaire pressée.

— Alors adressez-vous à la porte, sous l'horloge.

Mersey monta un escalier de marbre, puis il entra dans un vestibule tout rempli de trophées de chasse, de bois de cerf destinés à supporter les chapeaux et les surtouts, de banquettes en velours, et dont le dallage était une superbe mosaïque. Un valet, qui achevait de passer sa livrée bleue à boutons d'argent, étant accouru au bruit, Léon lui remit sa carte sur laquelle il griffonna au crayon : *Au sujet de madame Lucile de Maledan*.

Son attente ne fut pas longue. Au bout de quelques minutes, le valet revint et invita Mersey à le suivre. Il l'introduisit dans une espèce de bibliothèque ou de cabinet de travail, somptueux comme toutes les pièces de cette demeure princière, puis il se retira, en le laissant avec le maître de la maison.

L'ancien notaire Claveau n'avait pas alors plus de quarante-cinq ans ; aussi devons-nous dire que ce n'était pas uniquement dans le notariat qu'il avait acquis sa fortune. Jeune encore il avait épousé une fille assez laide, maladive, de basse extraction, et dont le père exerçait je ne sais quelle grossière industrie ; mais elle lui avait apporté un million de dot, sans compter ce que l'on appelle *des espérances*, c'est-à-dire, dans le cas dont il s'agit, un million de plus. On comprend que Claveau, possédant plus de quatre-vingt mille livres de rente en biens-fonds, outre la valeur de son étude (une étude de notaire à Paris !) avait eu hâte de profiter de sa fortune, et c'est ainsi qu'il s'était retiré des affaires à l'âge de la force et de l'activité.

Du reste, c'était un assez bel homme ; sa barbe, qu'il portait entière et dont il prenait un soin particulier, conservait toute sa noirceur. Ses traits, assez réguliers, n'avaient non plus rien de désagréable, mais ils reflétaient la jalouse défiance du parvenu qui craint toujours qu'on ne lui conteste ses avantages. Il était vêtu en ce moment d'un élégant costume de toile blanche, et coiffé d'un panama de prix.

Il vint au devant de Léon, et sans prendre le temps de le saluer, il lui dit avec inquiétude :

— Vous avez à me parler de madame de Maledan, monsieur ; serait-elle morte ?

— Non, grâce au ciel, — répliqua Léon en s'inclinant ; — mais vous savez sans doute qu'elle est très-malade.

Claveau sembla respirer plus librement.

— A la bonne heure, — dit-il en passant la main sur sa luxuriante barbe ; — en vérité, vous m'avez fait peur. Quoique je ne sois plus notaire, j'ai accepté d'être l'exécuteur testamentaire de cette bonne vieille dame, qui met en moi une confiance absolue. Si vous étiez venu m'annoncer sa mort, je me serais trouvé dans l'obligation de partir sur-le-champ pour Paris, et j'en serais fort contrarié, car j'attends des Parisiens et des Parisiennes qui doivent arriver par le train prochain et qui passeront plusieurs jours chez moi.

— Je regretterais, monsieur, d'apporter le moindre trouble dans vos arrangements, — répondit Mersey, — et pourtant la nécessité m'oblige à vous prier de vous rendre aujourd'hui même à Paris.

— Ah ! ah ! de quoi s'agit-il donc ? — demanda Claveau dont le visage se rembrunit ; — veuillez vous expliquer bien vite, car je suis pressé. — Léon exposa en peu de mots comment sa mère et sa tante, après avoir été brouillées pendant de longues années, avaient fini par se réconcilier, et comment madame de Maledan, désirant refaire son testament en faveur de sa sœur, réclamait les conseils et la présence de son exécuteur testamentaire. Claveau, dans l'intention sans doute d'expédier promptement son visiteur, demeurait debout ; aussi n'avait-il pas offert de siége à Léon, qui, faible, malade et épuisé par une longue course au soleil, pouvait à peine se tenir sur ses jambes. La mauvaise humeur du parvenu ne tarda pas à se manifester d'une manière plus précise encore : — Hum ! — dit-il, — voilà une parenté

qui sort de dessous terre pour mon ancienne cliente! Nous sommes habitués, nous autres, à ces affections de famille qui se réveillent ainsi tout à coup, au moment où une riche succession va s'ouvrir... Je ne connaissais à madame de Maledan d'autre héritier que son beau-frère, le baron de Maledan, un gentilhomme très-riche, menant grand train à Paris, et avec lequel je suis dans les meilleurs termes... Si donc il existe une intrigue afin de frustrer le baron de l'héritage de sa belle-sœur, il ne me convient pas d'y prendre part.

— Il n'y a aucune intrigue dans tout ceci, monsieur, — répliqua Léon offensé et se contenant à peine ; — il n'y a qu'un acte de bienveillance, peut-être de justice, de la part de ma tante Lucile envers sa sœur. Le baron est, vous l'avez dit, immensément riche ; ma mère est pauvre, souffrante ; moi-même je suis atteint d'un mal qui peut m'emporter bientôt et la laisser sans ressource. Voilà, monsieur, les considérations qui ont déterminé spontanément, et sans sollicitation de personne, ma tante Lucile à refaire son testament. Un honnête homme ne saurait, dans les circonstances actuelles, lui refuser son concours pour l'accomplissement d'un devoir de conscience.

La réponse mesurée mais ferme de Léon sembla produire une certaine impression sur Claveau. Par malheur, la vanité blessée ne tarda pas à effacer ce sentiment. Claveau enfonça les mains dans les poches de son pantalon, et dit avec un accent d'indifférence railleuse :

— Soit, monsieur; que madame de Maledan fasse et défasse son testament, ce sont là ses affaires; je n'ai rien à y voir... Mais je ne suis plus notaire, et je ne saurais ainsi tourner et virer au gré de mes anciens clients. Je ne peux me rendre à Paris. Je vous l'ai dit, j'attends en ce moment quelques amis, et vous avez pu rencontrer ma voiture qui allait les chercher à la gare ; je dois rester pour les recevoir. Si votre tante a de si bonnes intentions à votre sujet et au sujet de votre mère, elle peut réclamer les services de maître Robinet, mon successeur, qui seul a qualité pour recevoir un testament. Quant à mon intervention, elle est absolument inutile.

Mersey était consterné.

— Monsieur, — reprit-il, — réfléchissez, je vous en prie, qu'il y va de la destinée de toute une famille. Je ne réclame pas ce déplacement comme un droit; mais vous accomplirez un acte d'obligeance, de déférence à la volonté de la malade, un devoir imposé par votre mandat d'exécuteur testamentaire. Ma tante ne fera rien sans vous avoir consulté; elle l'a déclaré d'une manière précise, et ni ma mère, ni moi, nous ne voudrions la tourmenter de nouveau sur ce point. Je vous en conjure donc, consentez à m'accompagner. Ce petit voyage ne saurait vous retenir plus de quelques heures. Vous pourrez encore être de retour ici ce soir; et vos hôtes auront certainement égard à la gravité des intérêts qui rendent nécessaire cette courte absence.

— Impossible! ce serait d'une impolitesse... Eh bien, écoutez : Dans trois jours je dois moi-même aller à Paris. Aussitôt arrivé, je me rendrai avec Robinet chez madame de Maledan, et nous verrons ce qu'elle a décidé en votre faveur.

— Mais dans trois jours il sera trop tard! La malade s'affaiblit rapidement ; la nuit dernière a été des plus mauvaises. Dans trois jours, certainement, ma pauvre tante sera morte.

— J'en suis fâché,—reprit Claveau avec impatience,— mais je ne peux quitter ma maison. Après tout, madame Maledan a testé et bien testé ; je ne vois pas pourquoi son héritage ne serait pas aussi bien placé dans les mains de son beau-frère, un fort galant homme, que dans celles de gens avides, qu'elle connaît à peine, et...

— Et des intrigants, comme vous disiez tout à l'heure, — répliqua Léon Mersey avec amertume;— c'est l'usage, en effet; quand des parents pauvres sont en rivalité avec des riches, la franc-maçonnerie du monde les accuse d'intrigue et d'avidité... Mais il suffit, monsieur, — ajouta-t-il en se redressant; — ma tante, qui avait de si louables intentions à notre égard, saura quel cas vous faites, vous, son mandataire, de ses dernières volontés... Quant à moi, je vous remercie pour votre accueil si courtois, si hospitalier... et adieu.

Il s'inclina froidement et sortit.

Claveau, d'abord stupéfait, courut après lui dans le vestibule.

— A Paris... dans trois jours! — cria-t-il.

Léon ne daigna ni se retourner, ni répondre, car cette promesse lui faisait l'effet d'une ironie. Il traversa la cour sans s'occuper des valets et du concierge, qui le regardaient avec une curiosité passablement blessante, et, après avoir franchi la grille, il s'éloigna à grands pas.

Mais il ne conserva pas longtemps cette allure. La fatigue l'accablait; d'ailleurs il éprouvait le besoin de se recueillir à la suite de ce cruel désappointement. Dès qu'il eut perdu de vue la superbe demeure, il se laissa tomber aux pieds d'un arbre, au bord de la route, et réfléchit profondément.

— Allons! — murmurait-il, — il n'y a pas d'illusion à se faire, l'héritage est perdu. Quand Claveau viendra, s'il vient en effet, il ne trouvera plus sans doute qu'un cercueil... Voilà pourtant,— ajouta-t-il en soupirant,— un homme qui se croit et que l'on croit honnête, un homme qui peut-être, dans l'exercice de ses fonctions, n'a jamais fait tort d'un centime à ses clients! Ce simple refus, basé sur des prétextes futiles et misérables, va jeter la perturbation dans plusieurs existences, consommer une injustice, causer mon malheur et celui de ma mère; c'est un crime. . Et pourtant Claveau n'aura aucun remords, il va se divertir paisiblement en compagnie de ses amis, et ne songera pas... Mais à quoi bon ces regrets qui ne peuvent remédier à rien?

Il se leva péniblement et se remit en route, afin de prendre à la gare de Z*** le plus prochain convoi pour Paris.

Après un quart d'heure de marche, il lui sembla qu'il n'aurait jamais la force d'arriver à la ville. Le soleil ne cessait de brûler, la poussière d'être étouffante. Le pauvre garçon éprouvait d'atroces douleurs à la poitrine; il avait la gorge sèche, la respiration oppressée; sa toux devenait de plus en plus fréquente. Cet exercice prolongé pouvait avoir pour lui des conséquences funestes. De plus, la soif le dévorait, et il eût donné tout au monde pour un simple verre d'eau. Il rencontrait bien de temps en temps sur son chemin des habitations, dont quelques-unes semblaient être des cabarets ou des auberges; mais une insurmontable répugnance l'empêchait d'entrer dans ces maisons sordides, mal fréquentées, et il préféra se traîner jusqu'à la gare.

Il avait été plusieurs fois encore obligé de s'arrêter sous des arbres, et il approchait tout haletant de la ville, quand il rencontra une calèche découverte, pleine de messieurs et de dames, qui s'avançait en sens inverse. A la livrée bleu et argent des domestiques, il reconnut les invités de Claveau. Les messieurs, dont l'un, assis à côté du cocher, fumait une grosse pipe allemande, avaient jugé à propos de se mettre en habit noir et en cravate blanche pour venir à la campagne, tandis que les dames, à tournure commune, vêtues d'étoffes voyantes, étaient chargées de bijoux. Les unes et les autres devaient être de dignes hôtes pour le parvenu, et paraissaient fort disposés à lui payer en compliments emphatiques, en admirations exagérées, l'hospitalité qu'ils allaient recevoir.

Ils jetèrent un regard méprisant sur le modeste piéton, qui gagna le bord de la route pour ne pas être aveuglé par la poussière; et peut-être Léon était-il l'objet de certains ricanements moqueurs qu'ils poussèrent en s'éloignant.

Il ne daigna pas s'en occuper et atteignit bientôt la

ville de Z***. Il en longeait, triste et découragé, les premières maisons, quand une voix se fit entendre au-dessus de lui, et l'on disait avec tristesse :

— *Il* revient seul, ma tante!... Voyez, *il* est tout seul, et comme *il* paraît fatigué!

Mersey tressaillit et leva la tête. Il se trouvait devant l'habitation de madame de Bertigny, et il aperçut, dans le kiosque en verres de couleur qui dominait la route, Henriette, sa jolie compagne de voyage.

Sans doute la jeune fille n'avait pas songé que son observation pouvait être entendue, car, en voyant Léon s'arrêter, elle devint pourpre et se rejeta vivement en arrière. Alors la figure bienveillante de madame de Bertigny apparut à la fenêtre, et la vieille dame s'inclina.

— Ah! madame! — dit Léon avec une gaieté mélancolique, — King ne m'a pas porté bonheur!

Il salua à son tour et continua son chemin. Quand, au bout de quelques pas, il se retourna, il n'y avait plus personne à la fenêtre et les dames semblaient avoir quitté le kiosque.

— Elles m'ont donc entendu dans le vagon, quand je contais mes affaires à Vareilles?— pensait Mersey.

Il arriva enfin à la gare, et comme le train de Paris ne devait passer qu'une demi-heure plus tard, il eut le temps de prendre au buffet les rafraîchissements dont il avait tant besoin. Mais vainement attendit-il Oscar de Vareilles; soit que son ancien camarade de collége eût changé ses projets, soit qu'il fût reparti déjà, Léon n'eut de lui aucune nouvelle, et monta seul dans le train qui devait le ramener chez lui à la suite de cette pénible et infructueuse démarche.

IV

LA MAISON MI-PARTIE.

Revenons maintenant à Oscar de Vareilles, que nous avons laissé se dirigeant, avec le domestique Benoît, vers la demeure paternelle.

Ils avaient à traverser une partie de la ville, et Oscar, dont la famille habitait Z*** de temps immémorial, fut salué dans le trajet par beaucoup de personnes. Mais sa présence excitait surtout la surprise, et après qu'il avait passé, on se retournait pour le regarder. Lui-même devenait de plus en plus soucieux à mesure qu'il avançait, et Benoît remarquait avec inquiétude les nuages qui s'assemblaient sur le front de son jeune maître.

Enfin on arriva à la maison de Vareilles.

C'était un vaste bâtiment isolé, dont la construction semblait remonter au commencement du siècle dernier, et qui, avec ses toits aigus, ses hautes fenêtres, ses balcons de fer ouvragé, donnait une grande idée de ceux qui l'occupaient.

Toutefois, une particularité bizarre attirait d'abord l'attention. Ce bâtiment, construit évidemment pour une seule famille et un seul propriétaire, avait été, à une époque récente, divisé en deux parts égales, habitées en apparence par deux familles différentes. Une moitié était peinte au lait de chaux et recouverte en tuiles rouges presque neuves; l'autre conservait ses teintes sombres, ses vieilles tuiles moussues. Le badigeon formait une ligne de démarcation bien tranchée, précisément au-dessus de la lourde porte, garnie de clous, qui semblait ne plus s'ouvrir depuis longtemps, et l'on pénétrait dans l'habitation par deux entrées, situées à chaque extrémité de l'hôtel.

De l'autre côté du bâtiment, une muraille partageait la cour, puis le jardin, de manière à former deux cours et deux jardins de même grandeur. Enfin toutes les précautions semblaient prises pour que les habitants de la partie *blanche* de la maison ne pussent avoir aucune communication avec ceux de la partie *noire*, ni les gêner, ni même les voir, et réciproquement.

Cette maison, qu'on appelait dans la ville *la maison mi-partie*, appartenait pourtant à deux frères, qui, après avoir été longtemps unis et avoir vécu en commun, avaient fini par se brouiller mortellement.

Le côté blanc de l'hôtel héréditaire était occupé par l'oncle d'Oscar, le côté noir par son père.

Du reste, ces singularités bien connues d'Oscar depuis longtemps, n'étaient pas de nature à exciter sa surprise; comme il approchait de l'hôtel quelqu'un s'écria d'un ton joyeux :

— C'est lui!... Le voici enfin!

Oscar s'arrêta brusquement. Sur le perron, élevé de quelques marches, qui donnait accès dans la partie de la maison habitée par son père, venait d'apparaître une belle et sémillante jeune femme, vêtue avec une extrême élégance. Elle sourit à Oscar, qui rougit et pâlit tour à tour. Dans son trouble, il ne songea pas d'abord à saluer, et quand enfin il porta la main à son chapeau, la gracieuse personne était rentrée dans l'hôtel.

Oscar se tourna vers Benoît, et lui demanda d'une voix altérée :

— Comment est-*elle* venue chez nous? Mon père l'a-t-il mandée? ils se sont donc réconciliés?

— Eh bien, oui, monsieur Oscar. Je n'osais vous le dire, ne sachant pas comment vous prendriez la chose et si elle ne vous donnerait pas encore l'idée de repartir..

— C'est à n'y pas croire! Mon père qui paraissait si irrité contre son frère!... Quand donc a eu lieu cette réconciliation?

— Pas plus tard que tout à l'heure, et de la manière la plus inattendue... Lorsque monsieur a eu son attaque, Geneviève et moi nous avons perdu la tête et nous avons poussé des cris, ne sachant que faire. La grande Françoise de chez votre oncle est venue savoir de quoi il s'agissait, et ensuite est allé tout conter à ses maîtres. Alors, pendant que je courais chercher un médecin et que Geneviève restait auprès du malade, votre oncle et votre... et madame Armantine sont arrivés. Il se sont installés chez nous et ont donné des ordres. Monsieur, toujours sans connaissance, ne pouvait leur faire ni bon ni mauvais visage, et nous autres nous étions bien obligés d'obéir, dans une circonstance semblable, à vos plus proches parents...

— Mais quand mon père a repris connaissance, quand il a vu à ses côtés son frère et... Armantine, qu'a-t-il dit?

— Je ne sais trop, monsieur; j'étais sorti en ce moment. A mon retour, les deux frères se tenaient par la main; ils se regardaient et ils pleuraient sans parler...

Oscar demeura un moment pensif.

— Bah! nous allons voir! — murmura-t-il enfin.

Et il entra d'un pas délibéré dans la maison.

Mais, afin de faire comprendre au lecteur les événements qui vont suivre, il importe de donner ici quelques détails rétrospectifs sur la famille de Vareilles.

Le grand-père d'Oscar avait rempli une charge à la cour avant la révolution, et à sa mort, vers la fin de l'empire, il avait laissé à ses deux fils, outre l'hôtel, des propriétés considérables et un portefeuille bien garni qui constituaient à chacun d'eux une assez belle fortune. Les deux frères entre lesquels existait une différence d'âge insignifiante, avaient suivi des carrières opposées. Le père d'Oscar était entré dans la magistrature et avait été conseiller à la cour royale d'une ville voisine, d'où on l'appelait encore *le conseiller* pour le distinguer de son frère cadet. Celui-ci, au contraire, avait choisi la carrière des armes, et s'était retiré du service avec le grade de chef de bataillon, d'où on le nommait toujours à Z*** *le commandant de Vareilles* ou simplement *le commandant*. De plus, Vareilles le conseiller s'était marié de bonne heure et avait eu plusieurs enfants qui étaient morts, à l'exception d'Oscar, tandis que le commandant, arrivé à un âge assez avancé, ne semblait nullement songer au mariage.

Malgré tout cela, la concorde, nous le répétons, n'avait cessé de régner entre eux. Quand l'officier venait passer un congé de semestre dans son pays natal, il était accueilli à bras ouverts par sa famille. Le conseiller, après la mort successive de plusieurs de ses enfants et de sa femme, ayant donné sa démission de magistrat et s'étant établi d'une manière permanente à Z***, le commandant, de son côté, s'était décidé à quitter le service et à s'installer auprès de son frère.

Ils avaient vécu ainsi pendant de longues années, occupant en commun l'hôtel, qui était pour eux une propriété indivise et qu'ils n'avaient pas voulu vendre par respect pour leurs traditions de famille. Ils témoignaient une égale affection à Oscar, que les nécessités de son éducation avaient fait envoyer à Paris, et, au su de tout le monde, le jeune homme devait recueillir un jour la fortune des deux branches de Vareilles.

Cet état de choses s'était prolongé même après qu'Oscar, son éducation finie, était rentré sous le toit paternel. Les trois hommes s'entendaient au mieux, quand tout à coup avait éclaté les événements qui devaient troubler cette longue harmonie. On a deviné que la discorde fut l'œuvre d'une femme.

A cette époque, il y avait dans la ville une dame Legros, veuve d'un employé supérieur des domaines. Après la mort de son mari, ne se trouvant plus assez riche pour vivre à Paris, elle s'était réfugiée à Z***, avec sa fille, qui avait alors dix-huit ans à peine. Le revenu de ces dames était modeste, leur appartement exigu, et elles ne pouvaient recevoir d'une manière bien somptueuse. Mais la mère, quoique assez insignifiante au fond, avait le ton de la bonne compagnie, et sa fille, mademoiselle Armantine, était la plus jolie, la plus vive, la plus piquante du département. Malgré la modicité de ses ressources, Armantine trouvait moyen d'être toujours mise à la dernière mode. Les élégantes de Z*** s'efforçaient de copier ses robes et ses chapeaux, bien que ses robes et ses chapeaux eussent parfois une excentricité un peu audacieuse. Mais elle donnait tant de grâce à ce qu'elle portait, et de plus elle montrait tant d'entrain, de verve, de gaieté communicative, qu'elle enlevait tous les suffrages.

La bonne société de Z*** avait donc très-bien accueilli d'abord la veuve et sa fille; cependant, peu à peu, les hommes seuls fréquentèrent leur maison et les dames n'y firent plus que de rares et courtes visites. Quelle était la cause de cette réserve du beau sexe à l'égard des nouvelles venues? Les allures un peu indépendantes de la jeune Parisienne avaient-elles fini par effaroucher la raideur puritaine de certaines provinciales? Nous ne saurions le dire; toujours est-il que les messieurs de Vareilles n'avaient pas été les derniers à rendre hommage aux idoles du pays. A la vérité, le conseiller qui vivait triste et solitaire, s'était borné à des visites de politesse et de bon voisinage; mais son fils Oscar et bientôt son frère le commandant devinrent les hôtes les plus constants du salon de madame Legros.

Ces assiduités se prolongèrent plusieurs mois sans que l'oncle et le neveu en parussent refroidis l'un envers l'autre; mais un jour les choses changèrent brusquement de face. Que s'était-il passé chez les dames Legros? Rien de bien grave sans doute, car la mère conservait sa sérénité de femme du monde; quant à Armantine, jamais elle n'avait paru si rieuse et si frivole. En revanche, Oscar et son oncle commencèrent à se regarder d'un air qui n'avait rien d'amical. Puis Oscar cessa de venir chez la veuve et sa fille, tandis que le commandant ne quittait plus la maison. Toutefois personne n'était préparé à la singulière nouvelle qui se répandit quelques temps après; le commandant de Vareilles allait épouser mademoiselle Armantine Legros.

On refusa d'abord de croire à la possibilité d'un pareil mariage. Le commandant touchait à la soixantaine et, quoiqu'il fût assez bien conservé, comment pouvait-il songer à épouser une jeune fille évaporée, presque une enfant? Néanmoins rien n'était plus vrai; le commandant aimait mademoiselle Legros de cet amour de vieillard si aveugle et si tenace. En vain, lorsque la nouvelle devint positive, le conseiller essaya-t-il d'arraisonner son frère, le frère ne voulut rien entendre. Le conseiller revint plusieurs fois à la charge, mais toujours inutilement. Enfin les choses en arrivèrent à ce point qu'on échangea des paroles mordantes, puis des reproches acerbes, et bientôt la rupture se trouva complète entre les deux frères.

Oscar n'était pas demeuré étranger à ce résultat. Soit qu'il vît avec chagrin la fortune de son oncle lui échapper, soit qu'il eût des motifs secrets pour s'irriter de ce mariage, il n'avait cessé d'exciter son père à la lutte. Mais tous ses efforts, comme ceux du conseiller, se brisèrent contre l'opiniâtreté du commandant. La brouille étant consommée, le mariage s'accomplit sans le concours du père et du fils. Le vieil officier, après avoir donné tout son bien par contrat à sa nouvelle épouse, alla passer la lune de miel dans une de ses propriétés, en annonçant l'intention d'habiter à son retour la portion de l'hôtel à laquelle il avait droit.

C'était à cette époque qu'avaient eu lieu, sans doute sous l'inspiration d'Armantine, les changements bizarres opérés dans la maison. Les portes de communication avaient été soigneusement barricadées; deux entrées distinctes avaient été pratiquées; et tandis que le conseiller laissait à la moitié de bâtiment qu'il occupait ses teintes noires primitives, le commandant faisait peindre la sienne de couleurs claires et gaies, en harmonie avec ses idées présentes.

Tous rapports étaient donc rompus entre les deux branches. Cependant, depuis le mariage, aucun nouveau conflit n'avait éclaté. Comme il convient entre gens qui ont le respect d'eux-mêmes, l'une et l'autre famille semblait éviter avec soin le scandale et le bruit. Si l'on se rencontrait par hasard dans la rue, on se saluait cérémonieusement sans échanger une parole; et des hommes d'affaires avaient mission de régler toutes les questions d'intérêt qui pouvaient surgir.

Seul, Oscar de Vareilles avait peine à contenir l'irritation profonde que lui causait le mariage de son oncle. Quel qu'en fût le motif véritable, cette irritation se manifestait dans son regard enflammé, sur son visage pâle, quand il apercevait par hasard le commandant ou Armantine. Sous une apparence dédaigneuse, il était passionné et violent. On pouvait donc craindre que, d'un moment à l'autre, il ne sût pas modérer ses sentiments impétueux, et pour prévenir un scandale possible, le conseiller résolut d'éloigner son fils.

Déjà Oscar avait ébauché quelques études de droit; on convint qu'il se rendrait à Paris pour y suivre les cours d'une façon régulière et pour se mettre en état d'occuper plus tard un poste administratif; une pension lui fut assignée, et il partit, laissant le conseiller dans sa triste maison, en compagnie d'une gouvernante et de Benoît.

Malgré la proximité de Paris et la facilité des communications, les visites d'Oscar à Z*** avaient été rares et de courte durée. Sa colère contre son oncle et sa tante ne paraissant nullement amoindrie par l'absence, le conseiller était trop prudent pour l'exposer trop souvent à certaines épreuves. D'un autre côté, Oscar avait pris goût à la vie parisienne; il faisait grande dépense et fatiguait son père de demandes d'argent. Le conseiller finit par se fâcher tout rouge. Oscar ne sut pas dissimuler son dépit. Bref, ils furent bientôt au plus mal, et c'était à peine si, pendant l'espace de trois ans, le jeune homme avait passé quelques jours dans la maison paternelle.

Pendant ces trois années, au contraire, le commandant et sa jeune femme avaient vécu joyeusement à Z***. Ils étaient de toutes les fêtes et semblaient prolonger d'une manière indéfinie leur lune de miel. Le mari, malgré son âge, recherchait, autant que la frivole Armantine elle-même, les plaisirs bruyants. Enfin, depuis quelques mois, la naissance d'un enfant venait de combler ses vœux ; et, bien que la malveillance des gens du pays eût raillé tout bas sur cette paternité tardive, le commandant ne s'en montrait pas moins heureux et moins fier.

Tel était donc l'état des choses au moment où une attaque d'apoplexie de son père avait rappelé Oscar à Z***, et nous savons déjà quels changements cet accident allait apporter dans les relations de la famille.

Oscar, après avoir monté l'escalier, se dirigeait vers la chambre de son père, quand un bruit de voix animées se fit entendre dans une pièce voisine. La porte s'ouvrit tout à coup, et deux messieurs, dont l'un semblait fort irrité, se trouvèrent sur son passage.

Celui qui montrait tant d'exaspération, vieux bonhomme à figure de fouine et à regard oblique, était en habit noir et en cravate blanche ; mais l'habit paraissait affreusement râpé et la blancheur de la cravate laissait beaucoup à désirer. L'autre, au contraire, qui avait une physionomie ouverte et intelligente, était simplement vêtu d'une longue redingote de drap, coiffé d'un chapeau à larges bords et chaussé de gros souliers. Autant le premier gesticulait et laissait voir de colère, autant le second manifestait de patience et de modération.

Oscar reconnut du premier coup d'œil les deux uniques médecins de Z***, l'officier de santé Martinval et le docteur Gilbert. Du reste, il apprit bientôt les motifs de cette discussion entre les deux membres de la faculté.

— Encore une fois, monsieur le docteur, — disait Martinval, l'homme à la cravate blanche, en appuyant avec emphase sur le mot *docteur*, — votre procédé est indigne d'un confrère. J'ai donné à monsieur le conseiller de Vareilles les soins les plus efficaces ; je lui ai sauvé la vie, je puis le dire... Et maintenant qu'il est hors de danger, on me congédie, et vous aurez tout l'honneur de cette cure... C'est une abomination ; et quoique ma signature ne soit pas suivie du D. M. P. dont vous êtes si fier, apprenez que je mérite la confiance autant que personne.

— Voyons, monsieur l'officier de santé, — répliqua Gilbert à demi-voix, mais non sans ironie, — ne parlons pas trop haut ; ce serait honteux, surtout à deux pas de la chambre d'un malade... Monsieur le conseiller, ainsi que son frère le commandant, est depuis de longues années mon client et mon ami ; si, en mon absence et dans un danger pressant, on a couru vous chercher, ce n'est pas une raison pour que l'on renonce à mes services... Vous avez convenablement soigné monsieur de Vareilles, je l'avoue ; il vous en remercie, et je vous en remercie moi-même... Mais à présent que je suis là, vous trouverez bon que nous agissions de concert...

— Le malade ne m'a rien dit de pareil, monsieur le docteur, — interrompit Martinval avec violence ; — c'est vous seul et la gouvernante Geneviève qui avait jugé convenable... Avant de prendre définitivement congé, j'attendrai que monsieur de Vareilles lui-même ou un membre de sa famille me le signifie dans les règles.

— Mais songez que j'ai été appelé après vous... Du reste, voici quelqu'un qui peut décider cette question.

Et il désignait Oscar, qui attendait à quelques pas que les deux médecins s'aperçussent enfin de sa présence. Oscar les connaissait l'un et l'autre, et il en était bien connu ; mais il alla serrer la main du docteur, tandis qu'il se contentait de saluer froidement Martinval.

— Messieurs, — dit-il, — je crois comprendre de quoi il s'agit, et si ce que l'on annonce est vrai, les médecins vont devenir inutiles, puisque l'état du malade est des plus satisfaisants. Mais les amis seront toujours les bienvenus dans la maison de mon père.

Gilbert s'inclina ; Martinval au contraire prit un air encore plus rogue et plus gourmé.

— Fort bien, monsieur Oscar de Vareilles, — répliqua-t-il ; — vous voulez dire que je ne suis pas des amis de la maison et que je n'ai plus qu'à me retirer... Il suffit ; je viens de sauver la vie à monsieur le conseiller, c'est vrai ; mais je ne suis qu'un officier de santé, on me payera ma visite et tout sera fini avec moi... Il ne me reste donc rien à faire ici... Adieu, monsieur Oscar... ; adieu aussi, monsieur le docteur ; quoique je n'aie pas de titre en latin, je finirai bien par trouver une occasion de reconnaître vos bons offices !

Il s'inclina, et, après avoir lancé un regard haineux à Gilbert, il sortit précipitamment.

— C'est toujours ainsi quand ce vieil âne et moi nous nous rencontrons chez un malade, — dit Gilbert d'un air moitié chagrin, moitié dédaigneux.

— Prenez garde à lui, docteur ; il avait une mauvaise figure et il serait capable...

— Bah ! je ne le crains pas... Eh bien, mon cher Oscar, vous voulez voir votre père ?

— Oui, et je pense qu'il est en état de me recevoir ?

— Il paraît aussi bien que possible après cette rude secousse. Néanmoins, évitez aujourd'hui et pendant quelques jours encore ce qui pourrait lui causer une émotion trop vive. Il est essentiellement nerveux ; un chagrin subit, un accès de colère serait capable de causer une rechute.

— Je ne compte pas, docteur, avoir beaucoup d'occasions de chagriner ou d'irriter mon père, car je suis décidé à repartir aujourd'hui même.

En ce moment une voix faible s'éleva de la chambre voisine.

— Oscar est arrivé ! — disait-on. — Que fait-il ? Pourquoi ne vient-il pas ?

Le docteur serra la main au jeune homme.

— Allez vite, — dit-il ; — ne lui donnez pas d'impatiences.

Et il se retira à son tour, tandis qu'Oscar entrait dans la chambre de son père, où se trouvaient aussi le commandant et Armantine.

V

LA FAMILLE DE VAREILLES.

Cette chambre, aux meubles vieux et surannés, était une de ces vastes pièces dans lesquelles un architecte moderne trouverait un appartement complet à usage de Parisiens. D'épais rideaux, à moitié tirés devant les fenêtres, n'y laissaient pénétrer qu'une lumière affaiblie, et à peine entrevoyait-on le malade, couché dans son lit au fond d'une alcôve.

Autant qu'on pouvait en juger dans ce demi-jour, le conseiller de Vareilles était un homme grassouillet, replet, et son visage, habituellement rouge, trahissait les dispositions apoplectiques qui venaient de se manifester avec tant d'énergie.

Son frère le commandant, assis au pied du lit, était au contraire long, maigre, et sa figure disparaissait presque entièrement sous de grosses moustaches, dont les nuances brunes ne semblaient pas très-naturelles. Il avait le teint jaune, les joues creuses, les yeux enfoncés ; ce n'était qu'une espèce de grand squelette. Cependant sa mise trahissait une étonnante prétention à la jeunesse et à l'élégance. Sa redingote était aussi serrée et aussi courte, son pantalon aussi clair et aussi collant que possible. Ses cheveux, comme sa barbe, devaient avoir subi certaines préparations, à supposer qu'ils fussent à lui, car aucun filet d'argent n'en altérait la noirceur. Enfin il exhalait comme Mourachon, les plus pénétrants parfums.

A côté de ces deux vieillards, si différents l'un de l'autre, il y avait, dans l'embrasure d'une fenêtre et en pleine lumière, une jeune femme dont la vue fit tressaillir Oscar. On a deviné Armantine, la femme du commandant.

Lorsque Armantine n'était encore que mademoiselle Legros, c'était une svelte et vaporeuse blonde, dont les grâces enfantines inspiraient un sentiment assez semblable à de la protection. Or sa beauté, qui n'était qu'en germe naguère, avait pris un merveilleux développement. Madame de Vareilles avait maintenant les plus nobles proportions de la statuaire; son visage, d'un ovale parfait, présentait des contours fermes et purs; ses cheveux étaient devenus plus foncés, ses yeux plus vifs et d'un bleu plus intense. Une toilette savante, riche et toujours un peu excentrique, rehaussait encore les attraits de cette magnifique personne; partout où elle se montrait elle ne pouvait qu'inspirer l'admiration ou un sentiment plus tendre.

Oscar parvint à dissimuler son trouble; il s'inclina devant Armantine et devant le commandant, qui venait de se lever avec vivacité; puis il se dirigea vers son père. Le conseiller lui tendait les bras et lui disait d'une voix affectueuse:

— Te voilà donc enfin, méchant garçon? Il faut que je sois en danger de mort pour te décider à quitter cet odieux Paris!

Oscar observa d'un coup d'œil rapide les traces que la secousse récente avait laissées sur les traits de son père. Mais il était parfaitement calme quand il répliqua, après avoir donné un froid baiser au vieillard:

— J'apprends avec joie que tout danger est passé; je viens d'en recevoir l'assurance formelle de la bouche de vos médecins.

— Que Dieu t'entende! mais, s'il en est ainsi, cette sotte maladie n'aura eu que d'heureux résultats... D'abord elle me prouve que tu conserves quelque tendresse pour moi; puis elle m'a fourni l'occasion de reconnaître que, malgré certains dissentiments passés, je devais compter sur d'autres affections encore... Embrasse ton oncle, mon cher enfant. — Oscar hésita, comme s'il n'eût pu s'habituer si vite à certaines idées. Le commandant ne faisait lui-même aucun mouvement. — Allons! mon fils, — reprit le conseiller, — tu es le plus jeune, et je désire... je te conjure...

— Volontiers, mon père, — répondit enfin Oscar d'un ton posé. — Je ne veux plus songer qu'à l'amitié dont mon oncle m'a donné tant de preuves à une autre époque, et je le prie d'oublier mes torts.

Le commandant s'émut de ces avances, qui chez Oscar étaient peut-être l'effet d'un calcul. Des larmes jaillirent tout à coup de ses yeux, et il serra cordialement son neveu contre sa poitrine en lui disant:

— Oscar, autrefois tu étais mon ami, mon enfant... sois-le encore. Moi aussi j'ai peut-être des torts envers toi, et j'aurais dû tenir compte...

— Assez! — interrompit le conseiller; — pas d'explications, ou l'entente cordiale sera mise en péril. Les explications ne valent rien, après une brouille, quand on croit avoir des griefs réciproques; on risque de s'aigrir de nouveau.

Le vieil officier retenait son neveu dans ses bras, quand une voix espiègle s'écria derrière eux.

— Eh bien! et moi donc?

Armantine venait de s'approcher en sautillant; et, le sourire sur les lèvres, semblait attendre avec naïveté son tour de réconciliation.

Oscar se dégagea brusquement.

— Vous, madame! — s'écria-t-il, — je craignais... je n'osais...

— Mon garçon, — reprit le commandant avec une rondeur qui semblait lui être habituelle, — je comprends ta réserve; mais Armantine est ma femme, la mère de mon enfant... Elle est ta tante, elle doit être ton amie... Embrasse-là, c'est moi qui te le demande.

Oscar obéit et déposa deux baisers sur les joues fraîches d'Armantine. Nous devons dire pourtant que le commandant, eût-il été le démon de la jalousie en personne, n'aurait pu en prendre ombrage, car jamais baisers plus indifférents n'avaient été donnés à une jolie femme.

Le conseiller semblait ravi de ce retour de la concorde dans la famille.

— A la bonne heure! — dit-il; — maintenant, ne parlons plus de ces fâcheuses histoires... Mais je me sens un peu fatigué... Et puis sans doute mon fils, dans la précipitation de son départ, n'aura pas pris le temps de déjeuner. En ce cas, mon cher Oscar, Geneviève doit être en mesure de te servir quelque chose.

— Mon père, — répliqua Oscar en baissant les yeux, — je n'ai besoin de rien; et puisque, à ma vive satisfaction, je vous trouve sain et sauf, je désire retourner aujourd'hui même à Paris, où des occupations pressantes me réclament.

Un vif étonnement se peignit sur tous les visages.

— Hein! qu'y a-t-il? — demanda le conseiller avec impatience; — nous les connaissons vos occupations, monsieur le mauvais sujet! Mais allons! — poursuivit-il d'un ton plus doux, — je sais où le bât te blesse, maître Oscar. Nous n'avons pas vidé encore cette fameuse question de tes dettes, n'est-ce pas? Et c'est de là que vient ta rancune... Eh bien! comme il faudra s'exécuter tôt ou tard, autant vaut aujourd'hui que demain. Reste quelques jours avec moi; j'ai des économies, et, quand tu partiras, je m'arrangerai pour te donner satisfaction.

— Ah! mon excellent père, — interrompit Oscar, qui pour la première fois sembla éprouver un mouvement de tendresse véritable, — pouvez-vous croire qu'un tel motif...?

— Et si Oscar veut bien m'accorder mes anciens privilèges, — dit le commandant, — je joindrai mes économies à celles de mon frère... Je sais qu'il faut que jeunesse se passe... et elle se passe toujours.

Armantine prit un air contrit qui jurait avec sa figure mutine et rieuse.

— Ah! que je perds une excellente occasion d'entrer dans mon rôle de tante! — dit-elle. — Par malheur, je n'ai pas d'économies... au contraire. Ma couturière et ma marchande de modes y ont mis bon ordre.

— Quoi! petite folle, — reprit le commandant d'un ton d'indulgence, — osez-vous bien... Quelle idée allez-vous donner de vous?... Mais, c'est entendu, Oscar nous reste... Et comme, vu les circonstances actuelles, la cuisine ici doit être assez démunie, mon neveu voudra bien partager notre déjeuner.

— Il accepte, — répliqua le malade avec empressement; — et pendant ce temps je prendrai un peu de repos... Revenez tous dans quelques heures. Nous ferons rouvrir la porte de communication entre nos appartements, mon frère, et nous nous verrons chaque jour, à chaque heure, comme au temps passé.

— Bien volontiers... Je donnerai des ordres aujourd'hui même... Eh bien... Oscar, ne viens-tu pas?

Que se passait-il dans Oscar? Il avait depuis un moment un air distrait et rêveur. Une terreur secrète semblait s'être emparée de lui, je ne sais quelles sinistres images lui apparaissaient. Quoique sa conscience fût muette depuis longtemps, une voix intérieure lui criait qu'il devait partir sans retard, partir au risque de la malédiction de son père et de la colère de tous. Le moment était solennel, il le sentait, et, avant d'entrer dans une voie dont il ne pouvait reconnaître encore les sombres détours, son courage subissait une terrible défaillance.

Comme il demeurait absorbé par ses réflexions, un bras potelé, encadré d'une flottante manchette de dentelle, se posa sur le sien ; en même temps une voix d'un timbre enchanteur lui dit avec enjouement :

— Allons, Oscar, commencez vos fonctions de neveu empressé auprès de votre vénérable tante !

Nous savons que, pour aller de la partie noire de la maison à la partie blanche, où demeuraient le commandant et sa femme, il fallait descendre dans la rue et côtoyer l'hôtel dans toute sa longueur. Or, ce jour-là, quelques bourgeois oisifs se trouvaient dans cette rue, habituellement déserte, et, en voyant Armantine au bras d'Oscar, ils ne pouvaient cacher leur surprise. Quelques heures plus tard, la ville entière connaissait la réconciliation accomplie dans la famille de Vareilles, et les commentaires plus ou moins obligeants allaient bon train sur ce sujet.

On arriva bientôt à l'appartement du commandant. Tout y était neuf, riche et coquet, par opposition à l'appartement si lugubre et si froid du conseiller ; tout y trahissait la présence d'une femme jeune, belle et aimée. On entra dans un joli salon, dont le principal ornement était une immense jardinière remplie de fleurs. Armantine disparut, sous prétexte de surveiller les préparatifs du déjeuner ; mais elle revint bientôt, accompagnée d'une nourrice qui portait un enfant de quelques mois.

— Oscar, — dit-elle, — ne voulez-vous pas embrasser votre petit cousin Alfred ?

Et elle prit l'enfant qu'elle lui présenta.

Nous ne saurions dire encore ce qui se passa dans Oscar ; mais il eut un mouvement de répulsion, presque de fureur. On put craindre qu'il ne s'abandonnât à quelque transport dont la cause restait inconnue. Il regarda fixement Armantine, comme s'il eût cherché sur ses traits une expression de bravade et de haine. Le visage d'Armantine était calme et souriant.

Alors les yeux d'Oscar se tournèrent machinalement vers son jeune cousin. L'enfant, chétif et malingre, avait une peau flasque et ridée, quelque chose de vieillot, ainsi qu'il arrive aux enfants de pères trop âgés.

— N'est-ce pas qu'il est beau ? — reprit Armantine avec sa terrible naïveté ; — il ressemble à mon mari... Eh bien, ne l'embrassez-vous pas ?

Oscar était au supplice. Cependant il se pencha vers l'enfant comme pour l'embrasser ; mais il se contenta d'effleurer de ses lèvres le bonnet brodé du nourrisson, et se redressa aussitôt. Le petit se mit à pleurer.

— Il paraît... souffrant, — balbutia Oscar avec effort.

— Oui, il a souvent un peu de fièvre.

— Je l'ons ben dit à madame, — répliqua la nourrice d'une voix rauque et virile, — ce pays est humide... Ah ! si j'tenions le gars cheux nous, ousque les autres poussent comme des champignons ! Mais madame et surtout monsieur ne vouliont rien entendre.

— Mon enfant ne me quittera pas, — dit le commandant d'un ton péremptoire.

— Pour lors faut qu'il pâtisse, le pauvre petiot ! — dit la nourrice avec humeur ; — et il pleuriont toujours.

En ce moment la grande Françoise vint annoncer que le déjeuner était servi. Armantine renvoya la nourrice, et, sans songer davantage à l'enfant, qui ne cessait de crier, elle vint en sautillant et en riant comme à l'ordinaire, prendre le bras d'Oscar pour passer dans la salle à manger.

Oscar commençait à s'apercevoir qu'en venant chez son oncle il s'était imposé une tâche au-dessus de ses forces. Pendant le repas, il se montra encore abattu, rêveur, embarrassé ; il répondait de travers aux questions qu'on lui adressait ; souvent même il ne répondait pas du tout.

Ces distractions semblaient redoubler la folle gaîté de madame de Vareilles. Avec une verve intarissable, Armantine persiflait le pauvre Oscar, tout en témoignant des attentions exagérées, des prévenances minutieuses au commandant. A chaque instant elle adressait à son mari de douces paroles, des agaceries enfantines. Vainement avait-il voulu réprimer avec indulgence ces mièvreries qui n'étaient pas convenables devant un jeune homme, l'espiègle après avoir boudé un moment, recommençait de plus belle.

Quand le déjeuner fut enfin terminé, le commandant se leva.

— Oscar, — demanda-t-il, — veux-tu que nous allions fumer un cigare dans le jardin ? Nous causerons un peu, en attendant que nous puissions retourner auprès de ton père.

— Très-volontiers, — répondit Oscar qui suffoquait.

— Méchants ! — dit Armantine ; — mais il faut bien aussi que je passe une robe... Je dois être laide à faire peur.

— Vous croyez ? — fit le commandant avec un sourire.

Elle alla chercher sur une étagère une boîte à cigares, l'ouvrit, et y prit un cigare qu'elle alluma. Après en avoir aspiré une ou deux gorgées du bout de ses lèvres roses, ce qui la fit tousser d'une manière charmante, elle le présenta à son mari en disant :

— Allez maintenant, vilain... vous saurez ma pensée.

Le commandant la remercia d'un signe et se hâta de sortir. Oscar le suivit en chancelant ; la tête lui tournait, il était comme ivre, et, tout en se dirigeant vers le jardin, il pensait :

— Est-ce un ange ? est-ce le plus noir et le plus perfide de tous les démons !

VI

ONCLE ET NEVEU.

Oscar et le commandant firent quelques tours en silence. Cette moitié du jardin ne ressemblait guère à l'autre, que le conseiller laissait presque en friche et qui était hérissée de mauvaises herbes. Elle avait des allées soigneusement sablées, des gazons bien verts, des fleurs bien fraîches, des berceaux de clématite et de chèvrefeuille. Les murs qui l'environnaient étaient en partie dissimulés par une tapisserie de lierre et de plantes grimpantes. Dans le feuillage de plusieurs grands arbres, qui donnaient une ombre délicieuse en ce moment de la journée, on entendait chanter les fauvettes et les mésanges.

Pendant cette courte promenade, Oscar eut l'occasion de reconnaître combien son oncle, dont il admirait tant autrefois la vigueur et la prestance militaires, était devenu vieux et cassé. Le commandant, vu au grand jour, avait le teint d'une momie, sous ses cheveux d'emprunt et sa moustache d'un noir artificiel. Il marchait tout voûté, et cherchait en vain à dissimuler un léger tremblement sénile. Le cigare qu'il fumait sembla même produire sur son organisation usée un effet fâcheux, car, au bout de quelques minutes, il le jeta dans l'herbe, sans respect pour les lèvres de corail qui l'avaient effleuré.

Bientôt, fatigué de la marche, il se dirigea vers un bouquet de tilleuls qui s'élevait au fond du jardin, se laissa tomber sur un banc rustique, et fit signe à son neveu de prendre place à son côté.

Ni l'un ni l'autre ne se pressait de parler. Oscar n'était pas fâché de cette pause, qui lui permettait de mettre un peu d'ordre dans son esprit bouleversé. Le commandant, de son côté, semblait embarrassé pour aborder un point délicat. Enfin il dit brusquement :

— Oscar, une explication est nécessaire entre nous ; et si pénibles que certaines questions soient pour tous les deux, il faut que nous revenions un moment sur le passé.

— Oscar fit un signe d'acquiescement, mais continua de se taire. Le commandant reprit : — La mésintelligence qui, à ma vive satisfaction, vient de cesser, n'a eu d'autre cause que mon mariage avec ma chère Armantine. Ton père et toi vous m'avez traité en ennemi du jour où j'ai exprimé ma volonté de la prendre pour femme. Les motifs de cette irritation chez mon frère n'étaient pas difficiles à deviner; il s'était habitué à cette pensée qu'un jour tu hériterais de ma fortune comme de la sienne, et il lui semblait qu'en me mariant je frustrais ma famille. Cependant ces considérations, qui pouvaient avoir tant de poids sur lui, n'en devaient avoir aucun sur toi... On dit, — continua le commandant avec un sourire d'indulgence, — que tu es devenu à Paris un bourreau d'argent. Mais à l'époque dont nous parlons, quand nous fréquentions l'un et l'autre la maison de madame Legros, tu n'en étais pas là encore, et les raisons de cette nature ne te touchaient guère. Ce n'est donc pas la perte de mon héritage qui a pu t'aigrir contre moi et j'ai pensé que, de ton côté, tu avais aimé Armantine...

Oscar se redressa vivement.

— Vous l'a-t-elle dit, mon oncle? Vous aurait-elle fait confidence...

— Il y avait donc une confidence à faire?

— Non sans doute; mais...

— Elle ne m'a rien confié du tout. Armantine était alors et est encore une véritable enfant, qui ne s'inquiète pas d'observer et de comprendre. En revanche j'avais des yeux, moi que la jalousie rendait clairvoyant, et il m'a semblé... Tiens, Oscar, — poursuivit le commandant avec amertume en baissant la voix, — veux-tu que je te dise ce que je suppose! Tu l'aimais.... mais pas assez pour en faire ta femme.

— Mon oncle, j'étais bien jeune moi-même alors... et je serais incapable de définir...

— Brisons là... Tu dois sentir combien un pareil sujet m'est désagréable... Toujours est-il qu'Armantine, malgré sa frivolité apparente, sut deviner ce qu'il y avait de sérieux et de solide dans l'attachement d'un homme de mon âge. Avec une maturité de raison qu'on ne pouvait attendre d'elle, la chère petite me donna la préférence sur plusieurs jeunes gens qui, sans parler de toi, fréquentaient la maison de sa mère... Et, si bizarre que la chose puisse paraître, j'ai la certitude qu'Armantine m'aime, non pas comme une fille chérit son père, comme une pupille chérit son tuteur, mais comme une épouse tendre aime le mari de son choix. — Oscar se taisait; cependant, il ne put retenir un imperceptible sourire. Le vieil officier s'en aperçut. — Sacrebleu! — s'écria-t-il, — crois-tu donc qu'il n'y en ait que pour vous autres mirliflores! Un homme, parce qu'il a passé vingt-cinq ans, ne saurait faire naître de l'amour? Il y a d'autres qualités que votre esprit, votre gaieté, votre suffisance pour inspirer un sentiment vrai aux plus jeunes et aux plus belles. Il y a la loyauté, la délicatesse, les procédés généreux... Mais, au fait, — ajouta le commandant d'un ton différent, — à quoi bon tout cela? Il me suffit d'avoir une femme honnête et douce, qui me rend avec usure mes soins et ma tendresse; que m'importe l'opinion des autres! — Oscar s'empressa d'assurer qu'il n'avait aucun motif de contester l'affection d'Armantine pour un mari si prévenant. — Merci, Oscar, — reprit le commandant avec émotion; — car, vois-tu, si j'avais, moi, un doute à ce sujet, mon bonheur serait cruellement compromis. Il me semble que je n'ai pas vécu avant le jour où j'ai connu Armantine; les années écoulées avant ce jour me semblent des années perdues, et ma félicité présente est si grande que je m'effraye outre mesure de tout ce qui pourrait la troubler... Aussi, Oscar, ai-je voulu, dès à présent, m'expliquer avec toi, te témoigner la confiance d'un proche parent, d'un ami dévoué... Voyons, parle avec franchise : Ton amour d'autrefois pour Armantine est-il bien guéri? Tu vas vivre avec nous pendant quelques jours; peux-tu répondre de toi-même? Ma femme, dans sa familiarité ingénue, est souvent très-embarrassante. J'ai remarqué plusieurs fois aujourd'hui la gêne que te causaient ses innocentes folies... Te sens-tu assez fort pour y résister?

— Mon oncle, — répondit Oscar d'un air de malaise, — pouvez-vous mettre ainsi en suspicion mes sentiments d'honneur? Le respect que j'éprouve pour vous, le souvenir de vos bontés passées...

— Oh! je connais votre morale, à vous autres viveurs parisiens!... Mais, pardon, Oscar, — ajouta aussitôt le commandant en paraissant se raviser; — je ne dois pas te confondre avec ces débauchés sans cœur et sans âme dont je parle... Tu ne vis pas en anachorète à Paris, je le sais; mais tu serais incapable de céder à certains entraînements, de trahir certains devoirs. Je te crois trop probe, trop généreux pour abuser de la candide ignorance d'une enfant... Me comprends-tu, Oscar, et puis-je compter sur toi!

Oscar s'agita sur son banc et chassa précipitamment quelques gorgées de fumée.

— Mon oncle, — répliqua-t-il — je vous ai dit déjà...

— Allons! mes doutes t'offensent, je le vois... Eh bien? donne-moi ta main. — Le jeune homme, après une imperceptible hésitation, avança la main; elle était inerte et comme insensible. Cependant le commandant la serra dans les siennes. — Il suffit, — dit-il, — nous nous entendons... Maintenant je suis tranquille. — Il semblait pourtant que cette conversation l'eût mis à la torture. Son tremblottement était devenu plus sensible et la sueur coulait sur son front ridé. — Reprenons notre promenade, — dit-il.

Après quelques nouveaux tours de jardin, il parut plus calme, et il s'entretenait avec Oscar de sujets insignifiants, quand ils furent rejoints par Armantine.

Dans ce court espace de temps, Armantine avait fait la plus éblouissante toilette; une robe claire, un frais chapeau orné de fleurs, rehaussaient encore sa figure mutine. A la vérité, un observateur rigide eût pu remarquer que cette robe était un peu écourtée par le bas et un peu échancrée par le haut. Mais il faisait si chaud ce jour là, et d'ailleurs la jeune femme portait avec une si adorable innocence les modes les plus audacieuses! Elle vint embrasser son mari, et lui dit joyeusement :

— Eh bien! monsieur, comment me trouvez-vous ainsi?

— Allons! — répliqua le commandant avec impatience — ne sauriez-vous être sérieuse un moment?... L'heure est venue de retourner auprès de notre malade, qui sans doute est éveillé... Et, tenez, voici justement le docteur qui va nous donner de ses nouvelles.

En effet, le docteur Gilbert, qui avait chez les deux frères ses libres entrées, venait d'apparaître à son tour dans le jardin, et s'avançait vers eux.

— Encore cet homme insupportable! — dit Armantine tout bas en faisant la moue; — je le déteste, moi.

Le commandant réprima par un signe rapide ces marques d'aversion, dont sans doute la cause lui était connue, et, comme Gilbert les abordait en ce moment, il lui demanda des nouvelles du conseiller.

— Il va de mieux en mieux, — dit le docteur; — la vue de son fils, — votre réconciliation lui ont fait le plus grand bien. Vous pouvez remonter auprès de lui; il a dormi quelques heures, vous le trouverez gaillard et dispos... Cependant, je recommande aux personnes qui l'aiment, comme je l'ai recommandé à monsieur Oscar, de lui épargner les émotions trop vives, surtout peu de temps après le repas... Vous m'entendez? un simple accès de colère, en pareil moment, pourrait lui occasionner une rechute aussi prompte que dangereuse. — On promit d'observer scrupuleusement ces recommandations, et l'on s'achemina vers la rue pour se rendre chez le conseiller. — Gilbert dit à demi-voix au commandant :

— Ah çà! n'avez-vous pas aussi à me consulter pour vous-même? Ce matin, quand je vous ai rencontré auprès du lit de votre frère, il m'a semblé...

Tout en parlant, il avait glissé sa main sur le pouls du vieil officier. Celui-ci le laissa faire d'abord, par l'effet de la surprise; mais bientôt il se dégagea d'un mouvement rapide en disant :

— A quoi pensez-vous donc, docteur? Je ne suis pas malade, moi.

— Vous croyez?

— Parbleu! je ne me suis jamais mieux porté.

— Ce n'est pas mon avis. Certains symptômes, que j'ai constatés déjà, deviennent de jour en jour plus évidents, et vous devriez mieux tenir compte des conseils que je vous ai donné tant de fois.

— Allez au diable, docteur, vous et vos conseils! — répliqua le commandant avec humeur; — vous n'avez pas le sens commun.

Le médecin et son client étaient de trop vieux amis pour que Gilbert s'offensât de ces paroles peu mesurées; mais, comme le commandant s'était rapproché de son neveu, le docteur prit le bras d'Armantine et dit d'un ton cajoleur :

— Ma belle ennemie me permettra-t-elle de l'accompagner jusqu'à la porte du conseiller?

— Il faut bien que je permette, puisque vous m'accompagneriez tout de même.

— Ce serait fort possible, car j'ai absolument besoin de vous glisser quelques mots à l'oreille.

— Bon! nous les connaissons vos mots, — répliqua Armantine de son ton boudeur.

— N'importe! mon devoir m'oblige à vous les répéter... Votre mari me cause beaucoup d'inquiétude, madame, et, s'il faut l'avouer, son état me semble encore plus alarmant que celui de son frère.

— Allons donc, docteur, vous exagérez toujours!

— Je n'exagère rien... Il y a des chemins de fleurs qui conduisent aussi à la mort.

— Vous êtes insupportable avec vos énigmes.

— Quand les énigmes sont comprises, ce ne sont plus des énigmes, et vous me comprenez. Adieu, madame.

On était arrivé à la porte du conseiller, et Gilbert, ayant salué d'un air cérémonieux, s'éloigna rapidement.

Oscar s'installa auprès du lit de son père; et on s'expliquera qu'il ne fut pas allé rejoindre Léon Mersey à la gare du chemin de fer.

VII

PÈRE AVARE ET FILS PRODIGUE.

Plusieurs jours se passèrent et le conseiller semblait complétement rétabli. Il commençait à sortir, appuyé sur le bras de son fils, et on avait remarqué l'affection, les soins, la tendre sollicitude qu'Oscar lui témoignait. Le commandant et sa femme venaient chaque jour passer plusieurs heures auprès de leur frère; mais, soit qu'Armantine eût été sévèrement admonestée par son mari, soit qu'elle eût compris toute seule la nécessité de se montrer plus réservée à l'égard d'un ancien adorateur devenu son neveu, elle n'avait plus ces manières évaporées qui causaient tant de malaise à Oscar. Maintenant elle ne lui parlait plus que les yeux baissés, et son rire éternel d'autrefois était remplacé par un petit air discret plein de finesse.

Du reste, le commandant ne manquait jamais de se trouver en tiers dans les conversations de sa femme et de son neveu; sa vigilance inquiète témoignait qu'en dépit de toutes les promesses, il jugeait nécessaire de s'assurer par lui-même si certains feux, mal éteints peut-être, n'avaient pas chance de se rallumer.

Tout semblait donc aller au mieux à l'hôtel de Vareilles. Cependant Oscar n'était pas plus avancé que le premier jour quant à la question de ses dettes. Vainement avait-il fait plusieurs fois devant son père certaines allusions timides à cette question redoutable. Le vieux conseiller, qui, nous devons l'avouer, aimait un peu l'argent, et qui, revenu à la santé, n'était pas pressé de tenir certains engagements irréfléchis, avait toujours feint de ne pas comprendre ces allusions.

En revanche, le commandant, qui peut-être avait ses motifs pour ne pas retenir Oscar à Z*** indéfiniment, le prit à part un matin et dit en lui glissant quelques chiffons de papier :

— Accepte ceci, mon garçon, en souvenir de ton oncle, de ton vieil ami... C'est peu; mais *elle* n'est pas raisonnable avec ses toilettes, et je n'ai pas le courage de lui rien refuser.

Oscar jeta un coup d'œil sur ce qu'on lui offrait : c'étaient deux billets de mille francs.

— Quel pingre! — pensa-t-il.

Cependant il était dans cette situation où certains jeunes débauchés acceptent l'argent de toutes mains. Après avoir fait quelques difficultés pour la forme, il empocha les billets de banque et essaya de trouver quelques expressions chaleureuses pour remercier le donateur.

Cette libéralité, en effet, ne pouvait permettre à Oscar de remédier aux difficultés impérieuses du moment; et, afin que le lecteur n'ait aucun doute à cet égard, nous allons mettre sous ses yeux, une lettre que le jeune de Vareilles recevait, le matin du quatrième jour après son arrivée chez son père.

Cette lettre était d'un soi-disant ami d'Oscar, le vicomte de Florestan, un vieux *beau* dont l'existence présentait bien des obscurités. Florestan, qui n'avait ni rentes ni bien-fonds, menait pourtant grand train à Paris, jouait gros jeu, fréquentait les coulisses et le turf. Il se plaisait surtout à « lancer » les jeunes gens riches qui, comme Oscar, débutaient dans le monde fashionnable; il les mettait en rapport avec des usuriers qui leur fournissaient le moyen de se ruiner le plus promptement possible, et Dieu sait si de tels services étaient gratuits pour les prêteurs et pour les emprunteurs! La lettre de Florestan était ainsi conçue :

» Je pense, mon très-cher, que vous êtes encore dans » l'affliction d'un nouvel héritier; c'est bien naturel, » puisqu'il ne s'agit cette fois ni d'un cousin cacochyme, » ni d'un collatéral qui a abusé de votre patience, mais » d'un père. Cependant, si respectable que soit votre » chagrin, je me trouve dans l'obligation de vous ap- » prendre certains faits qui se produisent ici et qui vous » intéressent très-directement.

» La nouvelle de votre départ de Paris pour aller re- » cueillir la succession paternelle a mis en émoi tous vos » créanciers. Les lettres à votre nom tombent dru comme » grêle chez votre concierge. D'après les instructions » que vous m'avez envoyées au moment de monter » en vagon (marque de confiance dont je vous remer- » cie), je me suis fait remettre cette trop volumineuse » correspondance, et j'ai pris connaissance de son con- » tenu. Un mot peut la résumer; ces coquins aboient » après vos chausses comme une meute de chiens har- » gneux, et tous ont la même prétention, celle d'être » payé dans le plus bref délai.

» Ce vieil usurier de Girardet (le père la Ruine, comme » nous l'appelons), se montre le plus acharné. Il est » vrai que, sans calembour, c'est le plus *gros* de vos » créanciers; votre dette envers lui dépasse vingt mille » francs. Je vous disais bien, quand vous avez accepté » ses abominables conditions, que vous vous mettiez » dans sa dépendance absolue; mais vous ne vouliûtes » rien entendre, car vous aviez un pressant besoin » d'argent pour acquitter un pari. Aujourd'hui vous » portez la peine de votre imprudence. Girardet craint » les lenteurs d'une liquidation; et puis ignorant l'im-

» portance de votre héritage, il suppose peut-être que
» vous devez bien au delà de la fortune à recueillir.

» Il suffira sans doute de vous instruire de cet état
» de choses pour que vous trouviez moyen d'imposer
» silence à ce vieux coquin; et votre notaire s'empres-
» sera de lui fermer la bouche avec un bâillon de billets
» de banque. Cependant, si le bâillon tardait trop, dé-
» fiez-vous, je vous en avertis. Girardet est aussi brutal
» que madré; et dans sa lettre, pour laquelle on devrait
» lui rompre les os, il lâcha les gros mots de jugement,
» d'huissiers, de contrainte par corps et autres dont je
» vous fais grâce. »

Après avoir donné ces intéressants détails à Oscar, le vicomte de Florestan passait aux nouvelles de l'Opéra, des courses, de la pièce en vogue, que sais-je? et il finissait par demander négligemment, dans le *post-scriptum*, si le nouvel héritier ne pouvait lui avancer quelques centaines de louis, dont il avait lui-même un urgent besoin.

Oscar, on le croira facilement, fut très-alarmé. Ces poursuites pouvaient produire à Z*** un dangereux scandale et indisposer son père contre lui d'une manière irrémédiable. Aussi écrivit-il, séance tenante, à Florestan pour lui annoncer le véritable état des choses, à savoir que son père était, grâce au ciel, bien portant; que la succession n'était pas ouverte; que ses créanciers en général, et Girardet en particulier, n'avaient donc qu'à prendre patience encore. Du reste, il espérait retourner à Paris dans quelques jours, et promettait de donner des à-compte aux plus pressés.

Mais, sa lettre partie, il ne fut pas beaucoup plus tranquille. Il savait combien Girardet était âpre au gain, opiniâtre dans ses projets. Aussi résolut-il d'avoir le jour même une explication avec son père.

Il choisit le moment où ils venaient de se promener ensemble dans la ville. L'exercice avait fait grand bien au conseiller, que tout le monde avait complimenté sur sa bonne mine. L'ancien magistrat paraissait donc de la meilleure humeur, quand, ayant pris place l'un et l'autre dans le salon, Oscar revint avec ménagements sur son prochain départ et sur la promesse qui lui avait été faite quelques jours auparavant.

A cette ouverture, le conseiller changea d'attitude. Son front se rembrunit, et il dit avec amertume :

— Ah! je commence à comprendre, monsieur, où tendent ces égards, ces complaisances dont j'étais si heureux et si fier!... Vous voulez amadouer le père aux écus, afin de retourner bien vite dans ce cher Paris où vous menez une vie si méritoire... Mais vous êtes bien pressé; à peine me laissez-vous le temps de respirer, quand je viens d'échapper à la mort par une espèce de miracle!

— Mon père, — répondit Oscar avec une aigreur mal dissimulée, — si j'insiste sur un point qui semble vous être particulièrement désagréable, c'est que je subis une inexorable nécessité.

— Quelle nécessité? Quelqu'un vous attend avec impatience à Paris, sans doute.

— S'il faut le dire, je suis activement poursuivi au sujet d'une dette.

— Une dette! N'en avez-vous qu'une? J'aurais cru... Et à combien se monte-t-elle?

Oscar craignit d'exaspérer son père en lui avouant d'abord toute la vérité. Il répliqua d'une manière évasive;

— Je ne saurais le dire exactement, car il y aurait à faire un calcul d'intérêts et de frais... Mais elle est assez considérable.

Le vieux conseiller poussa un soupir qui ressemblait à un gémissement.

— Allons! — reprit-il, — j'ai promis, je tiendrai ma promesse... Mais n'as-tu pas reçu déjà quelque chose de ton oncle?

— Bah! une misère...

— Une misère! Deux mille francs... une misère! Ton oncle est discret comme un confesseur; mais Armantine, qui ne sait rien cacher, m'a dit le chiffre... Ah çà! tu es donc un gouffre d'argent? Impossible de satisfaire tes demandes incessantes; toute ma fortune y passerait... Ecoute, et souviens-toi bien qu'aucune obsession de ta part ne pourra me déterminer à élever d'un centime le chiffre que j'ai arrêté. Quand tu partiras, j'ajouterai deux mille francs, économisés sur mon bien-être et mes besoins, aux deux mille francs que t'a remis ton oncle... Quatre mille francs devront largement te suffire.

— Mais, mon père, la somme pour laquelle je suis poursuivi est de beaucoup plus forte.

— J'en suis fâché, arrange-toi. Je ne peux me mettre sur la paille pour un dissipateur. Ne compte pas sur un sou plus, je te le répète.

Oscar réfléchit qu'avec quatre mille francs il pourrait sans doute décider Girardet à renouveler les billets échus et à prendre patience. Aussi, après avoir remercié son père du bout des lèvres, demanda-t-il quand la somme convenue serait mise à sa disposition.

— Bientôt... Laisse-moi opérer quelques rentrées... Vraiment, dans ton impatience de partir, tu es plus pressant toi-même que le plus intraitable créancier!

Comme on le voit, le bonhomme avait beaucoup de peine à lâcher ses écus, et Oscar, irrité de ces tergiversations, contint avec effort l'expression de son mécontentement.

Le père et le fils se boudaient, quand le commandant et sa femme vinrent faire diversion à cette querelle. Armantine, avec sa gaieté expansive, avec sa vivacité un peu brouillonne, eut bien vite déridé l'un et l'autre, et le reste de la journée se passa sans orage.

En revanche, dès le lendemain, dans la matinée, arriva une nouvelle lettre de Florestan. La promptitude que le vicomte mettait à répondre était elle-même de mauvais augure.

« Trop tard, mon très-cher, » écrivait-il; « Girardet,
» que je viens de voir, s'est montré inexorable et prétend
» pousser les choses à l'extrême. Il a déjà expédié les
» pièces à un huissier de Z***. J'aurais jeté votre infâme
» créancier par sa propre fenêtre, si cela eût pu remé-
» dier à quelque chose; mais il ne perd rien pour
» attendre!

» En résumé, mon bon, peut-être n'est-il pas mal que
» les choses suivent leur cours. Une crise dans l'état de
» vos affaires était inévitable; autant vaut qu'elle éclate
» maintenant. Votre père ne vous laissera pas aller en
» prison, car vous comprenez bien que c'est de cela
» qu'il s'agit. Il criera, mais il payera, c'est l'usage. A
» votre place donc, pour tirer le meilleur parti d'une
» situation mauvaise, je préparerais tout doucement
» monsieur de Vareilles aux événements. »

Mais Oscar ne partageait pas l'optimisme philosophique de son ami. Après avoir lu cette lettre, il prit sa tête dans ses mains:

— Que faire? — murmura-t-il; — à qui m'adresser? Mon oncle évidemment ne peut me venir en aide; il est déjà obéré par les prodigalités d'Armantine, et il désire trop me voir tourner les talons pour ne m'avoir pas donné toutes ses économies... Mon père seul peut me tirer de là; il possède un portefeuille bien garni; je l'ai vu l'autre jour, quand il a ouvert par hasard son secrétaire devant moi, et vingt mille francs seraient une bagatelle pour lui; mais il aimera mieux se laisser couper en morceaux que de lâcher une somme aussi forte... Mille diables! faudra-t-il donc que je retourne à Paris sous la garde d'un huissier et de ses recors. Non, non... Tout plutôt que cette honte! — Il se mit de nouveau à réfléchir, et ses traits prirent peu à peu une expression farouche. Bientôt il se redressa, pâle, l'œil égaré, en bégayant:

— Eh bien! n'est-ce pas lui qui m'aurait poussé là?

Néanmoins il sembla que ses propres pensées lui fissent peur; il s'habilla et sortit pour leur échapper. Quand il rentra, au bout de quelques heures, un changement complet s'était produit en lui. Maintenant il était causeur, bruyant et gai. A la vérité cette gaieté, forcée et comme fiévreuse, avait des intermittences de taciturnité; elle n'en frappa pas moins toute la famille, qui se demandait quel événement heureux pouvait exciter Oscar à ce point.

. . . .

La journée ne s'acheva pourtant pas sans lui apporter encore d.. motifs d'alarme.

Un peu avant le dîner, Benoît lui remit d'un air mystérieux un billet qui venait d'arriver à son adresse. Ce billet, très-laconique et signé d'un huissier de la ville, priait monsieur Oscar de Vareilles de passer à l'étude, le soir ou le lendemain matin au plus tard, pour affaire très-importante qui le concernait.

— Hum! au diable l'affaire! — murmura Oscar en froissant le papier convulsivement. Il retomba dans la sombre rêverie où nous l'avons vu déjà, puis il fit un mouvement brusque: — Non, non, — reprit-il, — je n'ose pas... je ne peux pas... je ne veux pas!

Il alla se mettre à table avec son père, et, pendant le dîner, il se montra plus joyeux, plus babillard qu'il ne l'avait été depuis son retour à la maison paternelle.

VIII

LES PROUESSES DE MOURACHON.

Le même jour, à l'heure environ où les faits que nous venons de raconter se produisaient à l'hôtel de Vareilles, Mourachon, le galant bossu de Z***, traversait l'unique place de la ville. Superbement paré, il avait une courte redingote bleue, qui ne pouvait, hélas! dissimuler les imperfections de sa taille, un pantalon de couleur tendre, des bottes vernies et des gants jaunes. Son gilet, largement ouvert, laissait voir un jabot bien empesé et digne d'un marquis de l'ancien régime. Un œillet rouge ornait sa boutonnière, son chapeau était posé sur l'oreille avec une crânerie tout à fait divertissante, et il tenait à la main une badine dont il semblait menacer les oiseaux du ciel. Quand nous aurons ajouté que Mourachon était, ce jour là, parfumé au jasmin et à la tubéreuse, on comprendra combien il méritait d'attirer les regards des passants et celui des belles curieuses qui pouvaient être à leur fenêtre.

Par malheur, il n'y avait pas de curieuses aux fenêtres, et la place était à peu près déserte. Aussi vainement le bossu marchait-il en se dandinant et en agitant sa badine, vainement déployait-il avec nonchalance son foulard aromatisé et chantonnait-il de sa plus belle voix un air du *Barbier* (car on n'a pas oublié que Mourachon, à sa qualité de secrétaire de la mairie, joignait celle de premier ténor, ou plutôt de *beau* ténor de la société musicale de la ville); grâces, parfums et musique, tout eût été perdu pour les habitants de Z*** si, au détour d'une rue, il n'eût rencontré l'officier de santé Martinval.

Celui-ci, toujours en habit noir et en cravate blanche, avait cet air maussade qui lui était habituel. Cependant, à la vue de Mourachon, sa physionomie se dérida, et il s'approcha avec empressement. Martinval, en effet, dépossédé de presque tous ses malades par le docteur Gilbert, donnait encore des soins à la sœur aînée du bossu, la vieille demoiselle Corisandre, et une semblable cliente était fort à ménager. Aussi dit-il à Mourachon avec son accent le plus flagorneur:

— Eh bien! mon beau papillon, vous avez pris votre vol? Je gagerais que cette pimpante toilette est faite à l'intention de quelque belle *amourachée* du voisinage?

— Heu! heu! — répliqua le bossu avec son petit rire de fatuité, — vous me flattez, docteur! En réalité, je vais me promener sur le bord de la rivière.

— L'endroit est bien écarté... Mais vous n'y resterez pas longtemps seul, j'imagine?

— Chut! vous savez que, en ce qui concerne la discrétion, je n'ai pas mon pareil; jamais un nom propre... Galant, oui: mais homme d'honneur!

— J'en suis convaincu, mon cher Mourachon; mais laissons cela... Comment va votre digne sœur?

— Elle est toujours dans le même état; toujours des maux de tête, des étouffements, des palpitations...

— Je vous l'ai dit, c'est nerveux; qu'elle continue de suivre mes ordonnances et nous finirons par triompher du mal.

— C'est que voilà bien longtemps que vous me promettez cela, — reprit Mourachon en regardant vers l'autre extrémité de la place, — et la pauvre Corisandre ne va pas mieux.

— Douteriez-vous de moi, monsieur? — répliqua l'officier de santé en se redressant; — prêteriez-vous aussi l'oreille aux propos de mes ennemis? J'ai sauvé d'une mort certaine monsieur le conseiller de Vareilles. Un autre, il est vrai, a eu les honneurs de cette cure; mais je peux dire hautement...

— Allons, Martinval, ne vous fâchez pas, — reprit Mourachon d'un air distrait; — ma confiance et celle de Corisandre ne sauraient vous manquer... Mais, à propos du conseiller de Vareilles, — ajouta-t-il en baissant la voix, — je viens d'en apprendre de belles sur le compte de son fils Oscar! L'huissier Daucourt, que je quitte à l'instant, a reçu aujourd'hui de Paris des pièces qui le concernent... mais des pièces qui feront du bruit, je vous l'affirme.

— Bah! vraiment, contez-moi donc cela, Mourachon.

— Je ne peux pas; le petit de Vareilles est mon ami et j'ai promis le secret... D'ailleurs j'aperçois là-bas des personnes... Je suis obligé de vous quitter, Martinval; au revoir!

— Je comprends, — dit l'officier de santé en ricanant, — la nouvelle *amourachée*, n'est-ce pas? — Et il se retourna pour examiner les personnes qui préoccupaient ainsi le fat. Deux dames, suivies à distance par un valet en livrée, traversaient la place et semblaient se rendre aussi à la promenade. En les reconnaissant, Martinval ouvrit de grands yeux: — Peste! Mourachon, — dit-il, — comme vous y allez! Les dames de Bertigny!... Recevez mes félicitations, car je suppose...

— Paix! Martinval, ne supposez rien; je n'ai rien dit, je ne permets à personne... Mais adieu, adieu! Je serais en retard.

Et il prit sa course pour rejoindre les dames de Bertigny, qui venaient de disparaître à l'angle de la place. Les jambes grêles de Mourachon avaient tout juste la souplesse des branches d'un compas et son torse mal fait se balançait sur ses hanches avec la grâce du canard qui trotte. Cependant il s'en allait, le nez au vent, la bouche en cœur, en ébouriffant sa chevelure outrageusement pommadée; et le jabot empesé, qui s'étalait sur sa poitrine, s'agitait à chacun de ses mouvements comme un large éventail.

Martinval le suivit un moment des yeux:

— Imbécile! — murmura-t-il en haussant les épaules.

Et il se remit en marche d'un air affairé, pour faire croire que sa clientèle médicale le mettait sur les dents, tandis qu'en réalité il rentrait chez lui, où personne ne l'attendait.

Cependant Mourachon n'avait pas tardé à apercevoir de nouveau les dames de Bertigny qui sortaient de la ville. Alors il ralentit sa marche, et, réglant son pas sur le leur, il les suivit à une certaine distance.

L'endroit vers lequel elles se dirigeaient était pittoresque et eût mérité d'attirer tous les promeneurs de Z***:

si Z*** avait eu des promeneurs. C'était une route ombragée de peupliers, que longeait une petite rivière. Les habitations étaient clairsemées dans la campagne; mais de luxuriantes prairies, des bouquets de bois, des champs bien cultivés réjouissaient les yeux. La rivière avait des eaux claires et turbulentes, dont le murmure s'harmonisait avec le bruissement de la brise dans les arbres. Quelques pêcheurs à la ligne, assis en silence au pied d'un saule, apparaissaient dans les hautes herbes, et un bruit de battoirs, des éclats de voix féminines, qui se faisaient entendre de temps en temps, annonçaient que de gaies blanchisseuses travaillaient dans les environs.

Tel était l'agréable lieu où madame de Bertigny et sa nièce Henriette venaient chaque jour, à la même heure, faire une courte promenade, quand le député était retenu à Paris par ses devoirs parlementaires. Mais hâtons-nous de dire que, si elles s'y rencontraient avec le galant bossu, c'était tout à fait contre leur désir. En réalité, maître Mourachon, voyant un jour ces dames aller de ce côté, s'était permis de les suivre, comme il suivait toutes les femmes du pays. Il avait pris pour un encouragement les sourires que ses minauderies leur arrachaient; et, les jours suivants, il avait continué de s'attacher à leurs pas quand elles sortaient. Du reste, il ne s'était jamais hasardé à leur adresser la parole; il se contentait de les saluer de loin, et on lui rendait son salut avec politesse, mais avec une froideur qui ne l'encourageait nullement à se montrer plus hardi.

Ce jour-là encore, Mourachon ne tarda pas à commencer son manége ordinaire. Arrivé à une vingtaine de pas derrière les dames de Bertigny, il redoubla de dandinements et d'airs superbes; il faisait craquer ses bottes vernies en marchant, fouettait l'air de sa badine, se pavanait avec affectation. Tout ce mouvement avait pour but d'attirer l'attention des promeneuses. Comme le bossu ne pouvait y parvenir, il se mit à fredonner les plus beaux morceaux de son répertoire musical, et, élevant la voix peu à peu, lança au vent les notes les plus risquées de son fausset. Malheureusement ses chants, comme ses allées et venues, ne parvenaient pas à faire retourner les dames qui, abritées par leurs ombrelles, continuaient de causer à demi-voix. Seul le domestique avait regardé deux ou trois fois du côté de Mourachon avec une expression qui n'avait rien d'aimable, et le petit chien King, qu'on laissait vaguer en liberté, montrait parfois les dents au malencontreux galantin.

Enfin pourtant un *ut* de poitrine, poussé avec la vigueur du désespoir, détermina Henriette à retourner la tête. Mais les traits de la jeune fille n'exprimèrent pas une agréable surprise; au contraire, elle dit à sa tante avec humeur:

— Allons! voilà encore *mon* bossu qui nous suit.

— Quel ennuyeux personnage! — murmura madame de Bertigny à son tour.

Mourachon salua.

— Je crois que je produis mon effet, — pensa-t-il.

Et il continua ses fredons, persuadé que les promeneuses étaient maintenant sous le double charme de sa présence et de sa mélodie.

Mais la tante et la nièce ne songeaient déjà plus à Mourachon, et avaient repris leur conversation un moment interrompue.

— Oui, ma chère tante, — disait Henriette, — je serais bien contente d'avoir des nouvelles de ce pauvre jeune homme, monsieur Mersey... l'ami de King, comme vous l'appelez. Il était très-souffrant, et cette longue course à pied, course malheureusement inutile, a pu avoir des conséquences fâcheuses pour sa santé... Et puis je voudrais savoir encore si les intentions de sa parente malade ont été réalisées...

— Mais, bon Dieu! mon enfant, quel intérêt peux-tu prendre à ce jeune homme? Tu ne le connais pas.

— Il paraît plein de cœur et de loyauté, — répliqua Henriette en rougissant; — j'ai entendu sa petite histoire quand il la racontait à son ami, et il y avait dans ses paroles tant de mélancolie, tant de louables sentiments et tant d'affection pour sa mère...

— Il est singulier que tu aies entendu tant de choses, — répliqua madame de Bertigny avec un accent de malice; — moi je n'ai rien entendu du tout... Il est vrai que je n'ai pas écouté.

— On entend sans écouter et sans le vouloir... Enfin, ma tante, je m'intéresse, je l'avoue, à cet honnête jeune homme; et si mon oncle, qui a de nombreuses relations à Paris, voulait bien prendre quelques informations sur son compte...

— Tiens, chère enfant, — répliqua madame de Bertigny affectueusement, — j'ai prévenu tes désirs. Ce que tu m'as dit déjà de monsieur de Mersey m'avait bien disposée pour lui et, dusses-tu te moquer de moi, j'ai voulu m'assurer si l'influence de King lui avait été vraiment contraire... Sache donc que ton oncle a connu autrefois cette madame de Maledan, la tante de monsieur Mersey, et il a pu sans peine se procurer des informations sur elle. Par malheur, ces informations n'ont rien de satisfaisant, et c'est pour cela que j'hésitais à t'en parler. Monsieur Mersey, tu t'en souviens, venait ici chercher l'ancien notaire Claveau pour présider à la rédaction d'un testament que madame de Maledan désirait faire en faveur de sa sœur?

— Il est vrai, mais ce monsieur Claveau ne voulut pas sans doute l'accompagner, car nous vîmes monsieur Mersey repartir seul, quelques heures plus tard.

— Claveau, en effet, pour des motifs dont il rendra compte à Dieu et à sa conscience, refusa de faire cette démarche. Il s'est rendu à Paris il y a quelques jours, mais il était trop tard. Madame de Maledan était à l'agonie et elle mourut le soir même, sans avoir eu le temps de changer le testament qui nomme pour son unique héritier le baron de Maledan, son beau-frère.

— Ainsi monsieur Mersey et sa vieille mère aveugle sont déshérités au profit d'un parent millionnaire!... Ah! la fortune est sans entrailles! Que vont-ils devenir?

— Leur situation n'est pas désespérée, mon enfant; monsieur Mersey a un emploi au ministère des finances et il serait possible... Quoi que tu penses de l'influence de King, je ne veux pas en avoir le démenti.

— Expliquez-vous, ma tante; auriez-vous quelque projet?...

— Aucun; mais sais-tu que ton intérêt pour ce jeune homme... donnerait à penser...

— Ne pensez rien, ma tante, — reprit Henriette avec tranquillité; — j'éprouve pour monsieur Mersey, que j'ai vu une seule fois, le sentiment de sympathie qu'inspire une infortune imméritée et supportée noblement... voilà tout. Il ne m'est pas permis, — poursuivit-elle d'un ton ferme et en baissant la voix, — d'éprouver un autre sentiment, vous le savez bien.

Sans doute ces paroles avaient un sens mystérieux pour madame de Bertigny, car elle serra contre sa poitrine le bras de sa nièce et murmura avec attendrissement:

— Pauvre Henriette! es-tu sûre qu'à un moment donné tu auras la force et le courage?...

— Ne parlons pas de cela, — interrompit la jeune fille émue elle-même. — Mais qu'a donc votre King? — ajouta-t-elle aussitôt avec gaîté en regardant autour d'elle.

Le petit chien, en effet, aboyait avec une sorte de fureur et semblait injurier à sa manière quelqu'un ou quelque chose.

— Eh! c'est toujours ce maudit bossu qui s'obstine à nous suivre, — dit madame de Bertigny; — King ne peut le souffrir.

— En ce cas le bossu n'a qu'à se bien garder, — dit Henriette avec enjouement, — car vous savez, chère tante, que si King porte bonheur à ses amis, il porte aussi malheur à ceux qu'il déteste.

— Allons, tu te moques de mes faiblesses, malicieuse fille ; et pourtant l'événement les justifiera peut-être.

On se trouvait en ce moment dans un endroit découvert, où les eaux de la rivière formaient une espèce d'étang et alimentaient un moulin au tic-tac monotone. Quelques saules et quelques vergnes se miraient çà et là dans ce paisible réservoir. Du côté du chemin, la berge était assez élevée, mais parée de fleurs sauvages. L'autre bord de la rivière, au contraire, était tout plat, et une demi-douzaine de jeunes blanchisseuses, agenouillées devant leurs pierres à laver, produisaient ce bruit de langues et de battoirs que l'on entendait jusqu'à la ville voisine.

Les deux dames s'étaient arrêtées pour admirer ce pittoresque tableau, quand Henriette remarqua une magnifique plante, l'*Année britannique*, dont la fleur d'or s'épanouissait à quelques pas d'elle. D'abord elle voulut s'en emparer, mais, le talus étant escarpé et glissant, elle revint en arrière et dit au domestique avec un accent de convoitise :

— Ah ! mon bon Constant, ne pourriez-vous me cueillir cette jolie fleur ?

— Rien de plus facile, mademoiselle.

Et Constant s'avança, non sans prendre quelques précautions, vers la plante tant désirée.

Mais on ne lui laissa pas le temps de s'en saisir. Mourachon arrivait, soufflant, haletant.

Le bossu avait entendu le vœu exprimé par Henriette, et, comme il avait lu peut-être des romans de chevalerie, il crut l'occasion favorable pour se présenter aux dames de Bertigny de la façon la plus chevaleresque. Quoi de plus galant que de cueillir une fleur et de l'offrir à une belle ? Mourachon accourut donc impétueusement sur la berge, en disant d'une voix entrecoupée :

— Pardon ! belle dame. Permettez-moi... je serais trop heureux...

Il écarta Constant tout ahuri, au risque de le précipiter dans l'écluse, et se dirigea vers la plante qu'il croyait être l'objet des vœux de mademoiselle de Bertigny. Mais il se trompa ; au lieu de cueillir la belle *Année britannique*, il se jeta sur une robuste digitale pourprée qui en était voisine, et l'arracha du sol avec sa grosse tige, ses volumineuses racines, et même la motte de terre qui la supportait.

Déjà il se retournait, la bouche souriante et une main sur son cœur, pour présenter sa conquête à la jeune demoiselle, quand l'idylle tourna brusquement à la tragédie.

Dans l'ardeur de son zèle, Mourachon n'avait pas assez tenu compte de la déclivité du terrain ; les deux pieds lui manquèrent à la fois, et il tomba dans l'écluse, non par des chutes successives, mais tout d'un coup, la tête la première, en faisant rejaillir l'eau à grand bruit.

Il avait disparu complètement dans la rivière, et on pouvait le croire en péril. Les blanchisseuses, de l'autre côté de l'écluse, avaient interrompu leur travail et poussaient des cris d'alarme. Madame de Bertigny elle-même appelait au secours, tandis qu'Henriette, plus calme, mais non moins effrayée, disait au domestique d'une voix tremblante :

— Secourez-le, Constant... vite ; vous savez nager, je crois... C'est pour moi qu'il s'est exposé ainsi !

— Oui, oui, mademoiselle, on y va ! — répliqua Constant d'un ton bourru ; — et pourtant le nigaud mériterait bien...

Tout en parlant, il s'était glissé le long de la berge et se disposait à entrer dans l'eau ; mais son dévouement ne fut pas nécessaire.

La rivière, en effet, était très-peu profonde à cette place, et le courant ne s'y faisait nullement sentir. La tête du bossu ayant rencontré le fond, son chapeau, qu'il avait conservé dans sa chute, avait contribué à amortir le choc. Aussi Mourachon ne tarda-t-il pas à reprendre pied, et, sans même accepter la main que lui tendait Constant, il parvint à regagner le bord.

Mais dans quel état, bon Dieu ! Sa magnifique toilette offrait maintenant l'aspect le plus lamentable. Des milliers de fontaines jaillissaient des pans de sa redingote, de ses mains, de sa bosse, de son nez, de ses cheveux ; et son chapeau défoncé, rempli d'eau, semblait un réservoir où l'on entendait des clapotements continuels. Sa badine s'en allait, emportée par le courant, et ce superbe jabot, qui s'étalait tout à l'heure en éventail sur sa poitrine, était aplati, collé comme une loque humide contre son thorax. Ajoutons que le pauvre diable, aveuglé par l'eau qui ruisselait sur son visage, à demi-suffoqué par ce plongeon, toussait, soufflait, crachait et faisait les contorsions les plus ridicules.

Cependant, au milieu de ses désastres, il n'avait pas lâché la malencontreuse digitale. Sa main, au contraire, en serrait convulsivement la tige et quand il remonta la berge avec effort, il l'élevait victorieusement au-dessus de sa tête. Certes, la plante brisée, imbibée d'eau comme un goupillon, n'était plus digne d'être offerte à une dame ; mais Mourachon n'en jugea pas ainsi.

Tout grelottant et clapotant, il s'approcha d'Henriette, qui suivait ses mouvements avec un reste d'inquiétude ; puis, donnant à sa figure, déjà fort piteuse, une expression de mélancolie poétique, il dit avec un grand soupir :

— Acceptez cette modeste fleur, mademoiselle... elle a failli me coûter bien cher !

Henriette n'avait absolument que faire d'une herbe mouillée, tordue et déformée. Cependant elle la prit du bout des doigts en balbutiant :

— Je vous remercie, monsieur, et je regrette...— Mais alors son regard tomba sur le triste chevalier, qui roulait des yeux blancs et prenait des poses théâtrales ; elle ne réussit pas à conserver son sang-froid et partit d'un éclat de rire. Cet exemple ne pouvait manquer d'être contagieux. Madame de Bertigny, qui déjà avait eu quelque peine à réprimer l'explosion de sa gaîté, imita sa nièce de bon cœur. Constant lui-même ne crut pas devoir se modérer, et mêla son gros rire au rire perlé de ses maîtresses. Ce n'est pas tout : les laveuses, de l'autre côté de l'écluse, avaient observé toutes les péripéties de cet événement tragi-comique, et comme le bossu, à cause de son infirmité et de ses prétentions, n'était pas populaire, elles poussèrent, à leur tour, de formidables huées. Le malheureux Mourachon voulut d'abord faire bonne contenance ; mais comme les rires se prolongeaient, il essaya de prendre un air de dignité blessée qui le rendait plus plaisant encore. Enfin, n'y tenant plus, il toucha son chapeau et reprit majestueusement le chemin de la ville. Henriette s'efforçait en vain de réprimer ce rire convulsif ; Mourachon était déjà à une certaine distance quand elle put lui crier d'une manière distincte : — Monsieur, je vous prie de ne pas prendre en mauvaise part... Souffrez du moins que le domestique vous accompagne jusqu'à quelque maison voisine. — Mourachon ne jugea pas convenable de répondre ; seulement il se retourna et ôta son chapeau avec un geste qu'il croyait plein de fierté. Par malheur, on s'aperçut alors que le chapeau avait été crevé dans la bagarre, et que le fond s'ouvrait comme le couvercle d'une boîte. Il n'en fallait pas tant pour que les rires reprissent avec une vigueur nouvelle. Ne sachant plus comment leur échapper, le pauvre diable s'enfuit à toutes jambes. Bientôt il disparut dans l'éloignement et les dames de Bertigny se calmèrent. Henriette alors témoigna le regret de s'être laissée aller à son hilarité intempestive.

— Ce jeune homme a beau être ridicule, — disait-elle, — il pouvait se noyer, après tout.

— Bah ! bah ! — reprit sa tante, — un bain ne saurait avoir pour lui de graves inconvénients, et nous débarrassera peut-être des importunités de ce vilain bossu.

— N'importe ! nous avons été cruelles, — répéta Henriette avec chagrin.

Cependant Mourachon continuait de courir, d'abord

pour éviter les huées qu'il croyait toujours entendre bruire à ses oreilles, puis il craignait d'être saisi par le froid dans ses vêtements mouillés. Aussi ne tarda-t-il pas à atteindre la ville. Le jour commençait à baisser, et certains désordres de sa toilette pouvaient ne pas être remarqués. Néanmoins il essaya de rafistoler son chapeau, étira sa redingote, qu'il finit par boutonner jusqu'au col, et grâce à ces précautions, il espéra gagner sa demeure sans être exposé aux observations malveillantes de ses chers concitoyens.

Quand il traversa la place de Z***, il y régnait une certaine agitation. Il y avait çà et là des groupes où l'on causait avec vivacité. Mais le bossu, fort curieux d'ordinaire, ne songeait, pour le quart d'heure, qu'à rentrer chez lui au plus vite, et il se glissa le long des maisons s'efforçant de passer inaperçu. Malgré ces précautions, il se trouva encore face à face avec Martinval, qui venait de quitter un groupe et se dirigeait vers un autre.

Mourachon, afin de prévenir toute observation malicieuse lui dit d'un ton confidentiel :

— Ah! cher docteur, quelle aventure vient de m'arriver! Demain il ne sera question que de cela dans la ville. Savez-vous d'où je sors en ce moment? De l'écluse du moulin Blanc, où je m'étais précipité pour les beaux yeux d'une dame.

Mais Martinval, au lieu de ressentir l'étonnement et l'intérêt que le bossu comptait exciter, répliqua en paraissant songer à autre chose :

— Vraiment, monsieur Mourachon?

— Oui, oui, l'aventure est romanesque et je vous la conterai tout au long; mais il faut que j'aille bien vite changer de vêtements, car je suis trempé jusque aux os.

— Comme ça, Mourachon, vous ne connaissez pas encore la grande nouvelle?

— Quelle nouvelle?

— Celle dont on parle partout.... Le conseiller de Vareilles vient de mourir.

— Le conseiller de Vareilles! Mais, ce matin encore, je l'ai vu se promener au bras de son fils.

— Le fait n'est pas moins exact, mon cher, et savez-vous qui a tué le conseiller? C'est votre fameux docteur Gilbert.

— Que me dites-vous là? Le docteur Gilbert a tué...

— Comme nous tuons, nous autres, quand nous sommes ignares et trop infatués de nous-mêmes! En deux mots, le conseiller a eu ce soir une nouvelle attaque d'apoplexie. Au lieu de m'appeler, moi qui une fois déjà lui ai sauvé la vie en semblable circonstance, on a couru chez monsieur le docteur, qui paraît vraiment avoir ensorcelé cette stupide ville, mais monsieur le docteur n'a pas su s'y prendre et il a assassiné, on peut le dire, le pauvre conseiller.

— Eh bien! voilà un événement qui arrive fort à propos pour Oscar de Vareilles!... Mais pardon, mon cher; je vous quitte, car la brise ici est singulièrement froide.

Et, quoique Martinval semblât avoir encore beaucoup de choses à lui dire, le bossu reprit sa course, peu soucieux en apparence de la mort du conseiller et de la part imputée au docteur dans cet événement.

Nous qui n'avons pas la même indifférence, nous allons exposer ce qui s'était passé, le soir dont il s'agit, à l'hôtel de Vareilles.

IX

UNE PARTIE D'ÉCHECS.

Oscar, pendant le dîner en tête à tête avec son père, avait continué de montrer beaucoup d'entrain et de gaieté. Peut-être voulait-il s'étourdir, échapper à des idées importunes, s'enivrer de son propre babillage. Le conseiller attribuait cette surexcitation à la joie qu'éprouvait son fils de toucher bientôt la somme promise, et il ne put retenir certaines allusions piquantes à ce sujet. Mais Oscar ne sembla pas les remarquer; il était évidemment résolu à ne rien relever de ce qui pouvait amener un dissentiment.

Le dîner se passa donc le mieux du monde. Le conseiller, qui d'ordinaire jouissait d'un excellent appétit, avait particulièrement ce jour-là fait honneur au repas. Aussi, était-il encore de la meilleure humeur quand on se leva de table.

— Eh bien! Oscar, — dit-il en s'étalant dans un fauteuil, — puisque tu es si bon garçon ce soir, pourquoi ne jouerions-nous pas une partie d'échecs comme autrefois?

— Volontiers, mon père; Benoît va nous apporter ici la table de jeu et l'échiquier.

Benoît, qui était en train d'enlever le couvert, ne se pressa pas d'exécuter cet ordre.

— Monsieur m'excusera, — dit-il timidement à son maître; — mais est-il sage de jouer à la suite du repas? Monsieur se fâche quand il perd et le docteur a défendu...

— Ah ça! — interrompit le conseiller avec impatience, — va-t-on m'interdire une pauvre partie d'échecs à présent? Apporte-nous la table... On dirait, morbleu! qu'Oscar me gagne toujours! Jadis, si j'ai bonne mémoire, je lui donnais aux échecs de rudes leçons.

— Prenez garde, mon père, — dit Oscar en riant; — j'ai fait quelques progrès depuis l'époque dont vous parlez. A Paris, je fréquente le café de la Régence, où j'ai vu à l'œuvre les plus célèbres joueurs d'échecs... .

— Eh! que m'importe à moi! Sur ma parole! les jeunes gens d'aujourd'hui ne doutent de rien, et ton outrecuidance mérite un châtiment... Voyons, Benoît, assez de simagrées... et apporte-nous la table au plus vite.

Force fut au domestique d'obéir; mais il poussait des soupirs à fendre l'âme. Quand le père et le fils prirent enfin place devant l'échiquier, il se pencha vers son jeune maître et lui dit à voix basse :

— Au moins, monsieur Oscar, ménagez-le.

Oscar répondit par un signe affirmatif et la partie commença.

Sans doute il avait l'intention de remplir sa promesse tacite, car il débuta par quelques maladresses qui divertirent fort son adversaire. Mais bientôt, soit que le démon du jeu s'emparât de lui, soit qu'il fût excité par les sarcasmes que son père comme tous les mauvais joueurs, ne lui épargnait pas, il pinça les lèvres et devint plus attentif. Alors la partie changea d'aspect. Ce fut le tour du conseiller de réfléchir, de gronder tout bas. Il eut beau réfléchir et gronder, au bout de cinq ou six coups il se trouva échec et mat.

— C'est à n'y pas croire! — s'écria-t-il en colère; — mais le hasard seul a tout fait.

— Le hasard, mon père, — répondit Oscar avec un peu d'amertume, — n'entre pour rien dans le jeu d'échecs, vous ne l'ignorez pas. Tout dépend de la justesse des combinaisons.

— Et moi je soutiens... donne-moi ma revanche. Maintenant je connais tes coups, et tu ne m'y prendras plus.

— A vos ordres, mon père.

Tandis qu'on replaçait les pièces sur l'échiquier, Benoît, qui avait trouvé divers prétextes pour ne pas quitter la salle, s'approcha de nouveau de son maître.

— Peut-être, monsieur, — balbutia-t-il, — feriez-vous bien d'en rester là. Vous êtes rouge, tremblant... Voyez, monsieur Oscar, comme il est agité!

— Sauve-toi, et laisse-nous tranquilles, rabâcheur! — répliqua le conseiller durement; — tu prends trop de libertés avec moi, je t'en avertis.

Le pauvre Benoît n'osa résister; mais, en se retirant, il passa à côté du jeune de Vareilles et murmura avec anxiété :

— Monsieur Oscar! monsieur Oscar!

Un moment Oscar hésita, et il cessa de disposer les pièces sur l'échiquier. Un sarcasme de l'irascible vieillard coupa court à cette hésitation.

La partie recommença donc sur nouveaux frais, et dès les premiers coups il fut facile de reconnaître que le fils conservait sa supériorité fatale. Chaque fois qu'Oscar avait touché une pièce, le père prévoyant une défaite, poussait des jurons inarticulés. Son visage devenait cramoisi, ses yeux brillaient d'un éclat extraordinaire.

Cet état violent, eu égard aux prédispositions apoplectiques du conseiller, ne pouvait se prolonger sans péril. Oscar avait donc à opter au plus vite entre ces deux partis : ou interrompre le jeu, ou consentir à perdre. Mais il ne sembla pas avoir conscience du danger. Calme, froid, les lèvres serrées, il poursuivit son avantage, et au bout de quelques coups, son adversaire se trouva encore échec et mat.

Cette fois le conseiller frappa un coup de poing sur la table.

— C'est de la sorcellerie! — s'écria-t-il; — j'ai joué selon les règles et il est impossible de s'expliquer...

— Mon père, — répliqua Oscar, — ne jouons pas davantage, si vous le voulez bien... Vous devez voir maintenant que ma tactique est préférable à la vôtre.

Mais ces paroles, prononcées d'un ton de raillerie, devaient exciter le joueur plutôt que le calmer.

— Ta tactique, — répliqua-t-il d'une voix oppressée, — ne vaut absolument rien. Deux fois une infernale chance t'a favorisé, mais nous allons voir à la troisième épreuve... Remet les pièces en place... Eh bien! que nous veux-tu, toi?

Cette question s'adressait à Benoît, qui venait de se glisser de nouveau dans la salle.

— J'ai cru que monsieur m'avait appelé.

— Non, va-t'en... Je n'aime pas qu'on me tourmente.

Benoît dut encore obéir; mais, en passant auprès d'Oscar, il lui dit à voix basse :

— Vous le tuez... Pitié!

Oscar fit un geste d'impatience.

— Mon père, — reprit-il de manière à être entendu de Benoît qui sortait à pas lents, — cessons de jouer, je vous prie. Vous n'êtes pas raisonnable, et je crains...

— Tu crains d'être battu.

— Au contraire j'ai la certitude de vous gagner de nouveau.

— Oh! morbleu, c'est trop fort! tu me portes un défi, sur ma parole! Eh bien, ce défi, je l'accepte... jouons!

Et l'on se mit à jouer.

. . . .

Evidemment il se passait quelque chose d'extraordinaire dans le conseiller. Ses traits étaient décomposés; ses mains tremblaient tellement qu'il avait peine à diriger les pièces qu'il touchait; et ces signes alarmants devaient sans aucun doute frapper son fils.

En ce moment encore, une chose était capable peut-être de rétablir l'équilibre dans l'organisation du vieillard et d'opérer une réaction favorable; c'était qu'Oscar consentît enfin à perdre la partie. Dans ce cas, sans doute, la joie du triomphe, l'amour-propre satisfait eussent diminué l'effervescence du sang, apaisé les transports intérieurs.

Oscar ne parut pas y songer. Loin de là, il redoubla d'attention pour son jeu, calcula froidement les chances, si bien qu'au bout de quelques minutes il se trouva victorieux pour la troisième fois.

Le conseiller repoussa le damier avec force, et la plupart des pièces roulèrent sur le plancher. Puis il se renversa dans son fauteuil et regarda fixement son fils. Nous ne saurions dire quelle idée passa dans son esprit, mais tout à coup il murmura d'une voix sifflante :

— Misérable!... Misérable!

Oscar releva la tête.

— Eh! mon père, — dit-il avec arrogance, — mérité-je des injures parce que je me trouve plus habile que vous au jeu d'échecs?... Nous n'avons pourtant pas joué d'argent!

. . . .

Le reproche amer qu'impliquaient ces paroles porta le dernier coup au conseiller de Vareilles. Il se dressa par un mouvement automatique, étendit les bras, ouvrit la bouche... Mais aucun son ne sortit de ses lèvres, il chancela et tomba à la renverse, comme foudroyé.

Aussitôt l'attitude d'Oscar changea. La douleur, l'épouvante, le remords peut-être, remplacèrent les sentiments qui le dominaient tout à l'heure, il s'élança pour relever son père en appelant au secours.

Benoît, qui n'était pas loin sans doute, accourut pâle et bouleversé. L'un et l'autre réunirent leurs efforts afin de porter le conseiller sur un lit de repos.

Il n'avait plus ni voix ni mouvement; sa face était congestionnée, ses yeux étaient fermés, toutefois il respirait encore faiblement.

— Un médecin! un médecin! — cria Oscar. — Mais Benoît ne bougea pas; il regardait Oscar avec une expression singulière, quand la gouvernante, attirée par le bruit, accourut à son tour.

— Geneviève, — dit-il d'une voix ferme, — ne quittez pas notre maître... Ne le perdez pas de vue... Je reviendrai bientôt.

Et il sortit en courant.

Oscar n'avait pas remarqué l'injurieuse défiance de Benoît; il paraissait réellement hors de lui et des larmes roulaient sur ses joues. Avec l'aide de Geneviève, il donna à son père les soins que réclamaient les circonstances. On imbiba d'eau froide le front du malade, on lui fit respirer des sels; mais on n'obtint aucun résultat favorable.

Benoît ne tarda pas à reparaître avec le docteur Gilbert, qui, par bonheur, s'était trouvé chez lui. Sans doute le vieux domestique avait, chemin faisant, donné au médecin quelques détails sur les causes de l'accident, car Gilbert lança un regard furieux à Oscar et lui dit :

— Je vous avais averti que toute émotion vive après le repas pouvait avoir pour *lui* ces terribles conséquences... Vous ne vous en êtes pas souvenu!

Puis il se dirigea vers le malade, qu'il examina attentivement. Sans doute cet examen ne le satisfit pas, car en dépit de l'impassibilité qu'impose sa profession, il fronça le sourcil, et prit rapidement ses dispositions pour pratiquer une saignée.

Pas une parole n'était échangée entre les assistants. Le docteur demandait par signes ce dont il avait besoin, et tout le monde, même Oscar, s'empressait de lui obéir. Mais il piqua inutilement la veine, le sang ne jaillit pas; à peine obtint-il quelques gouttes noires et épaisses comme de l'encre figée.

Gilbert, sans se décourager, renouvela ses tentatives, qui demeurèrent encore sans effet. Il semblait chercher quelles ressources lui fournissait son art dans ce cas désespéré, quand tout à coup il fit un signe solennel, puis laissa retomber ses bras avec découragement... Tout était fini.

Benoît et Geneviève, qui adoraient leur vieux maître, poussèrent de bruyants sanglots. Quant à Oscar, il eut un accès de véritable égarement; il s'agenouilla devant le mort, saisit sa main qu'il couvrit de baisers, et s'écria :

— Mon Dieu! serait-il possible? Grâce! mon père, grâce! Il ne me répond plus! Mais alors je serais donc...

— Les sanglots de Benoît et de Geneviève avaient cessé brusquement, et on l'écoutait avec une ardente curiosité. Une éclair de raison passa dans l'esprit du mauvais fils; il s'interrompit, et ce fut seulement après une pause qu'il ajouta : — ... Le plus malheureux des hommes.

Le commandant et Armantine arrivèrent bientôt et partagèrent, chacun dans une mesure différente, l'affliction commune.

Le docteur, son devoir accompli, leur adressa quelques mots affectueux avant de se retirer; il eut même des encouragements pour Benoît et Geneviève. Mais il passa sans rien dire devant Oscar, qui restait sombre et abattu sur un siége.

Nous n'entrerons pas dans le détail de ce qui eut lieu à l'hôtel de Vareilles pendant cette soirée et la journée suivante. Oscar demeura enfermé chez lui ; il ne pleurait plus, mais il était morne, taciturne, et comme indifférent à tout. Ce fut le commandant et quelques amis de la famille qui se chargèrent de faire les démarches exigées par la loi et les convenances. Oscar, quoiqu'il fût héritier unique de son père, ne se mêla de rien, ne parut s'inquiéter de rien, et ne quitta sa chambre que pour aller une fois s'asseoir silencieusement à la table de son oncle.

Il fût donc resté tout à fait isolé dans sa douleur s'il n'eût rencontré des sympathies délicates où peut-être il ne s'attendait pas à les trouver. Armantine, au milieu des soins divers dont elle était accablée, paraissait constamment occupée d'Oscar. Elle ne l'importunait pas de consolations banales, elle ne lui parlait que par monosyllabes ; mais elle s'efforçait de prévenir ses désirs, de lui épargner toute gêne et tout souci dans ce cruel moment.

Le matin même du jour des funérailles, elle lui donna une nouvelle preuve de la sollicitude affectueuse qu'elle exerçait autour de lui. A l'issue du déjeuner, le commandant, qui avait à veiller aux derniers préparatifs de la cérémonie, s'étant trouvé dans la nécessité de sortir, elle dit à Oscar :

— Malgré mon respect pour votre légitime douleur, je dois vous parler d'une circonstance qui lui est étrangère... Un vilain homme, aux manières insolentes, s'est présenté ici ce matin et voulait à toute force arriver jusqu'à vous.

Le jeune de Vareilles sortit de son engourdissement et leva la tête.

— Quel homme? — demanda-t-il.

— C'est Daucourt, l'huissier... Comme il insistait pour vous parler, je suis allée moi-même lui parler, et il m'a annoncé d'un ton menaçant qu'il était chargé de vous poursuivre pour une forte somme. Je l'ai supplié de ne pas vous tourmenter dans une semblable circonstance, et je l'ai renvoyé à votre notaire ; je lui ai même dit que, dans le cas où le notaire ne serait pas en mesure de payer, mon mari serait votre caution... Alors il s'est radouci, et s'est éloigné en emportant ses odieuses paperasses.

Oscar lui prit la main, qu'il pressa contre ses lèvres ; mais il sembla que les paroles de la jeune femme eussent éveillé en lui des sentiments pénibles, car, après avoir remercié brièvement, il se hâta de rentrer dans sa chambre.

X

L'OPINION PUBLIQUE.

Les obsèques du conseiller eurent lieu le même jour avec beaucoup de solennité, et la ville entière y assista. Oscar et le commandant conduisaient le deuil; mais c'était particulièrement Oscar qui attirait l'attention. Tous les yeux étaient fixés sur lui pour épier ses moindres mouvements. Cette attention, du reste, n'avait rien de sympathique; c'était plutôt une curiosité hostile, et il eût pu constater je ne sais quoi d'indigné et de menaçant dans ces regards.

A la sortie du cimetière, quand la famille de Vareilles reçut, selon l'usage, les adieux des invités, Oscar eut particulièrement l'occasion de reconnaître les mauvaises dispositions des habitants de Z''' à son égard. Tous les compliments de condoléance, toutes les marques d'affection furent pour le commandant ; on n'avait pour le fils du défunt que des saluts roides, cérémonieux et glacés.

Deux personnes seulement vinrent lui serrer la main. L'une était l'huissier Daucourt, qui sans doute avait été bien accueilli par le notaire de la famille ; l'autre était Léon Mersey, qui se pencha vers lui et lui dit :

— Courage ! mon cher Oscar; j'ai passé par ces cruelles épreuves et je comprends ta douleur.

Oscar tressaillit et regarda celui qui parlait. Alors seulement il reconnut son ancien camarade de collége.

— Toi ici ? — balbutia-t-il avec effort.

— Oui, oui, je t'expliquerai cela... car tu m'autorises à aller te voir, n'est-ce pas ?

— Volontiers, mais ne tarde guère. Je ne resterai pas longtemps à Z'''.

Les circonstances ne permettant pas une plus longue conversation, Mersey se retira.

On rentra à la maison, et Oscar s'enferma encore dans sa chambre.

Quand il reparut, quelques heures plus tard, il sembla qu'il eût pris son parti de quelque préoccupation secrète, et se montra fort différent de ce qu'il avait été pendant les trois derniers jours. Maintenant il était tout disposé à causer, à s'occuper de ses affaires. Il reçut la visite de son notaire, et s'entretint pendant plus d'une heure avec lui. Vers le soir, il descendit dans le jardin et fuma tranquillement un cigare.

Il rentra aux approches de la nuit, et, en traversant une espèce d'antichambre qui précédait l'appartement de son père, il aperçut des valises et des malles préparées comme pour un départ. Le vieux Benoît et la gouvernante Geneviève, à peine moins âgée que lui, tous deux en habits de deuil, étaient assis sur les paquets et s'entretenaient à voix basse. Quand leur jeune maître parut, ils se turent et se levèrent avec empressement. Oscar allait passer ; mais, s'apercevant que ces bonnes gens, qui formaient toute la domesticité de feu son père, avaient quelque chose à lui dire, il s'arrêta et demanda de quoi il s'agissait.

La gouvernante, les yeux baissés, poussa du coude Benoît comme pour lui rappeler que c'était à lui de porter la parole. Benoît, du reste, ne se fit pas prier :

— Monsieur Oscar, — dit-il assez résolûment,— nous venons, Geneviève et moi, vous demander notre congé. Permettez-nous donc de partir ce soir même.

— Ce soir ? — répéta Oscar en fronçant le sourcil ; — y pensez-vous ? Laissez-moi le temps de prendre une décision en ce qui vous concerne.

— Avec tout le respect que je dois au fils de mon excellent maître, la décision est toute prise, monsieur Oscar ; vous allez retourner à Paris, et sans doute la maison sera vendue. Alors, comme vous n'avez plus besoin de nos services, Geneviève et moi nous désirons partir sans retard... N'est-il pas vrai, Geneviève ?

— Oui, monsieur Benoît, — répliqua la cuisinière en fondant en larmes.

— Attendez au moins quelques jours, — reprit Oscar avec impatience ; — on réglera vos gages, on récompensera vos anciens services...

— Notre bon maître, que Dieu garde ! y a pourvu depuis longtemps... Nous ne réclamons rien, nous ne voulons rien de personne. J'ai déjà rendu les clefs à monsieur, et Geneviève, depuis deux jours, a tout remis en ordre dans la maison... Rien ne doit donc nous retenir ici davantage.

Cette détermination obstinée des deux vieux serviteurs était trop extraordinaire pour que Oscar n'en soupçonnât pas la cause.

— Voyons, père Benoît, et vous, ma grosse Geneviève, — reprit-il d'un ton familier et bienveillant, — quelle mouche vous a piqués l'un et l'autre ? Vous ne pouvez songer sérieusement à me quitter quand je suis encore dans les premiers moments de la douleur, à me laisser seul dans cette lugubre maison?

— Pour ce qui est de votre douleur, monsieur Oscar, — répliqua Benoît, — les jeunes gens se consolent vite... Et, si vous avez la conscience tranquille, pourquoi craindriez-vous de vous trouver seul dans la maison où tout vous rappelle le père qui vous a tant aimé?

— C'est vrai qu'il vous aimait, le pauvre cher homme! — dit Geneviève en sanglotant dans son tablier; — ah! comme il vous aimait! Et pourtant c'est vous qui...

A son tour Benoît la poussa du coude.

Oscar ne pouvait plus se faire illusion sur les motifs réels de ce départ précipité.

— Morbleu! — dit-il avec colère, — va-t-on m'imputer un accident dont je souffre plus que personne?... Voyons, Benoît, cette malheureuse partie d'échecs, qui a déterminé la catastrophe, n'avait-elle pas été proposée par mon père lui-même, sans que je pusse me défendre de l'accepter? Plusieurs fois, en ta présence, n'ai-je pas tenté de l'interrompre? Que me reproche-t-on? J'ai mon amour-propre au jeu d'échecs et je n'ai pas voulu perdre par complaisance, c'est vrai; mais comment prévoir qu'une prétention aussi simple, aussi naturelle, aurait de telles conséquences? Mon père était ce jour-là si bien portant, si gai, si railleur même!... Réfléchissez, mes amis; y a-t-il là de quoi baser vos odieux, vos stupides soupçons?

Cette justification, car c'en était une, parut produire quelque impression sur Benoît et sur Geneviève; ils se regardèrent en silence. Enfin Benoît reprit en hochant la tête:

— Vous n'avez qu'à consulter votre cœur, monsieur Oscar, et, si votre cœur ne vous reproche rien, que vous importe l'opinion des autres?

— Enfin votre brusque départ va confirmer les bruits ridicules qui se répandent, et dont je ne sais à qui demander compte.

— Quand la calomnie ne repose sur rien, elle ne tarde pas à tomber d'elle-même... Dieu voit tout et les choses ne marchent qu'à son gré. — Il y eut un nouveau silence. — Allons! adieu, monsieur Oscar, — dit enfin Benoît d'un ton ferme, — puissiez-vous être heureux, malgré... malgré tout!

— Adieu! monsieur Oscar, — répéta la gouvernante qui ne cessait de sangloter.

— Ainsi, — reprit de Vareilles en serrant les dents, — vous persistez à me fuir comme un pestiféré? — Benoît et Geneviève baissèrent encore la tête sans répondre. — Eh bien! donc, allez au diable! — s'écria brutalement Oscar. Il leur tourna le dos et rentra dans l'appartement. Mais il était plus affligé qu'il ne voulait le paraître, et s'arrêta dans la première pièce pour écouter. Benoît et Geneviève échangèrent quelques mots à voix basse, puis ils descendirent lentement l'escalier, et Oscar, regardant par la fenêtre qui donnait sur la rue, les vit s'éloigner avec tristesse, chargés de leurs paquets. Il lâcha le coin du rideau qu'il avait soulevé et se jeta sur un siége en murmurant: — Comme ils me haïssent et comme ils me méprisent!... — Mais aussitôt il parut s'irriter contre lui-même. — Ah çà! — reprit-il, — vais-je me soucier de ce que pensent la cuisinière et le valet de chambre de mon père?

. . . .

Cependant de Vareilles tomba peu à peu dans une profonde rêverie. La nuit était arrivée sans qu'il s'en aperçût, quand la grande Françoise vint lui annoncer qu'on l'attendait pour dîner. Aussitôt il se leva avec empressement, comme s'il avait hâte d'échapper aux réflexions qui l'obsédaient, et suivit Françoise.

Dans la salle à manger il parut éprouver quelque satisfaction à rencontrer du monde, à voir des lumières. Le commandant attendait avec Armantine; les domestiques allaient et venaient. Le petit Alfred, qui se trouvait là aussi avec sa nourrice et qui criait selon l'ordinaire, sembla lui-même ne pas être trop désagréable à Oscar en ce moment. A la vérité Armantine s'empressa de renvoyer l'enfant et la nourrice; mais, pour la première fois, on eût pu remarquer qu'Oscar n'avait pas froncé le sourcil ou fait un geste d'impatience, en entendant ces criailleries importunes.

Le commandant tendit la main à son neveu, sans toutefois le regarder ni lui adresser une parole. Aucun échange de consolations, aucun épanchement amical n'avait eu lieu entre eux depuis le malheur qui les avait frappés l'un et l'autre; et Oscar commençait à soupçonner son oncle de partager les sentiments de réprobation dirigés contre lui.

Le repas fut morne, comme il convenait du reste un jour de funérailles; mais le commandant parut encore plus taciturne que les autres assistants, et à chaque instant Oscar se confirmait davantage dans ses soupçons. En revanche, Armantine continuait de se montrer bonne, prévenante, attentive, et le jeune de Vareilles, malgré sa préoccupation, eut plusieurs fois l'occasion, pendant la soirée, de remarquer les procédés délicats de cette femme naguère si frivole.

Vers la fin du dîner, voulant à tout prix connaître l'opinion du commandant à son égard, il dit avec une tranquillité affectée:

— Vous savez, mon oncle, que Benoît et Geneviève sont partis ce soir et qu'il m'a été impossible de les retenir?

— Les imbéciles! — répliqua Armantine avec vivacité; — nous aurons soin pourtant, Oscar, que vous ne manquiez de rien pendant votre séjour ici... Françoise et Barthélemy sont à vos ordres.

— Je m'attendais à quelque chose de pareil, — dit le commandant toujours sans lever les yeux.

— Vous vous y attendiez? Et puis-je savoir, mon oncle, sur quoi vous avez fondé vos conjectures?

Le commandant manifesta beaucoup d'embarras.

— Oscar, — reprit-il, — je ne veux ni te blesser ni augmenter ton chagrin... Mais ces gens peu éclairés, et dont la tendresse pour leur maître obscurcit encore la raison, semblent s'être mis en tête certaines idées fâcheuses... Réellement, il est malheureux que ton pauvre père ait été ainsi foudroyé, au moment où ton habileté au jeu excitait sa colère...

— Est-il possible de m'imputer à crime cette circonstance fatale? — dit Oscar avec véhémence. — Et vous, mon oncle, pouvez-vous croire?...

— Je ne crois rien, Oscar; il serait trop horrible de penser... Mais tu vois comme les domestiques, le docteur Gilbert, et, il faut bien le dire, presque tous les habitants de la ville, interprètent ce funeste hasard. La réclamation de cet huissier, qui te poursuit pour une somme considérable, contribue encore à donner un tour odieux à ce triste événement... Je te plains, Oscar; oui, je te plains de toute mon âme!

— Je vous remercie, mais il vaudrait mieux me défendre. Quant à moi, si quelqu'un se permettait d'exprimer en ma présence ces outrageants soupçons...

— On ne les exprimera pas; ils resteront à l'état de bruits vagues et insaisissables, et ils n'en auront pas moins peut-être leur effet mortel.

— Alors, mon ami, — reprit Armantine, — vous eussiez mieux fait de ne pas parler à Oscar de ces calomnies.

Il y eut un long silence.

— Après tout, — dit enfin Oscar en affectant un ton léger et dédaigneux, — que m'importe l'opinion de quelques idiots? Je vais laisser ma procuration au notaire afin qu'il liquide la succession, et demain soir, après demain au plus tard, je retournerai à Paris. Là, je ne m'inquiéterai guère des bavardages d'une petite ville.

— Vous voulez nous quitter? — reprit Armantine avec vivacité; — et moi qui espérais... Oscar, allez-vous donc reprendre cette vie désordonnée d'autrefois?

— Jamais les distractions ne m'auront été aussi nécessaires.

— Cependant ne vaudrait-il pas mieux?...

— Laissez, ma chère, — interrompit le commandant; — Oscar fera bien, en effet, de quitter Z*** aussitôt que ses intérêts le permettront, pour donner le temps à ces fâcheuses rumeurs de s'assoupir.

Et il se leva, afin de couper court à une conversation pénible pour tous.

— Il me croit coupable et il me déteste, — pensait Oscar; — eh bien! j'aime mieux cela... Je serai libre d'agir selon mon gré... Mais Armantine que croit-elle?

. . . .

Sans doute Oscar, malgré son insouciance apparente, ne dormit guère cette nuit-là encore, car le lendemain matin il avait les yeux battus, les traits fatigués. Toutefois il s'enferma de nouveau avec son notaire, qui lui fit signer des actes et prit ses instructions pour le règlement définitif de la succession. Sous prétexte que son travail le retenait dans sa chambre, Oscar refusa d'assister au repas du matin et déjeuna de quelques provisions qu'il chargea le jardinier d'acheter au dehors. Il éprouvait maintenant une invincible répugnance à se trouver en présence de son oncle, dont l'aversion mal dissimulée le mettait au supplice, et la brouille se dessinait entre eux de plus en plus.

Il avait irrévocablement fixé son départ au lendemain matin, et, ces arrangements terminés, il paraissait plus tranquille, quand on annonça Léon Mersey.

Rien ne pouvait faire plus de plaisir à Oscar, dans son abandon, que la visite de son ancien camarade de collége; mais, en venant au-devant de lui, il le regarda avec inquiétude pour s'assurer jusqu'à quel point Léon était au courant de certaines particularités. Mersey, vêtu de deuil lui-même, conservait sur son visage pâle et maladif l'expression de franchise qui lui était habituelle.

Après les compliments d'usage, on s'assit, et Oscar demanda :

— Ah ça! comment se fait-il que tu sois encore à Z***? Je te croyais parti depuis longtemps.

— J'étais parti en effet, mais je suis revenu... si bien revenu que je vais m'établir à Z*** avec ma mère, et que j'ai loué ce matin, dans un faubourg de la ville, une charmante petite maison où nous serons à merveille.

— Alors tu as hérité de ta parente?

— Non, mon ami, — répondit Léon en baissant la tête.

Il raconta comment Claveau avait refusé de se rendre à son appel, et comment, par suite de ce refus, le riche baron de Maledan possédait sans partage tous les biens de la défunte.

— Mais sais-tu que ton Claveau est un véritable gredin? — dit Oscar avec indignation.

— Que veux-tu? c'est bien là un crime, mais un de ces crimes que la loi ne saurait atteindre. Il y en a tant de ces crimes lâches, destinés à demeurer toujours impunis!... Mon père lui-même est mort victime d'une infâmie de ce genre.

Oscar tressaillit.

— Ton père! — balbutia-t-il; — quel rapport...

— Le fait, hélas! n'est pas nouveau, et l'on assure qu'il s'est produit bien des fois. Tu te souviens que mon père était capitaine dans un régiment d'infanterie. Ses soldats le chérissaient autant qu'ils le respectaient. Un seul lui gardait rancune de quelques punitions exigées par la discipline. Un jour, en Algérie, dans un engagement contre les Kabyles, le capitaine Mersey tomba mortellement atteint d'une balle; mais on constata que cette balle ne venait pas de l'ennemi, qu'elle avait frappé le brave officier par derrière, et enfin qu'elle devait être partie de son propre régiment. Peut-être n'y avait-il là qu'une maladresse; mais tout le monde soupçonna une vengeance, et les soupçons s'attachèrent au mauvais soldat que mon père s'était trouvé dans la nécessité de punir. Les preuves manquaient complétement, les dénégations étaient faciles, et à peine les plus chauds amis du défunt osèrent-ils manifester leurs doutes. Mais, s'il y avait là un crime, Dieu lui-même se chargea du châtiment, car le soldat soupçonné périt dans une embuscade d'Arabes deux mois plus tard. — Léon se tut un moment; ces douloureux souvenirs l'avaient ému. — Pardonne-moi, Oscar, — reprit-il enfin; — j'ai tort de rappeler cette triste histoire, quand toi-même tu viens d'avoir le malheur... Mais tu ne me demandes pas par quel concours de circonstances étranges je vais m'établir à Z***?

— En effet, — répliqua Vareilles distraitement; — as-tu donc quitté cet emploi au ministère des finances qui, de ton propre aveu, était ton unique ressource?

— Un mot t'expliquera cette singularité... Je suis nommé percepteur à Z***, mon cher Oscar.

— Toi percepteur! Comment se fait-il?...

— Je n'y comprends rien, et mes vœux se sont réalisés sans que j'aie eu même à les exprimer... Juges-en :

« Il y a quelques jours, après avoir rendu les derniers devoirs à ma tante de Maledan, dont nous vénérons la mémoire pour ses bonnes intentions à notre égard, j'étais retourné à mon bureau du ministère et j'avais repris mon travail habituel. On vint m'annoncer que mon chef de division désirait me voir et m'attendait dans son cabinet. En m'y rendant, je n'étais pas tranquille : j'avais fait plusieurs absences ces derniers temps à cause de la maladie de ma parente, je redoutais de durs reproches, une retenue sur mon traitement, peut-être même une destitution; mais toutes ces craintes étaient vaines.

» Le chef de division m'accueillit avec son sourire des bons jours, et, après m'avoir adressé quelques paroles amicales sur ma position de famille, qu'il semblait très-bien connaître, il me demanda si je n'accepterais pas une place de percepteur dans une ville de province. Je répondis affirmativement, et alors il me proposa de m'envoyer ici, à Z***, où je ne pouvais manquer de rétablir ma santé.

» Je ne saurais te dire la surprise que me causa cette proposition. Je n'avais parlé à personne de mon voyage à Z***, du désir que j'avais d'être nommé à cette résidence. Existait-il donc quelque génie bienfaisant qui épiait mes pensées les plus secrètes et qui avait le pouvoir de les réaliser? Mais je n'étais pas à bout de mes étonnements.

» Tout en remerciant avec chaleur mon chef de division, je lui exposai l'impossibilité où je me trouvais de déposer, selon la loi, un cautionnement qui, pour une perception de cette importance, devait être assez élevé. Le chef sourit encore :

» — On a prévu le cas, — répondit-il; — le cautionnement sera versé en votre nom aussitôt que votre nomination aura été signée... et elle le sera aujourd'hui même, si vous acceptez.

» — Mais, bon Dieu! — m'écriai-je, — comment ai-je mérité de si grandes et si nombreuses faveurs?

» — Vous êtes un excellent employé, monsieur Mersey, et l'on récompense vos services... Cependant, je veux bien en convenir, vous avez de puissants amis qui ont contribué pour leur part à vous faire obtenir cet avancement.

» — Et ces amis vous me les nommerez, n'est-ce pas? Ne faut-il pas que je les remercie, que je leur dise...

» — C'est inutile; ils ne veulent pas être connus de vous et peut-être ne les connais-je pas moi-même... Ainsi vous acceptez? En ce cas, vous êtes dispensé dès à présent de tout travail dans les bureaux, et vous pouvez vous rendre à Z*** pour y arrêter un logement... Comme vous aurez des frais de voyage, je vais faire ordonnancer vos appointements du mois et votre indemnité de déplacement.

» Voilà, mon cher Oscar, comment je me trouve ici. J'ai loué déjà, ainsi que je viens de te le dire, un logement délicieux, je m'occupe de prendre possession du bureau de la perception, et bientôt j'irai chercher ma mère pour l'installer dans notre nouvelle demeure.

— Et tu ignores réellement qui t'a fait obtenir toutes ces grâces administratives ?

— Je l'ignore; mais voyons, mon cher, la main sur la conscience, ne serait-ce pas toi ?

— Moi! — s'écria Oscar stupéfait, — y penses-tu? Je n'ai aucune espèce de crédit, et si j'en avais, j'en userais pour moi-même, car j'aspire aussi à des fonctions publiques. D'ailleurs, je n'ai pas quitté Z*** depuis le jour où nous y sommes arrivés ensemble, et j'ai eu de trop vives, de trop douloureuses préoccupations pour intervenir dans les affaires de mes amis.

— C'est juste, mais alors je m'y perds. C'est de toi que j'ai appris la vacance de la perception de Z*** et je n'ai exprimé devant personne, excepté devant toi, dans le vagon où nous avons voyagé, mon désir d'obtenir cet emploi. L'idée m'était venue... — Mersey s'interrompit et parut réfléchir. — Bah! c'est une folie, — murmura-t-il enfin.

— Voyons, — reprit Oscar, — n'y aurait-il pas dans tout ceci une intervention de Mourachon qui t'a vu avec moi et qui exerce ici je ne sais quelles fonctions municipales? Cependant Mourachon ne jouit d'aucune autorité, et d'ailleurs pour quel motif...

— Mourachon! — répéta Mersey en s'animant, — n'est-ce pas ce bossu vaniteux qui a voyagé par le même train que nous? Je l'ai rencontré ce matin à la mairie de Z***, où mes affaires m'appelaient, et s'il est pour quelque chose dans ma nomination, je me suis montré bien ingrat envers lui, car, en dépit de mon humeur pacifique, je l'ai rembarré d'une verte façon... C'est un homme léger, malveillant, dont il est bon de se défier.

Vareilles regarda fixement son ami.

— Il t'a parlé de moi, Léon, n'est-ce pas? Et en mauvais termes, sans doute?

— De toi et d'autres personnes encore... de personnes que je sais dignes de tout respect, bien que je les connaisse à peine... Mais il ne laissera plus courir sa langue en ma présence, je te le garantis.

— Hum! tu es pourtant d'humeur pacifique, comme tu le dis toi-même.

— Il ne faudrait pas trop s'y fier, — répliqua Mersey, — tu te souviens peut-être, Oscar, qu'au collége Saint-Louis j'étais passablement fort à l'escrime. Eh bien, mon habileté a dû s'accroître encore; car depuis cette époque, pour céder au désir de ma mère, qui espère que cet exercice fortifiera ma santé, je n'ai pas cessé de m'y livrer. Aussi ai-je acquis une assez jolie force, et je ne figure pas mal dans un assaut d'armes, tout malade que je suis.

— Et tu ne veux pas me répéter ce que ce ridicule personnage a pu te dire contre moi!

— C'est inutile, je n'en ai pas cru un mot.

Et il serra la main de Vareilles.

Quelques moments plus tard, les deux jeunes gens se séparèrent, après s'être promis mutuellement de se revoir aussitôt que les circonstances le permettraient.

Après le départ de son ancien ami, Oscar se disait :

— Mersey est donc le seul ici qui ne me croie pas coupable, qui ose encore me témoigner de l'estime et de l'affection?... Et cependant à quel propos m'a-t-il conté les circonstances de la mort de son père? Aurait-il voulu faire allusion... Mais non, non... Un brave garçon que ce Mersey! Un caractère droit, confiant et généreux! Il ne peut croire le mal... J'ai été moi-même autrefois comme lui, tandis que maintenant... — Il se frappa le front du poing. — Bah! — reprit-il bientôt avec résolution, — ne tombons pas dans les niaiseries sentimentales... Cet orage passera comme passent les orages, et le calme reviendra... peut-être.

XI

LES ADIEUX

Oscar employa le reste de la journée à mettre ordre à ses affaires. Quant arriva l'heure du repas, la grande Françoise vint lui dire que madame le priait instamment de descendre.

— Soit, — répliqua-t-il après une courte hésitation, — j'assisterai au dîner... Ce sera le dîner d'adieu.

Et il se rendit au salon, où se trouvaient son oncle et Armantine. Le commandant l'accueillit avec la politesse embarrassée qu'il lui avait montrée déjà. Il ne demanda même pas à son neveu pourquoi on ne l'avait pas vu depuis la veille. Mais Armantine était venue au-devant d'Oscar avec empressement.

— Mon Dieu! — dit-elle, — est-il donc possible que vous nous quittiez demain matin?

Oscar confirma le fait et ajouta avec amertume :

— Qui me regrettera... excepté vous peut-être, vous qui êtes si bonne?

— Ceci est de l'ingratitude, Oscar; je vous assure que monsieur de Vareilles...

— Je me suis déjà expliqué sur ce point, — dit le commandant; — à tort ou à raison, l'opinion publique se déchaîne contre Oscar et il fera bien de ne pas la braver.

— A tort ou à raison, mon oncle! est-ce vous qui parlez ainsi?

— Allons! ma parole a trahi ma volonté... Mais laissons cela... On a servi; mettons-nous à table.

— Un moment encore, mon oncle, — reprit Oscar d'une voix sourde, en tirant un portefeuille de sa poche; — quand j'ai accepté naguère un présent de vous, je n'étais pas dans la situation où je suis aujourd'hui. J'ai trouvé une très-forte somme dans le secrétaire de mon père... Aussi, tout en vous remerciant de vos bontés passées, désiré-je opérer une restitution que m'imposent des considérations graves.

Et il présenta à son oncle les deux billets de mille francs qu'il avait reçus de lui. Le commandant les repoussa avec un geste plein de dignité.

— Ah! tu ne veux rien de moi? — dit-il; — mais je n'ai pas l'habitude de reprendre mes présents.

— Et moi, — répliqua Oscar en déposant les billets de banque sur la table, — je n'accepte des présents que dans de certaines conditions dont je suis juge.

— Messieurs, — s'écria Armantine qui intervint avec vivacité, — cette discussion est-elle digne de vous deux? Est-ce là cette affection qui doit exister entre proches parents? Oscar, je vous supplie de reprendre cet argent.

— Désolé de vous refuser, Armantine; mais c'est impossible.

— Eh bien, vous, mon ami, soyez plus raisonnable... Acceptez cette restitution, puisque votre neveu est si obstiné... Allons! pas de mésintelligences entre vous... Vareilles, je le veux!

Et elle déployait toutes ses séductions pour décider le commandant, qui détourna les yeux en murmurant :

— Folle! ne sentez-vous pas que ce serait une honte pour moi?

— Ah çà! il faut en finir pourtant... Attendez, je vais trancher la difficulté.

Armantine déchira les précieux chiffons de papier, les approcha de la flamme d'une bougie, et les jeta tout en feu dans la cheminée.

— Voilà! — dit-elle en riant.

L'oncle et le neveu n'avaient fait aucun mouvement pour empêcher ce gaspillage.

— J'ai toujours pensé, Armantine, — dit le commandant avec bonhomie, — que vous seriez une mauvaise trésorière.

— C'est possible, — reprit la jeune femme; — mais l'affaire étant arrangée à la satisfaction de tous les amours-propres, n'en parlons parlons plus; songeons seulement que le dîner va se refroidir.

Et l'on passa dans la salle à manger.

Nous ne saurions énumérer les prodiges d'adresse, les efforts d'intelligence dont Armantine eut besoin pendant le repas. Elle voulait maintenir entre son mari et Oscar une apparence de bonne harmonie, cacher aux yeux des domestiques la haine qui venait d'éclater. C'était sans doute la dernière fois que le commandant et Oscar subissaient cette intimité forcée; il s'agissait d'éviter entre eux une rupture complète, de leur donner le change à eux-mêmes sur leurs sentiments. Elle employa toute la sagacité de la femme du monde à découvrir les sujets de conversation qui ne présentaient aucun risque de désaccord. Elle sut, en questionnant tour à tour l'un et l'autre, les obliger à se parler, à exposer leurs idées sur certains points où ils ne pouvaient être divisés; et réellement, grâce à cet habile manége, une personne qui, n'ayant aucune connaissance des dissentiments de l'oncle et du neveu, eût assisté à ce repas, n'aurait pu se douter des passions ardentes qui grondaient dans leurs cœurs.

Cependant lorsque, le dîner fini, on fut retourné au salon, tout danger de conflit n'était pas encore écarté; au contraire, Armantine ne voyait pas sans appréhension approcher le moment où son mari et le jeune homme devraient prendre définitivement congé l'un de l'autre.

Ce moment étant enfin arrivé, Oscar dit à son oncle avec un malaise visible :

— Adieu, soyez heureux. Je regrette que certaines idées fâcheuses, certaines préventions injustes...

— Il n'y a pas entre vous d'idées fâcheuses et de préventions injustes, — interrompit Armantine d'un ton péremptoire. — Oscar, mon mari est et sera encore pour vous ce qu'il a toujours été, un bon parent, sur lequel vous pouvez compter en toutes circonstances... N'est-il pas vrai, mon ami?

— Certainement, ma chère, je ne saurais vouloir de mal à Oscar. Loin de là, je lui souhaite toutes sortes de prospérités, et je désire que sa conscience...

— Assez, — interrompit encore Armantine; — la conscience n'a rien à voir ici... Allons! donnez-vous la main... à merveille! Mais quoi! vous ne vous embrassez pas!... Embrassez-vous, je le veux!

Et, moitié grave, moitié souriante, avec cette grâce charmante à laquelle personne ne semblait capable de résister, elle les poussa l'un vers l'autre et les obligea d'échanger une embrassade.

Les deux hommes se séparèrent aussitôt l'un de l'autre, comme s'ils se fussent mutuellement mordus. Toutefois Armantine, satisfaite du résultat qu'elle venait d'obtenir, présenta son front à Oscar, qui y déposa un baiser en disant à voix basse :

— Armantine, il faut que je vous parle avant mon départ, ne fût-ce qu'un moment!

Une furtive pression de main fut la réponse, et Oscar sortit.

Demeurés seuls au salon, Armantine et le commandant également abattus et fatigués, s'étaient jetés chacun dans un fauteuil et gardaient le silence. Bientôt la jeune femme dit à son mari d'un ton câlin:

— Ces émotions sont mauvaises pour vous, mon ami; et j'aurais voulu vous les épargner... Vous voilà tout bouleversé, et vous auriez besoin de vous distraire... Voyons, pourquoi ne sortiriez-vous pas un moment, afin de changer vos idées? Vous pousseriez jusque chez ma mère, qui est souffrante depuis plusieurs jours, et vous me rapporteriez de ses nouvelles... Puis, comme c'est l'heure de son whist, rien ne s'opposera à ce que vous fassiez une partie avec ses habitués.

Réellement, le pauvre commandant avait la tête en feu, et un peu de distraction semblait lui être fort nécessaire. Il se laissa donc persuader, et tandis que sa femme lui apportait sa canne et son chapeau, il demanda affectueusement :

— Et vous, chère Armantine, qu'allez-vous faire?

— Oh! moi, les occupations ne me manquent pas. Je travaillerai à côté de ce pauvre petit Alfred, qui a toujours la fièvre.

— Bonne mère! — murmura le commandant attendri; — admirable épouse! Femme indulgente et dévouée!

Quand il fut parti, Armantine demeura immobile et l'oreille au guet, jusqu'à ce qu'elle eût entendu se refermer la porte extérieure. Alors elle se redressa, et une expression bien différente remplaça sur son visage l'expression de frivolité qui lui était ordinaire.

— Enfin! — murmura-t-elle, — je vais donc savoir quelque chose... J'étais bien sûre que je forcerais Oscar à parler!

Elle drapa sur sa tête un voile de dentelle noire en guise de coiffure, et descendit d'un pas furtif dans la partie du jardin affectée autrefois à l'usage du conseiller.

Cette partie, comme nous l'avons dit déjà, était fort négligée, et les arbres, qu'on ne taillait plus depuis longtemps, y formaient çà et là des massifs impénétrables. Cependant, il y avait au centre une allée bien sablée, où le conseiller venait jadis faire une promenade hygiénique quand il ne pouvait sortir, et ce fut dans cette allée qu'Armantine se mit à marcher d'un pas mesuré.

La nuit était claire; mille étoiles brillaient dans un ciel pur, et la lune, qui avait toute sa rondeur, projetait une lueur comparable à celle du jour. Cette lueur, blanche et comme argentée, ne pouvait pénétrer sous le feuillage des arbres, mais elle tombait en plein sur l'allée où se promenait la jeune femme. Une seule fenêtre de la maison était encore éclairée, et dans l'encadrement on voyait une silhouette humaine. Il n'était pas difficile de deviner Oscar.

Armantine fit plusieurs tours sans que sa présence parût avoir été remarquée. Enfin elle entendit une exclamation, et on quitta précipitamment la fenêtre.

— Il m'a vue! — murmura-t-elle.

Toutefois, quand, peu de minutes plus tard, elle se trouva en présence d'Oscar qui accourait, elle poussa un petit cri de surprise.

— Vous ici! — dit-elle d'un air embarrassé.

— Quoi! chère Armantine, ne m'attendiez-vous pas!... Ah! j'aurais été trop malheureux de partir sans avoir eu l'occasion de causer un instant seul à seul avec vous!...

— Mais il me semble que nous n'avons plus rien à nous dire. J'ai reçu vos adieux ce soir, et je ne comptais plus vous rencontrer, du moins de sitôt.

— Eh! pouvais-je, devant... cet homme, laisser éclater toute mon admiration, toute ma reconnaissance, toute ma tendresse!... Je vous en conjure, Armantine, écoutez-moi.

— Eh bien, — répliqua-t-elle en affectant une grande tranquillité, — je vous écoute... mon neveu.

Ces derniers mots furent comme une douche d'eau glacée qu'Oscar aurait reçue brusquement sur la tête. Il reprit, non sans une certaine amertume :

— Vous vous êtes bien vengée, Armantine, de ma conduite passée, et je crois que vous vous en vengez encore... A la vérité, je dois être inexcusable à vos yeux: Je vous aimais déjà quand je fréquentais la maison de votre mère, il y a quelques années, et j'osai vous le dire. Vous, de votre côté, vous me laissâtes soupçonner une préférence...

— Assez, — interrompit la jeune femme, — je ne saurais écouter un pareil langage.

Néanmoins Oscar poursuivit :

— Combien je fus aveugle et stupide ! Je ne sais quelles idées envahirent mon cerveau, quel vertige s'empara de moi. Et pendant que j'hésitais, un autre plus prompt... Mais vous ne l'aimez pas ce vieillard, vous n'avez jamais pu l'aimer ?

— Encore une fois, je ne saurais permettre un pareil langage, — interrompit Armantine ; — pourquoi n'aimerais-je pas cet honnête homme... le père de mon enfant ?

— Votre enfant ! — répéta Oscar avec colère.

On fit quelques pas en silence. Varcilles reprit bientôt :

— Oui, j'ai été bien puni de mes hésitations. Ce fut seulement quand se révéla cette rivalité sexagénaire que je compris combien je vous aimais ; par malheur il était trop tard. Je me liguai avec mon père pour faire obstacle à ce mariage disproportionné, et tout le monde pensa que je cédais au dépit causé par la perte d'un héritage. Que m'importait cet héritage ! C'était vous, Armantine, vous seule que je regrettais. Je partis désespéré pour Paris et là, je l'avoue, je me jetai à corps perdu dans toutes les dissipations, afin de vous oublier... Mais je ne vous oubliai pas. Vous étiez au contraire toujours présente à ma pensée. En vain j'évitais de revenir ici pour ne pas être témoin, même à distance, du bonheur que j'avais laissé échapper ; mon imagination me reproduisait sans cesse des tableaux qui me faisaient bouillonner le sang... Vous savez par quelles circonstances impérieuses, inexorables, j'ai été forcé de rentrer dans cette maison...

Armantine écoutait, les yeux baissés. Son voile lui cachait le visage, et cette forme svelte, aux longs vêtements de deuil, était comme une énigme vivante dont il semblait impossible de deviner le mot. Oscar reprit, après une nouvelle pause :

— Vous avez été cruelle pendant les premiers temps, Armantine, et je croyais qu'en me torturant ainsi vous cédiez à quelque implacable désir de vengeance... Mais depuis qu'un malheur, arrivé dans des circonstances particulières, est venu me frapper, mes jugements à votre égard ont bien changé. Ce que je considérais comme une méchanceté raffinée n'était, je l'ai reconnu, que candeur et inexpérience naïve, car il est impossible de se montrer meilleure, plus généreuse, plus délicate que vous ne l'avez été pour moi pendant ces derniers jours.

— Quoi d'étonnant, Oscar, si j'ai fait tous mes efforts pour prévenir de douloureuses scènes de famille, pour empêcher une rupture éclatante dont tout le monde eût souffert, et vous plus que personne ?... Mais quel est votre but en revenant ainsi sur le passé ? Qu'espérez-vous à réveiller ces souvenirs... qu'il eût mieux valu ne pas agiter peut-être ?

— Rien, Armantine, seulement, comme je vais partir dans quelques heures et comme certaines considérations ne sauraient plus m'imposer silence, je tiens à vous dire la vérité... Armantine, je vous ai aimée, je vous aime, et quoi que je fasse, je n'aimerai jamais que vous.

La jeune femme s'arrêta.

— Oscar, Oscar, — dit-elle d'une voix étouffée, — pouvez-vous me parler ainsi... à moi la femme de votre oncle ?

— Je le renie pour mon parent. Allez-vous donc ajouter foi aux protestations menteuses que nous avons échangées ce soir ? Il a horreur de moi, et je le hais de toute mon âme. Nous ne nous reverrons jamais.

— En ce cas, moi aussi, vous ne me reverrez plus.

Ils restaient immobiles au milieu du jardin, à la clarté de la lune.

— Cet éloignement n'est-il pas dans vos désirs, Armantine ? — reprit Oscar tristement ; — il assurera votre tranquillité, votre bonheur.

Elle ne répondit pas d'abord, et semblait toute frémissante. Enfin laissant tomber son front sur l'épaule du jeune homme, elle dit d'une voix à peine intelligible :

— Puisque nous allons nous séparer, et puisque nous ne devons jamais nous revoir, moi aussi je ne garderai pas mon secret... Sachez-le donc, autrefois le dépit de votre abandon m'a seule décidée...

Elle n'acheva pas, et, repoussant Oscar, elle fondit en larmes.

Il s'empara d'une main que l'on ne songeait pas à lui retirer, et adressa des paroles passionnées à Armantine. Il voulait sécher par un baiser ces larmes qui brillaient comme des perles à travers la dentelle noire, quand il éprouva une hallucination étrange.

Dans ce jardin aux mystérieuses et sombres allées, où tant de choses devaient éveiller ses souvenirs, il lui sembla entrevoir le visage de tous ceux qui le fréquentaient autrefois. Au fond de cette charmille, c'était la figure pâle et mélancolique de sa mère ; plus loin c'était la forme mignonne et gracieuse d'une petite sœur dont la mort avait été une des plus vives douleurs de son enfance. Plus loin encore c'était son oncle lui-même, non pas ce vieillard cassé et morose d'aujourd'hui, mais un joyeux militaire, bien cambré dans son uniforme, comme était le commandant de Varcilles quand il venait passer à Z*** ses congés de semestre. Enfin, sur cette façade obscure de la maison, à cette fenêtre close et plus obscure que toutes les autres, apparaissait une figure grave, menaçante, aux traits convulsés, dont les yeux fixes le regardaient avec une obstination effrayante... C'était son père tel qu'il l'avait vu au dernier moment.

Ces images glissèrent confusément devant ses yeux, sans qu'il pût comprendre quel prestige les avait évoqués. Il sentait lui-même qu'elles n'avaient rien de réel ; mais elles suffirent pour produire un revirement dans sa pensée. A son tour il s'éloigna d'Armantine, et dit avec trouble :

— Tout ici est fait pour nous inspirer l'horreur du passé ; il faut donc d'abord nous hâter de quitter ce lieu maudit... Puisque nous nous aimons, chère Armantine, pourquoi nous arrêter à de misérables convenances sociales ? Rompons avec elles sans hésiter... Me voilà riche à présent ; reprenez votre liberté que vous avez aliénée dans un moment de vertige, partons ensemble. Nous irons nous cacher dans quelque coin inconnu de Paris, ou bien dans une province écartée, à l'étranger, s'il le faut ; mais il importe de vous soustraire promptement au martyre que vous devez éprouver ici... Partons cette nuit... partons à l'instant même !

Cette proposition hardie parut effrayer Armantine, qui sécha subitement ses larmes et répliqua :

— Y pensez-vous, Oscar ? Que dirait le monde !

Dans ce refus spontané, l'épouse ne semblait pas s'être souvenue de son mari, la mère de son enfant.

— Allez-vous donc vous inquiéter de ce que pensera cette majorité de sots, de coquins et d'hypocrites qu'on appelle le monde ? — reprit Oscar avec chaleur. — Rompez avec lui, vous dis-je... Armantine, si tu ne me trompes pas, si tu éprouves pour moi ce que je ressens pour toi, n'hésite plus... et partons !

Sa voix était vibrante ; il avait saisi de nouveau la jeune femme par la main et semblait vouloir l'entraîner. Elle résistait, mais avec une hésitation visible.

Tout à coup, au milieu du silence, on entendit, du côté de la maison, le claquement d'une porte qui se refermait. Armantine tressaillit et se dégagea.

— *Il* rentre déjà, — dit-elle ; — je vais bien vite le rejoindre, sinon *il* serait capable de venir me chercher ici.

— Qu'il vienne ! — répliqua Oscar d'un ton farouche ; — croyez-vous qu'il me fasse peur ?

— Non, non, je croirais plutôt... Mais il faut que je

vous quitte... Adieu, Oscar... mon Oscar... nous nous reverrons.

— Où donc, Armantine?

— A Paris.

— Et quand?

— Bientôt... Prenez patience.

— Mais les liens qui vous enlacent, et que vous semblez porter avec une opiniâtre complaisance, existeront toujours?

— Ils se rompront d'eux-mêmes... Je redeviendrai libre... Je t'aime... adieu!

Elle s'enfuit d'un pas léger et disparut dans l'obscurité.

Oscar, malgré sa corruption, demeura comme foudroyé à la même place; il devinait dans les paroles de cette belle et sémillante créature quelque chose d'horrible, et, en dépit de lui-même, il s'épouvantait.

XII

LES BUREAUX DU PERCEPTEUR.

Huit jours après les événements que nous venons de raconter, Léon Mersey et sa mère étaient installés dans la petite maison qui devait être désormais leur résidence à Z***.

Au rez-de-chaussée se trouvaient les bureaux de la perception, où l'on admettait le public, et le cabinet particulier du percepteur; au premier étage, les chambres de Léon et de sa mère. Dans les combles, il y avait une chambrette pour une servante que l'on venait d'engager. Derrière la maison s'étendait un jardinet, où les plantes potagères abondaient plus que les fleurs; mais, tout au fond, une coupole de feuillage, formée de deux ifs soigneusement taillés qui confondaient leur verdure au dessus d'un banc de pierre, produisait l'effet le plus gracieux. De plus, les murs très-bas permettaient à la vue d'errer sur les vergers voisins, et même sur la pittoresque campagne des environs de la ville. Habitation et jardin avaient un aspect modeste; néanmoins ils devaient présenter un grand charme à de pauvres Parisiens affamés d'air pur, de soleil, de tranquillité, et qui s'inquiétaient plus de l'*être* que du *paraître*.

C'était un matin, à l'issue du déjeuner. Madame Mersey, assise dans un fauteuil de cuir, en face d'une fenêtre ouverte, tricotait un bas de laine, tandis que son fils lui faisait la lecture du journal. Le temps était magnifique; un rayon de soleil pénétrait dans la chambre en même temps que les émanations parfumées de la campagne. On entendait au dehors le faible et monotone bourdonnement des insectes, quelques chants d'oiseaux. Par malheur, la bonne dame ne profitait que d'une part restreinte dans les trésors que prodiguait la nature; comme on pouvait en juger à ses yeux ternes, elle était aveugle ou à peu près.

Madame Mersey, âgée d'environ soixante ans, avait une figure vénérable, sur laquelle le malheur avait laissé une empreinte de mélancolie. Elle semblait avoir été fort belle, et en dépit de son âge elle conservait dans sa mise je ne sais quoi de propret, de coquet même où se trahissait le respect de soi-même. Ses cheveux blancs étaient soigneusement lissés sous son bonnet de linge. Malgré l'expression de mélancolie habituelle à ses traits, un sourire s'épanouissait sur ses lèvres quand elle se trouvait, comme en ce moment, auprès de son fils chéri dont elle était adorée.

La lecture durait depuis quelque temps déjà; mais Léon ayant toussé deux ou trois fois, sa mère l'interrompit.

— Assez pour aujourd'hui, mon enfant, — lui dit-elle, — tu te fatigues... Et si ces malheureux crachements de sang, qui me font si grand peur, allaient revenir!

— Des crachements de sang! — répéta Léon d'un ton léger, mais en mettant son journal de côté; — y pensez-vous, chère mère? Il n'est plus question de cela... Ce nouveau genre de vie me convient merveilleusement. Je ne me suis jamais aussi bien porté; d'ici à deux mois je serai gros et vigoureux comme un paysan. Ah! chère maman, si de votre côté vos pauvres yeux ne me donnaient pas tant d'inquiétude!

— Il faut se résigner, Léon; tu sais ce que nous a dit ce célèbre oculiste de Paris; ma maladie est la cataracte, et on ne pourra m'opérer que dans six mois, un an peut-être. D'ici là armons-nous de patience.

Et elle étouffa un soupir.

— Quel bonheur pour moi, — reprit Léon, — le jour où vous pourrez admirer le ravissant pays où nous sommes, jouir de tous les avantages de notre situation présente!... Aussi fais-je dès à présent des économies afin de payer l'opérateur quand ce jour tant désiré sera venu.

— Cher enfant! tu vas encore t'imposer des privations, te charger peut-être d'un surcroît de travail... Et quand je songe que tu pourrais être riche, que tu avais le droit d'espérer...

— Allons, mère, — interrompit Léon d'un ton grondeur, — vous revenez encore sur la succession de la tante Maledan! Vous m'aviez promis de n'en plus parler.

— Soit, laissons ce sujet puisqu'il t'est désagréable. Aussi bien Dieu, dans notre malheur, ne nous a pas abandonnés, et notre position actuelle nous offre bien des compensations. Mais, dis-moi, mon enfant, n'as-tu rien appris de nouveau à l'égard de ton protecteur inconnu?

— Rien encore, bonne mère: cependant peut-être aujourd'hui même aurai-je des renseignements précis sur ce point. Le cautionnement de ma place a été fait par un notaire de Paris qui a refusé de nommer le bailleur de fonds; mais j'ai chargé mon ami du ministère, Adrien Belval, de s'informer auprès de ce notaire trop discret. Adrien est très-rusé, très-tenace; certainement il finira par dépister la personne généreuse qui prétend se dérober à notre reconnaissance, et, comme je vous le disais, je compte recevoir aujourd'hui même une lettre de lui. — En ce moment la porte s'entr'ouvrit et un jeune employé du bureau annonça à monsieur le percepteur qu'on l'attendait en bas pour affaires administratives. — C'est bon, je descends, — répondit Mersey. — Et vous, maman, — poursuivit-il, — à quoi emploierez-vous le temps, pendant que j'encaisserai l'argent du fisc et que je griffonnerai des quittances? Vous vous ennuierez, je le crains.

— Fanchette viendra me tenir compagnie... D'ailleurs, quand tu es dans ton bureau, j'entends souvent ta voix d'ici, et elle me réjouit le cœur... tiens, comme celle de cette fauvette qui chante là-bas dans le jardin!

Léon déposa un baiser sur le front de la vieille aveugle, et descendit les marches quatre à quatre pour aller à son devoir.

Le bureau de la perception était, selon l'usage, une pièce toute nue, séparée en deux parties par un grillage; l'une destinée au public, l'autre réservée au percepteur et à ses employés. Les murs n'avaient pour ornements que des affiches, des *avis* et des *arrêtés*, rédigés avec ce ton d'exquise politesse que le fisc prend envers les contribuables. Des bancs, quelques tables, une solide caisse de chêne, composaient le mobilier.

La personne qui réclamait la présence de Mersey était Mourachon, qui, en sa qualité de secrétaire de la mairie, avait divers intérêts à régler avec le percepteur de Z***. On avait admis dans l'enceinte privilégiée le glorieux bossu, toujours tiré à quatre épingles, toujours pommadé, musqué, et dont la boutonnière était, ce jour-là, ornée d'une énorme rose mousseuse. Léon Mersey expédia lestement l'affaire qui l'amenait et sembla fort disposé à le congédier. Mais ce n'était pas le compte de Mourachon; il éprouvait le besoin de se livrer à ses vanteries habituelles, non-seulement devant le percepteur, mais encore devant les employés, joyeux jeunes gens qui propageaient volontiers les anecdotes piquantes dont ils avaient connaissance. Aussi se renversa-t-il sur sa chaise de paille et glissant ses pouces dans les entournures de son gilet, il dit de ce ton hardi et familier qui lui était ordinaire :

— Eh bien, percepteur, avez-vous des nouvelles d'Oscar? Il a fait une retraite fort triste, une véritable retraite de Moscou... Je le rencontrai le matin de son départ, quand il se rendait à la gare, et, sur ma foi! j'ai craint un moment que les gens du pays ne lui jetassent des pierres. Il a dû recueillir de fort vilains propos sur son passage...

— Monsieur Mourachon, — interrompit sèchement Mersey, — je vous ai dit déjà qu'Oscar de Vareilles était mon ami de jeunesse et que je ne saurais écouter vos propos malveillants. Tant pis pour les gens du pays s'ils ajoutent foi aux absurdes calomnies qui ont cours; quant à moi, je n'en crois pas un mot et, encore une fois, je vous serais obligé de n'y jamais faire allusion en ma présence.

Mourachon parut un peu interdit par cette verte apostrophe; mais il ne tarda pas à recouvrer son assurance.

— Bien, bien, monsieur Mersey, — reprit-il; — au fait, vous avez peut-être raison, car Martinval, qui donne des soins à ma sœur, prétend, lui, que le véritable auteur de la mort du conseiller de Vareilles est le docteur Gilbert.

— Et cette opinion est sans doute aussi fausse que l'autre... Mais on m'avait assuré, monsieur Mourachon, que vous étiez uniquement occupé de galanterie.

Mourachon se mit à rire avec affectation.

— Ah! ah! — dit-il, — ma mauvaise réputation est-elle parvenue jusqu'à vous, percepteur? Je gage que vous savez déjà ma récente aventure avec les dames de Bertigny?

— Les dames de Bertigny! — répéta Léon en levant la tête.

— Justement, vous les connaissez, je crois; c'étaient les dames qui se trouvaient dans le vagon avec vous et Oscar de Vareilles, lors de votre premier voyage dans le pays... une vieille maman qui a un chien roquet des plus hargneux, puis une belle personne blonde, à la taille fine, au pied de duchesse et à la main de reine...

— En effet, — répliqua Léon avec embarras, — je me souviens... Mais quelle est donc cette aventure?

— Mon Dieu! on a brodé beaucoup sur un fait qui, de ma part, était tout simplement un acte de chevalier français. Mais, si vous voulez savoir la vérité exacte, je peux vous la conter sans fausse modestie.

— Je l'apprendrai avec plaisir.

Alors le bossu, avec toutes sortes de clignements d'yeux et de sourires à double entente, exposa comment il s'était épris de mademoiselle Henriette de Bertigny et comment il avait eu l'idée de la suivre, sans lui parler, quand elle allait en promenade avec sa tante au bord de la rivière.

— Vous connaissez peut-être, monsieur Mersey, — poursuivit-il, — l'endroit qu'on appelle le moulin Blanc, à une demi-lieue d'ici... Non? eh bien, sachez donc que ce moulin est précédé d'un vaste réservoir où les eaux ont une profondeur et une violence inouïes. Tout ce qui tombe dans le tourbillon est aussitôt emporté et précipité sous la roue de l'usine. Or, comme ces dames longeaient la rive, suivies de leur domestique, tandis que je marchais discrètement à une vingtaine de pas en arrière, mademoiselle Henriette aperçut tout à coup, au milieu du courant, un magnifique *lis d'eau*, — les botanistes n'ont jamais pu savoir quelle plante le poétique bossu désignait sous ce nom, — une grande fleur blanche, de l'odeur la plus suave, qui avait poussé là et qui, soutenue par ses tiges robustes, se balançait à la surface des flots. Aussitôt, la charmante Henriette, s'écria avec la vivacité d'une enfant gâtée qui ne reconnaît pas d'obstacles :

« — Oh! la ravissante fleur... je la veux... qu'on aille me la chercher!

» Vainement le domestique, sa tante elle-même, lui remontrèrent-ils que ce serait s'exposer à une mort certaine. Elle n'entendait rien.

» — Je la veux... je la veux! — répétait-elle en me regardant.

» Je compris et je m'approchai.

» — Vous l'aurez, mademoiselle, — lui dis-je; — vous l'aurez ou j'y perdrai la vie!

» Et, avant qu'on eût pu faire le moindre effort pour me retenir, je m'élançai, la tête la première, au milieu du formidable courant. Quoique je ne sois pas trop mauvais nageur, j'avouerai que d'abord je me crus perdu; les flots, avec une force irrésistible, m'entraînaient vers la roue du moulin, et mes habits gênaient mes mouvements. Néanmoins je tirai vigoureusement ma coupe et je revins vers la fleur qui se balançait à la surface de l'eau. Trois fois j'étendis la main pour m'en emparer, trois fois je fus culbuté par le courant. Enfin je parvins à la saisir, et avec des peines inouïes, je l'arrachai de sa tige. A moitié suffoqué, épuisé, haletant, je nageai vers le rivage, où j'arrivai, non sans de nouvelles luttes et de nouveaux dangers. Je me traînai presque mourant aux pieds de la belle enfant, et je lui dis en lui présentant le lis :

» — Vous désiriez cette fleur, mademoiselle; la voici.

» Henriette pleurait d'attendrissement; madame de Bertigny se confondait en éloges exagérés sur mon dévouement chevaleresque. D'autres personnes, qui se trouvaient là, battaient des mains avec frénésie. Mais moi j'avais hâte de me dérober à ces témoignages d'admiration, et, après avoir salué les dames de Bertigny, je m'empressai de regagner la ville.

A la suite de ce récit, où le bossu, comme on le voit, avait singulièrement embelli la réalité, Léon Mersey dit avec une gaieté railleuse :

— C'est là, monsieur Mourachon, un trait digne d'Amadis de Gaule ou de don Galaor. J'imagine qu'au sortir de la rivière vous eussiez pu poser pour l'Amour mouillé! Mais cet héroïsme a eu sa récompense sans doute, et il a dû vous ouvrir la maison des dames de Bertigny?

— Peut-être oui, peut-être non, — répliqua le bossu; — ceci est de la vie privée, percepteur, et, si j'ai consenti à raconter une aventure qui est connue de tout le monde, malgré les fables dont on la dénature, je n'entends pas aller plus loin... Brisons donc là, s'il vous plaît, — ajouta-t-il en se levant; — je retourne à la mairie, où le devoir m'appelle, car vous savez sans doute, monsieur Mersey, que le maire s'en repose absolument sur moi du soin d'administrer la commune... Elle n'en est pas plus mal administrée pour cela, peut-être... Adieu donc, percepteur; adieu, mon cher.

Il fit un signe de la main et allait se retirer; Léon le retint.

— Un moment, monsieur, — s'écria-t-il; — vos paroles tendraient à faire croire... Je vous somme d'expliquer...

— Je n'expliquerai rien, — répliqua Mourachon d'un ton majestueux; — je me pique d'être un homme discret, et pour aucune considération je ne dirai ce que je ne veux pas, ce que je ne dois pas dire... Je sais, — ajouta-t-il en regardant un des employés, jeune gaillard à figure moqueuse qui compulsait des *contraintes*, — je sais que quelqu'un ici pourrait donner certains détails sur certain sujet, et serait fort disposé sans doute à raconter ce qu'il a vu ou cru voir... Mais, je ne souffre pas qu'on épilogue sur mes affaires; et, morbleu! je n'entends pas raillerie.

Il remit son chapeau et sortit du pas imposant d'un suisse de cathédrale qui précède son curé.

Léon Mersey le laissa partir et, se tournant vers son employé, demanda brusquement :

— Qu'a voulu dire cet olibrius ? Le savez-vous, monsieur Raymondin ? — Raymondin, qui avait lui-même de grands succès auprès du beau sexe de Z***, et qui était surtout parfaitement au courant des petits scandales de la ville, répondit, sans lever les yeux, que monsieur Mourachon passait pour être bien accueilli de mademoiselle de Bertigny, la nièce du député. — C'est lui qui le dit ou du moins veut le faire croire, — reprit Léon avec colère. — Quelle demoiselle de rang élevé et de goût délicat daignerait regarder cet imbécile, cet avorton difforme ?

— La figure n'est pas mal, monsieur, et puis Mourachon vous a une langue dorée... Enfin il est reçu dans la maison Bertigny avec des circonstances et à des heures capables de donner beaucoup à penser.

— Encore une fois c'est lui qui le dit, — reprit Léon avec indignation ; — mais c'est la plus lâche, la plus infâme, la plus stupide des médisances.

— Vous avez peut-être raison, monsieur, — répliqua Raymondin, déconcerté par la véhémence du percepteur ; — et pourtant monsieur André que voici (et il désignait l'employé principal) n'a pu oublier ce que nous avons vu ensemble une fois.

— Qu'avez-vous donc vu ? je tiens à le savoir.

. . . .

Ainsi pressé, Raymondin raconta comment, se trouvant un soir avec André dans les rues de la ville, ils avaient reconnu Mourachon qui se glissait furtivement vers la maison Bertigny. Ayant suivi le bossu par curiosité, ils l'avaient vu s'arrêter devant une petite porte du jardin et frapper d'une certaine manière. Aussitôt on avait ouvert la porte et Mourachon était entré. Les deux amis avaient eu la patience de rester longtemps en embuscade pour s'assurer à quelle heure il sortirait, et c'était seulement aux approches du matin que le bossu s'était esquivé en prenant les mêmes précautions.

Mersey écoutait ces détails avec une impatience visible.

— Et voilà sur quoi l'on fonde ces suppositions abominables, — reprit-il ; — mais vous, André, vous êtes plus sensé que cet étourneau de Raymondin... Qu'y a-t-il de vrai dans cette niaise histoire ?

— Tout est vrai, monsieur, — répliqua André, beaucoup moins timide que son camarade ; — et il paraît que nous ne sommes pas les seuls qui ayons vu Mourachon entrer ainsi la nuit dans cette maison... Aussi, malgré le haut rang et la fortune de la jeune demoiselle dont il s'agit, n'est-il personne dans la ville qui n'ait d'elle la plus fâcheuse opinion.

— Taisez-vous... c'est de la folie ! — s'écria Mersey en frappant du pied. — Je vous défends, messieurs, de vous faire l'écho de ces bruits odieux, et si j'apprenais que dans mes bureaux quelqu'un se serait permis... Mais en voilà assez... Songez à votre devoir.

Aucun des employés n'osa souffler. Ils se remirent à griffonner sur leur papier administratif, en échangeant à la dérobée un regard qui voulait dire :

— Hum ! Il n'est décidément pas tendre, le nouveau patron !

Le percepteur, en effet, semblait être d'une humeur exécrable. Plusieurs contribuables s'étant présentés, il leur parla avec rudesse, les chicanant sur toutes choses. Son irritation ne semblait pas près de diminuer lorsque entra le facteur.

— Pour monsieur Mersey ! — dit l'homme de la poste en glissant une lettre dans le guichet.

Léon la prit avec empressement ; cette lettre était celle qu'il attendait de son ami Adrien Belval. Il se hâta de l'ouvrir et la parcourut avidemment.

Bientôt on le vit pâlir ; la main qui tenait le papier tremblait d'une manière sensible. Il se leva et dit d'un ton qu'il s'efforçait de rendre ferme :

— Monsieur André, tenez la caisse en mon absence ; je reviens à l'instant.

Et il passa dans son cabinet.

Cette pièce, fort modeste et fort simplement meublée, avait pour principal ornement une petite bibliothèque renfermant des livres de choix. Sur un côté de la muraille on voyait un trophée d'armes, composé d'un sabre d'officier d'infanterie et d'une paire de pistolets, le tout surmonté d'une croix de la légion d'honneur dans un cadre de bois noir ; ces objets étaient de précieuses reliques que Léon conservait en souvenir de son père. Sur la muraille en face se trouvait un second trophée, composé de fleurets, de masques et de gants d'escrime. Ce étalage avait probablement pour but de frapper l'attention des contribuables qui passaient devant le cabinet du percepteur avant d'entrer dans les bureaux, et de leur apprendre que le percepteur avait des armes, qu'il savait s'en servir, qu'au besoin il ne manquerait pas de défendre l'argent du fisc avec courage.

Après avoir refermé la porte derrière lui Léon se jeta dans un fauteuil et, se cachant le visage dans ses mains, versa d'abondantes larmes.

Deux mots suffiront pour expliquer son émotion. Belval lui annonçait que, à force de ruses et d'entêtement, il avait réussi à découvrir le nom du protecteur mystérieux de Mersey. Ce protecteur était monsieur de Bertigny, qui jouissait, on s'en souvient, d'une grande influence auprès du ministre, et qui de plus avait voulu contribuer personnellement au succès de la sollicitation en fournissant le cautionnement exigé par la loi. Or, Léon ne connaissait pas monsieur de Bertigny et ne l'avait jamais vu ; cette intervention si puissante, si efficace, ne pouvait donc être due qu'à l'influence des dames qui, presque à son insu, avaient été ses confidentes. Il l'attribuait surtout à cette charmante Henriette qui, malgré sa réserve, lui avait laissé voir tant de sympathie, Henriette qu'il aimait sans s'en être rendu compte jusque là, et qui, grâce à Mourachon, était devenue un objet de scandale pour la ville entière.

. . . .

On comprendra donc aisément les angoisses et les colères du loyal jeune homme en apprenant quelle dette de reconnaissance il avait contractée envers mademoiselle de Bertigny. Quelques heures auparavant cette découverte l'eût rempli d'orgueil et de joie ; maintenant elle l'humiliait, elle l'irritait ; il voulait repousser ce bienfait qu'il n'avait pas sollicité, donner sa démission. Cependant, plus il y réfléchissait, plus il lui semblait que l'opinion publique devait être, comme il arrive trop souvent, égarée par de fausses apparences. Cette belle, noble et chaste jeune fille recevant chez elle, la nuit, le grotesque Mourachon, offrait de plus en plus à son esprit une idée monstrueuse, absurde jusqu'à l'extravagance.

— Eh bien, je saurai la vérité ! — dit-il enfin avec résolution. Il essuya soigneusement ses yeux ; puis, certain que la curiosité hostile de ses employés ne trouverait plus aucune trace de larmes sur son visage, il rentra dans le bureau et reprit son travail accoutumé. Au bout de quelques instants, il demanda en affectant l'indifférence : — Monsieur Raymondin, vous qui semblez parfaitement savoir ce qui se passe dans la ville, pouvez-vous me dire si monsieur le député de Bertigny est à Z*** en ce moment ?

— Oui, oui, monsieur ; la chambre a pris ses vacances, comme vous savez, et depuis deux jours le député est revenu pour...

— Bien, je vous remercie.

Le percepteur s'absorba dans ses comptes, et, jusqu'au soir, n'eut aucune distraction nouvelle. L'heure où les bureaux se fermaient pour le public étant arrivé, il laissa les employés achever de mettre en ordre le travail du jour et monta chez lui.

Quand il redescendit quelques instants plus tard, il était fraîchement rasé, en habit et en pantalon noirs, bien chaussé et ganté avec élégance. Il donna brièvement ses ordres pour le lendemain et quitta la maison.

Tant que les commis avaient été en sa présence, pas un n'avait quitté la plume et levé les yeux de dessus ses paperasses. Mais, dès qu'il fût sorti, tout le bureau fut en l'air.

— *Il* s'est mis sur son trente et un, — dit un des employés. — Où diable peut-il aller ainsi?

— Faut voir ça, — dit un autre.

Raymondin, le plus leste, fut expédié pour observer secrètement la direction que prenait Mersey. Au bout de dix minutes, il rentra tout rouge et tout essoufflé.

— Eh bien? — demanda-t-on avec curiosité.

— Il va chez les Bertigny... Je l'ai vu s'arrêter devant la maison... Ah ça! toutes ces histoires de Mourachon l'intéresseraient-elles véritablement?

Comme les suppositions allaient bon train sur les motifs de cette visite, André, le chef de bureau, dit d'un ton moqueur à ses camarades :

— Avec tout le respect que je vous dois, mes petits enfants, vous êtes des niais... Le patron, en qualité de nouveau fonctionnaire, est obligé de mettre sa carte chez les notabilités de la ville, et il ne pouvait se dispenser d'en mettre une chez le député de l'arrondissement... Voilà toute l'affaire, et il n'est pas besoin d'aller chercher midi à quatorze heures. Maintenant tenons-nous tranquilles et achevons notre besogne, afin de quitter la *baraque* au plus vite... Quant à moi, je suis attendu au café de la Marine pour faire ma partie de billard.

XIII

LE DÉPUTÉ.

C'était en effet chez monsieur de Bertigny que se rendait Léon. Mais, à mesure qu'il approchait de la demeure du député, son cœur battait avec violence; quelque chose lui serrait la gorge. Il lui semblait qu'il n'aurait jamais la force de parler. Après avoir tiré le cordon de la sonnette, il eut une velléité de s'enfuir sans attendre qu'on ouvrît; puis il en vint à souhaiter qu'il n'y eût personne à la maison. Ce dernier vœu ne fut pas exaucé, car le domestique Constant ayant ouvert, annonça que monsieur était chez lui.

On fit traverser à Mersey une cour ornée selon la mode anglaise, de boulingrins, de rocailles et de fleurs, et on l'introduisit dans un salon au rez-de-chaussée. Là il donna son nom au valet, qui sortit pour aller prévenir son maître.

Léon s'approcha d'une fenêtre dont le store, à demi-soulevé, permettait de voir le vaste jardin qui dépendait de l'habitation. Ce jardin était encore disposé à l'anglaise, avec des massifs d'arbres et des pièces de gazon; mais à l'autre bout, il y avait un potager, et, dans un angle boisé, on entrevoyait un pavillon qui devait être la demeure du jardinier. L'enceinte était fermée par une haute muraille, où Léon Mersey devinait la petite porte qui jouait un rôle si important dans les commérages de la ville.

Du reste il n'eut pas beaucoup de temps pour se livrer à cet examen; bientôt on entendit un pas lourd dans le corridor, et le maître du logis parut.

La plupart des députés de la majorité, à cette époque, étaient de bons bourgeois, sommités départementales qui conservaient dans la vie politique les mœurs simples de la bourgeoisie. Monsieur de Bertigny, malgré son titre nobiliaire, offrait un type du genre. De taille moyenne, un peu gros, il avait une large figure, sur laquelle se lisait la bonhomie, quoique ses yeux vifs et brillants ne manquassent pas de finesse. Il était habillé de nankin, et coiffé d'un ample chapeau de paille, qu'il jeta sur un meuble en entrant dans le salon. Il tenait encore à la main le sécateur avec lequel il émondait ses rosiers quand on était venu lui annoncer Mersey.

Comme Léon s'inclinait profondément, monsieur de Bertigny s'approcha d'un air amical :

— Enchanté de vous voir, monsieur le percepteur, — dit-il; — prenez place, je vous prie... et recevez mes remercîments pour la marque de déférence que vous me donnez.

Cet accueil encourageant rendit à Mersey tout son sang-froid.

— Je viens en effet, — répliqua-t-il, — présenter mes respects au député du département; mais je viens surtout exprimer ma gratitude à mon puissant protecteur.

— Hein! que me dites-vous là? — reprit monsieur de Bertigny embarrassé.

— Depuis deux heures seulement, je sais quelles obligations je vous dois, et j'ai voulu sans retard vous en témoigner ma reconnaissance.

— Mais qui a pu vous apprendre...? Eh bien! — poursuivit monsieur de Bertigny d'un ton léger, — si j'avais été consulté, en effet, sur une nomination dans le département que je représente, où serait le mal? Vous avez été désigné par vos supérieurs administratifs comme l'employé le plus consciencieux, le plus digne d'intérêt. Quoi d'étonnant si je vous ai appuyé de tout mon pouvoir? On ne pouvait faire un meilleur choix, et on a dû vous dire déjà que votre mérite seul...

— Est-ce donc aussi à mon mérite que je dois le cautionnement versé en mon nom, cautionnement, que, je l'avoue, j'aurais été fort en peine de trouver chez mes amis.

— Au diable ce butor de notaire! — murmura monsieur de Bertigny. — Enfin, mon cher percepteur, — poursuivit-il, — le service, si service il y a, n'est pas bien grand. On n'a pas de risques à courir puisque les fonds restent en dépôt au trésor, et on ne saurait craindre ni déloyauté, ni imprudence dans votre gestion quand on vous connaît.

— Ainsi donc, monsieur, j'avais déjà l'honneur d'être connu de vous

— Certainement, certainement.

— Et seriez-vous assez bon pour me rappeler en quelles circonstances j'ai eu le bonheur de vous rencontrer?

— Parbleu! je vous ai vu... dans le bureau de votre chef de division. Vous êtes fort apprécié au ministère; on me parlait de vous sans cesse et je vous connaissais... beaucoup. — Le digne député était fort mal à l'aise et essuyait son front baigné de sueur. De son côté Léon ne paraissait pas très-convaincu, que, parmi les deux mille employés du ministère des finances, il eût pu attirer d'une manière spéciale l'attention de monsieur de Bertigny, quand on entendit des sautillements dans le vestibule. Presque aussitôt King entra en aboyant; mais à peine eût-il flairé le visiteur qu'il se haussa sur ses pattes de derrière pour lui lécher la main et que ses aboiements hargneux se changèrent en caresses. — Hum! — dit monsieur de Bertigny avec gaîté, — en voilà encore un qui vous connaît... Vous verrez qu'à la fin vous ne serez étranger à aucun des habitants de la maison!

Avant que Mersey eût pu répondre, les dames de Bertigny, qui venaient du jardin et qui ne s'attendaient pas à trouver du monde chez elle, étaient entrées étourdiment. Elles s'arrêtèrent stupéfaites et firent mine de se retirer. Mais tout à coup Henriette rougit et s'écria :

— Monsieur Léon Mersey!

— Notre aimable compagnon de voyage, — ajouta madame de Bertigny.

— Je disais bien! — murmura le député en riant; — je n'aurai pas besoin de faire présentation. — Mersey, après s'être incliné, regarda avidement les deux dames ainsi surprises dans le laisser-aller de l'intimité. Madame de Bertigny, sauf le cachemire dont elle s'enveloppait d'ordinaire, était à peu près telle qu'il l'avait vue déjà ; mais Henriette lui parut plus jeune, plus élancée, plus séduisante encore que la première fois. Elle n'avait maintenant pour coiffure que ses jolies boucles blondes, et ne portait ni voile ni mantelet. Sa robe de soie, bien collée au buste, permettait d'admirer les élégantes proportions de sa personne. Sa figure fraîche avait une irrésistible expression de candeur. Léon baissa les yeux et put à peine balbutier quelques mots de politesse. Madame de Bertigny vint à son secours. Bientôt tout le monde s'assit. Mersey répéta les remercîments qu'il avait adressés déjà au député, et surprit un sourire sur les lèvres de la tante et de la nièce. — Tenez, mon cher percepteur, — reprit monsieur de Bertigny avec sa rondeur habituelle, — vous commencez, je crois, à reconnaître l'inconvénient de conter tout haut ses petites affaires dans un endroit public... Rien n'est perfide comme une pareille imprudence, et elle a parfois des résultats inattendus.

Cette espèce d'aveu n'était pas nécessaire à Léon pour comprendre la part que les dames avaient eue à sa nomination ; il les remercia à leur tour en termes convenables, et l'entretien prit des allures moins gênées.

Mersey se montra causeur aimable et parfait homme du monde. Cependant il ne perdait pas de vue l'objet principal de sa visite, c'est-à-dire les circonstances encore inconnues qui avaient pu donner prétexte aux horribles calomnies dont cette belle et innocente enfant était victime. Un mot de madame de Bertigny au sujet d'Oscar de Vareilles, que la voix publique accusait d'avoir contribué à la mort de son père, fournit à Mersey l'occasion, tout en défendant son ami, de pousser une reconnaissance sur ce terrain délicat.

— Les gens de ce pays sont très-méchants, — répliqua-t-il, — et ils se sont acharnés contre ce pauvre Oscar... Oui, il règne ici un esprit de malveillance qui s'attaque à tout, qui ne s'arrête même pas devant ce qu'il y a de plus respectable et de plus pur.

En même temps il regardait Henriette.

— A qui le dites-vous ? — répliqua le député en soupirant ; — ah ! s'il n'y avait pas de bons électeurs pour faire oublier les injustices et les violences des autres !

Mais Henriette était demeurée complétement indifférente, et madame de Bertigny reprit avec tranquillité :

— Vous avez peut-être raison, monsieur Mersey, à l'égard du mauvais esprit qui règne à Z*** ; aussi, ma nièce et moi, ne recevons-nous personne de la ville quand mon mari est absent. Nous sortons même fort peu, à cause d'un ridicule personnage qui semble se multiplier sous nos pas... et que King ne peut souffrir.

— Ah ! vous parlez de monsieur Mourachon, le secrétaire de la mairie ? On assure pourtant que ce jeune homme vous a donné, ainsi qu'à mademoiselle de Bertigny des preuves d'une admiration passionnée, d'un dévouement chevaleresque...

— Que voulez-vous dire ?

Léon raconta l'aventure du moulin Blanc, telle qu'il la tenait de Mourachon lui-même. D'abord les deux dames se regardaient en silence, d'un air étonné. Mais lorsque le narrateur en vint au *lis d'eau qui flottait à la surface des flots impétueux*, quand il exposa comment le vaillant bossu s'était lancé sans hésiter dans le dangereux tourbillon, comment, *après avoir risqué mille fois sa vie*, il avait pu rapporter à mademoiselle Henriette la fleur, prix de sa victoire, aux applaudissements des spectateurs, la tante et la nièce n'y tinrent plus, et elles partirent d'un éclat de rire aussi franc, aussi prolongé que le jour même où l'événement s'était produit.

Mersey éprouva une vive satisfaction à voir Henriette se moquer ainsi de son malencontreux admirateur. Il s'expliqua encore mieux le sentiment de la jeune fille quand madame de Bertigny, à son tour, raconta, d'une manière beaucoup moins poétique mais beaucoup plus vraie, les particularités de l'aventure.

— Mais savez-vous, mesdames, — reprit le député avec humeur, — que si ce drôle, qui connaît tout le pays, ne devait pas m'être utile aux élections prochaines, je demanderais à l'instant sa révocation de secrétaire de la mairie et je lui apprendrais...

— Oh ! mon oncle, — dit Henriette d'un ton de reproche, — pouvez-vous avoir une pareille idée ?

— Elle le défend ! — pensa Léon.

Mais Henriette ajouta aussitôt :

— Ce pauvre garçon est si laid, si ridicule, qu'il ne doit inspirer que de la pitié. Vous ne l'avez donc jamais vu ?

Mersey respira encore. Cependant il demanda en affectant la gaieté :

— Et à la suite de ce beau trait, madame de Bertigny n'a-t-elle pas jugé convenable de recevoir chez elle le chevalier Mourachon ? On ne pouvait faire moins pour un pareil héros.

— Nous ne sommes plus au temps où les dames avaient auprès d'elles des nains bossus qui leur servaient de bouffons... Et à quel autre titre cet homme pourrait-il être admis chez nous ?

Léon en savait assez, et il se leva pour prendre congé. Monsieur de Bertigny lui dit avec bonhomie en lui serrant la main :

— Eh bien, percepteur, maintenant que nous nous connaissons mieux, j'espère que nous vous verrons quelquefois !

Mersey s'inclina.

— Et, avec la permission de ma tante, — ajouta Henriette, — nous serions bien heureuses de recevoir aussi votre digne mère, que nous avons entrevue l'autre jour pendant qu'on la conduisait à l'église, et qui m'a inspiré pour ma part, autant de sympathie que de respect.

Léon remercia avec effusion et promit de revenir avec sa mère ; puis, comme l'attendrissement le gagnait, il salua de nouveau et se hâta de sortir.

Tout en retournant chez lui, il se disait avec un frémissement de joie :

— Je savais bien qu'Henriette est la plus pure des femmes... Les habitants de Z*** sont des idiots et Mourachon n'est qu'un infâme menteur... Il y a là-dessous un mystère, mais je le découvrirai, et malheur à cet exécrable bossu.

XIV

LE DÉPART DE LA NOURRICE.

Un matin, une méchante carriole, couverte en toile et attelé d'un cheval étique, s'arrêta devant cette partie de l'hôtel de Vareilles qui appartenait au commandant. Il en descendit un gros homme, à tournure de paysan endimanché, dont la figure bourgeonnée et l'énorme nez rouge trahissaient des habitudes d'ivrognerie. Il attacha la bride à un anneau de fer scellé dans la muraille, suspendit au cou de la bête poussive une musette contenant quelques grains d'avoine ; puis, son fouet passé en sautoir, il traversa la cour et se dirigea vers une pièce du rez-de-chaussée qui servait à la fois de cuisine et de loge de portier.

Quand il entra, le chapeau sur la tête, il eut à s'annoncer en ces termes :

— C'est moi que j'étions le père Crépin, et je venions chercher not'femme, avec le p'tiot itou, sauf votre respect.

— Ah! vous êtes le père nourricier que l'on attend? — s'écria la grande Françoise.

— C'est moi.

Aussitôt, sur l'appel de la cuisinière, tout fut en rumeur dans la maison.

On a deviné que monsieur et madame de Vareilles, désolés de voir leur enfant continuellement faible et maladif, s'étaient enfin décidés à l'envoyer dans le pays de la nourrice, où, disait-on, l'air plus pur et plus vivifiant ne manquerait pas de fortifier la chétive petite créature. Ce n'était pas sans difficulté que le commandant avait consenti à se séparer de son fils; mais Armantine lui avait persuadé que la santé, peut-être la vie d'Alfred dépendait de ce sacrifice et c'était ainsi que le père Crépin venait chercher sa femme et le nourrisson pour les conduire à sa ferme, située à trois ou quatre lieues de Z***.

La nourrice, déjà en habit de voyage, accourut, avec l'enfant, qui criait comme toujours. Les rapports ne semblaient pas bien affectueux entre la mari et la femme; cependant on s'embrassa, et la mère Crépin, qui était heureuse de partir et qui n'avait été retenue à la maison de Vareilles que par l'appât de gages élevés, demanda avec empressement des nouvelles du pays, de ses anciens voisins.

Crépin repondait d'un air assez morose, quand Armantine accourut elle-même tout en larmes; le commandant, sombre et taciturne ne tarda pas à entrer aussi dans la cuisine. La jeune mère prit l'enfant dans bras et le combla de caresses en disant à Crépin :

— Vous allez donc m'enlever mon petit Alfred? Ah! si je n'étais pas si sûre de vous et de votre femme, je ne consentirais jamais à me séparer de cet enfant adoré! Enfin il faut l'aimer pour lui-même... Mais vous en aurez bien soin, n'est-ce pas?

— Ça y est, madame la bourgeoise, — répliqua le père nourricier d'une voix dont il cherchait à adoucir le timbre éraillé; — ne portez pas peine de votre mioche... j'en ons ben vu d'autres à la ferme! Ces créatures-là poussont cheux nous, à proprement parler, comme la mauvaise herbe... ça devient gras, ça devient beau, ça devient fort que ça en est une bénédiction.

— Dieu vous entende!... Eh bien! Françoise, ne donnez-vous pas à déjeuner aux voyageurs?

Françoise s'empressa de charger une table de viandes froides, sans oublier le vin. Aussitôt la figure brutale du père Crépin se dérida d'une manière sensible. Il se mit à table ainsi que sa femme, et commença de manger et de boire avec avidité.

La nourrice, sans toutefois perdre un coup de dent, continuait de rassurer par de superbes promesses le père et la mère, qui semblaient hésiter encore. Comme Crépin, absorbé par sa voracité, ne lui venait pas en aide, elle le poussa du coude en murmurant :

— Eh! not'homme, fais leur-zy donc pus de risette que ça... et à leur mioche aussi... Tu vois ben qu'ils sont capables de ne pas vouloir le lâcher!

Le mari lui lança un regard oblique qui ne signifiait rien de bon. Cependant, il essuya sa bouche avec sa manche, et recommença ses hâbleries sur le bonheur qui attendait le nourrisson à la ferme; il adressa en grimaçant quelques paroles soi-disant caressantes au pauvre petit braillard lui-même; puis convaincu qu'il s'était montré le père nourricier le plus tendre du monde entier, il se remit à manger et à boire avec une ardeur nouvelle.

Il ne paraissait pas près d'être rassassié, quand on annonça une visite à monsieur et à madame de Vareilles : c'était le docteur Gilbert, qui, averti du départ de l'enfant, venait donner ses instructions dernières à la nourrice. En passant au salon où attendait le médecin, Armantine, qui tenait toujours son fils et semblait ne pouvoir s'en séparer, dit à son mari :

— Ce père Crépin a l'air d'un brave homme, n'est-ce pas, mon ami!

— Hum! — murmura le commandant en secouant la tête.

Après les compliments d'usage, le docteur examina Alfred avec beaucoup d'attention et fit une ordonnance pour prescrire le régime à observer; puis il dit d'un ton de regret :

— Vous êtes donc bien déterminée, madame, à envoyer votre enfant à la campagne?

— Eh! docteur, n'avez-vous pas reconnu vous-même la nécessité pour lui de changer l'air?

— Sans doute, mais votre surveillance et votre affection lui seraient peut-être encore plus nécessaires que le reste... Tenez, j'ai pris de nouvelles informations au sujet de la femme Crépin, à qui vous allez confier sans contrôle cette pauvre créature si débile. Tant que la nourrice a demeuré dans votre maison, sous vos yeux, elle a rempli ses devoirs, et n'a mérité aucun sérieux reproche, je le sais. Mais quand elle sera rentrée à sa ferme avec son mari qui passe pour un vaurien, peut-être les choses changeront-elles de face. On m'a assuré de nouveau que la mère Crépin était une de ces femmes abominables qu'on appelle *faiseuses d'anges*. D'après ces rapports, un grand nombre d'enfants qu'elle a pris autrefois en nourrice ou en garde sont tous morts, soit dans sa maison, soit peu de temps après l'avoir quittée.

— Cela est-il possible, docteur? — demanda le commandant avec vivacité. — Si vous aviez la certitude de ce que vous avancez...

— Je ne peux donner aucune certitude, je l'avoue. Cependant, hier encore, une personne a confirmé les fâcheux renseignements que j'avais recueillis déjà.

— Qui est cette personne? Il importe de savoir quel degré de confiance elle mérite.

— C'est une femme du pays qui, je ne fais aucune difficulté de le reconnaître, paraît très-irritée contre les époux Crépin. Cependant il y a lieu de penser...

— Ce sont là, — interrompit Armantine, — de misérable commérages, où la jalousie et la malveillance ont la plus forte part... Nous aussi, docteur, nous avons pris des informations au sujet de la nourrice. Monsieur de Vareilles s'est empressé d'écrire au maire de Laborde, la commune où demeurent les époux Crépin, et les renseignements qui viennent de nous parvenir leur sont tout à fait favorables... Jugez vous-même si les calomnies, dont votre conscience vous oblige à vous faire l'écho, méritent d'être relevées.

En même temps elle tira de sa poche une lettre, estampillée d'un timbre municipal et la présenta au médecin. Celui-ci lut cet écrit avec attention.

— Ces témoignages sont excellents, il est vrai, — répliqua-t-il; — mais je me défie singulièrement de ces certificats que délivrent avec tant de facilité quelques maires campagnards trop peu éclairés ou trop peu scrupuleux. Dans les petites localités, certaines influences s'exercent d'une manière tyrannique; on ne veut pas se faire d'ennemis, et on en arrive à dissimuler la vérité la plus évidente. Le maire dont il s'agit est peut-être une connaissance des époux Crépin; peut-être craint-il de leur porter tort par trop de franchise... Bref, bien que je ne le connaisse nullement, je serais en garde contre ses assertions.

— Mais alors, docteur, à qui se fier et qui croire, — dit Armantine.

— Gilbert a raison, — reprit le commandant; — s'il existe un doute, ma chère, le plus prudent est de garder Alfred auprès de nous.

Armantine se redressa.

— Ainsi, monsieur, — dit-elle avec aigreur, — vous et monsieur le docteur Gilbert, vous aimez mon enfant plus que je ne l'aime moi-même? D'après vous, je suis prête à sacrifier mon fils à un caprice...

— Ma chère Armantine, ce n'est pas cela — interrompit le commandant avec empressement; — nous n'avons jamais prétendu...

— Mais n'est-ce pas votre pensée à l'un et à l'autre? Pourquoi ne dites-vous pas tout de suite que je suis une mère aveugle, imprudente, dénaturée!

Elle se mit à pleurer, puis à sangloter. On essaya de l'apaiser, elle ne voulait rien entendre.

— Voyons, Armantine, soyez raisonnable, — reprit le commandant que les larmes de sa femme navraient. — Personne ne peut douter de votre tendresse maternelle; on a craint seulement que votre confiance dans la nourrice ne fût mal placée... Mais, toute réflexion faite, il n'y a pas de motifs suffisants pour renoncer à notre dessein. Les renseignements du docteur sont, de son propre aveu, vagues, confus, et nécessitent un contrôle sérieux; ceux que nous tenons officiellement du maire sont au contraire nets et rassurants... Je crois donc que, à la condition de surveiller ces gens de très près et de faire de fréquentes visites à Alfred, nous pouvons tenter l'expérience, sauf à reprendre notre fils, si nous voyons pour lui la moindre apparence de danger. N'est-ce pas cela, docteur?

— Soit, — dit Gilbert; — mais ayez l'œil sur ces paysans, et, à la moindre alerte, agissez sans hésitation.

— Eh bien! moi, — dit Armantine avec résolution, — j'ai changé d'avis... Je ne veux plus me séparer de mon fils.

Il fallut que le commandant et Gilbert lui remontrassent, à leur tour, combien ce revirement brusque et non suffisamment motivé présentait d'inconvénients, au point où en étaient les choses. Elle avait fini par se laisser convaincre, quand la nourrice et le père Crépin, tous deux bien repus, entrèrent au salon pour réclamer l'enfant et prendre congé.

Déjà les bagages et les nombreux approvisionnements, que la nourrice s'était fait délivrer à l'intention du nourrisson, avaient été chargés sur la carriole, ainsi qu'un berceau en palissandre qui devaient causer l'admiration de la ferme. Tout était donc prêt pour le départ, et la mère Crépin montra quelque impatience de se mettre en route.

— Madame sait bien, — dit-elle, — que ce cher petiot craignont la fraîcheur, rapport à sa fièvre... et je voulions arriver chez nous avant la nuit.

— Il est donc vrai qu'il faut me séparer de mon Alfred! — s'écria Armantine dans un nouvel accès de désespoir; — mais on le veut, on m'y force... on m'assure que c'est pour son bien!

Et ses larmes recommencèrent à couler avec abondance.

Le docteur remit son ordonnance aux époux Crépin, en les invitant à la transmettre au médecin qui serait chargé désormais de visiter l'enfant. De plus, il leur fit des recommandations verbales qu'il termina ainsi :

— Songez, mes braves gens, à la responsabilité qui va peser sur vous. Si, par votre négligence, il arrivait quelque chose de fâcheux au fils unique du commandant de Vareilles, on vous en demanderait compte... La loi ne plaisante pas avec ces odieuses créatures qu'on appelle *faiseuses d'anges*, et, à mon avis, elle ne saurait jamais être assez sévère. — Ces paroles avaient été prononcées d'un ton menaçant; mais, soit que réellement les époux Crépin eussent la conscience tranquille, soit qu'avec la stupidité farouche de certains campagnards, ils ne comprissent pas la gravité des actes dont ils pouvaient se rendre coupables, ils se bornèrent à protester de leur dévouement envers l'enfant qu'on leur confiait. Sa tâche accomplie, Gilbert se disposa à se retirer. Il dit au commandant, en lui prenant la main : — Allons! courage! Grâce à nos précautions, tout ira bien sans doute... Mais si je suis rassuré au sujet de l'enfant, il n'en est pas de même au sujet du père... Je ne suis pas très-content de vous, commandant; vous devriez tenir compte de mes recommandations et... vous ménager davantage.

Tout en parlant, il avait encore glissé sournoisement son doigt sur le pouls de Vareilles, qui s'empressa de retirer sa main.

— Adieu, docteur, adieu, — dit-il avec impatience.

Gilbert poussa un soupir et, après avoir jeté un regard du côté d'Armantine, il sortit.

Le père, la mère et toute la maison accompagnèrent le petit Alfred jusqu'à la carriole, où la nourrice avait déjà pris place. Le malheureux enfant, comme s'il éprouvait quelque pressentiment sinistre, n'avait jamais poussé de cris aussi aigus, aussi constants. Armantine avait été deux ou trois fois sur le point de rappeler la mère Crépin, de la réinstaller au logis. Mais ces cris continuels semblèrent à la fin l'exaspérer; elle donna à l'enfant un dernier baiser, puis elle le tendit par un mouvement brusque à la nourrice et, se rejetant en arrière, elle fit signe qu'on pouvait partir.

— Adieu, la bonne dame, — cria la mère Crépin, — ne vous désolez donc pas comme ça! vous le reverrez bientôt votre chérubin du bon Dieu... et pas plus de fièvre que sur ma main, foi d'honnête femme!

— Je vous le rendrons, — dit Crépin, — aussi dodu et aussi grouillant que notre goret, sauf votre respect!

— Il suffit, — reprit le commandant, qui avait hâte de couper court aux angoisses visibles d'Armantine, et qui peut-être sentait défaillir son propre courage; — souvenez-vous l'un et l'autre de vos promesses, surtout n'oubliez pas les recommandations du docteur.

— C'est dit! — cria Crépin de sa voix éraillée, — hue, la Grise!

Et la carriole se mit en marche; elle était déjà au tournant de la rue que, malgré le bruit des roues sur le pavé, on entendait encore les cris déchirants du petit Alfred.

Le commandant ramena sa femme au salon. Elle ne pleurait plus, mais elle était fort pâle; elle avait l'œil fixe et hagard. Ils s'assirent et gardèrent le silence.

Enfin Armantine se leva, lentement. La rougeur était revenue sur ses joues; le sourire reparaissait déjà sur ses lèvres. Elle dit à son mari d'un ton caressant :

— Ah! mon ami, vous avez été plus ferme que moi! J'allais fléchir au dernier moment, quand le docteur et vous m'avez fait triompher de ma faiblesse.

— Ai-je eu raison, Armantine? — dit le commandant d'un air soucieux.

— Oui, vous avez eu raison, comme toujours... Et si, comme je l'espère, notre Alfred recouvre la force et la santé, c'est à son père qu'il le devra... Tenez, mon ami, — ajouta-t-elle avec plus de tendresse encore, en se penchant vers lui, — il faut que je vous avoue un sentiment... blâmable peut-être. A présent que cet enfant ne sera plus continuellement entre nous pour réclamer sa part de mon affection, je vais vous aimer davantage... Oh! c'est mal, ce que je vous dis là; mais, vous le savez, je ne peux faire autrement que de tout vous dire.

— Chère Armantine!

Pendant ce temps la carriole sortait de la ville au grand trot de la Grise. Le père Crépin, qui avait pris place à côté de sa femme, fouettait sans relâche la vieille jument, comme s'il craignait d'être poursuivi. Enfin, quand on eut dépassé les dernières maisons de Z*** et quand on se trouva en rase campagne, il laissa reposer son fouet et, se mettant à l'aise, il dit à la nourrice d'un ton brutal :

— J'ons cru qu'ils n'en finiraient pas... En voilà-t-il des simagrées pour leur méchant mioche de deux liards!... Ah! ça! la Simonne, ça va marcher maintenant que tu reviens cheux nous! Les affaires ont mauvaise mine à la ferme depuis que tu es à te goberger chez ces bourgeois.

— Eh! notre homme, — répliqua la mère Crépin, — j'ons jamais manqué de t'envoyer chaque mois l'argent de mes gages... mais tout passe au cabaret.

— Bah! vingt pauvres écus... la belle affaire! Ça va rouler bien mieux que çà à l'avenir!... D'abord, j'allons faire venir à la ferme un ou deux petits *Parisiens*; ça s'élève au *petit pot* et c'est tout bénéfice... Après ceux-là un autre... Faut que ça rapporte, le métier! Je n'entendons pas que tu vives comme une fainéante.

— Paraît tout de même, Crépin, qu'ils vont nous faire des misères...

— Bah! le cousin Binet, qu'est maire du pays, et l'oncle Millerot, qu'est sacristain, leur-z-y en montreront de toutes les couleurs... Mais dis donc, la Simonne, — poursuivit le père nourricier en désignant un panier de provisions qui occupait la moitié de la voiture, — qu'y a-t-il de bon là-dedans? Ils m'ont tant bousculé que je n'ons quasi pas eu le temps de manger ni de boire.

— Que veux-tu qu'il y ait? Du sucre, des biscuits et du savon.

— Et pas de vin?

— Comment donnerait-on du vin à un mioche si petiot?

— Les ladres!... Enfin, quand nous passerons à Rochevilliers, chez la mère Picard, nous boirons un litre ou deux... En attendant, voyons le panier.

Il prit un paquet de biscuits, un énorme morceau de sucre, et se mit à grignoter avec un grand bruit de mâchoires. Cependant l'enfant pleurait toujours, et ces plaintes continuelles finirent par impatienter Crépin. Il secoua le nourrisson avec rudesse, en disant de sa voix enrouée:

— Ah! ça! tonnerre! en finirons-nous? Tu ne connais pas encore le père Crépin, toi! J'aimons pas les braillards, et je te mettrons au pas tout comme les autres. — Le pauvre petit, d'abord étourdi par la secousse, se remit bientôt à crier de plus belle. — Attends, not' femme, — reprit le père Crépin, — j'ons prévu l'affaire, et, en passant devant le pharmacien, j'ons acheté ce qu'il faut... On parviendra bien à lui clore le bec, peut-être!

Il tira de sa poche une fiole de ce sirop opiacé qu'emploient si fréquemment certaines misérables nourrices pour endormir leurs nourrissons, et qui a endormi tant de pauvres enfants d'un sommeil éternel. Il en remplit une cuiller et le versa bon gré mal gré dans la bouche d'Alfred. Quelques minutes suffirent pour que le dangereux breuvage produisît son effet. L'enfant se tut, bâilla deux ou trois fois, et tomba enfin dans un assoupissement maladif.

On voit à quels gens monsieur et madame de Vareilles avaient confié leur fils. Cependant une active surveillance pouvait encore le sauver; mais les jours, les semaines se passèrent sans que ni la mère, ni le père, ni personne en leur nom, eût paru à la ferme des époux Crépin.

XV

L'INSULTE.

A la suite de sa première visite chez le député, Léon Mersey était retourné plusieurs fois chez monsieur de Bertigny, soit seul, soit en compagnie de sa mère. Les dames de Bertigny, de leur côté, étaient venues rendre visite à la vieille aveugle, et il était résulté de ces rapports une sorte d'intimité entre les deux familles, malgré la différence des fortunes et des positions.

Léon, dans ces fréquentes entrevues avec Henriette, n'avait fait qu'éprouver une admiration plus vive, une tendresse plus profonde pour la nièce du député. Il existait bien un côté mystérieux dans les relations de la jeune fille avec son oncle et sa tante; ainsi on parlait à Henriette d'un air de déférence, et on lui laissait plus de liberté qu'on n'en accorde d'ordinaire aux jeunes personnes. En revanche, le percepteur avait beau l'observer avec attention, il demeurait convaincu que les infâmes calomnies répandues contre elle n'avaient aucun fondement, et que sa franchise, sa candeur, sa simplicité ne pouvaient être trompeuses.

Cependant les médisances ne cessaient pas dans la ville, et la famille de Bertigny semblait être seule à les ignorer. Les réticences, les dénégations volontairement maladroites de Mourachon équivalaient à des aveux. Mersey lui-même ne savait comment expliquer certaines circonstances vraiment extraordinaires. Il s'était en effet mis en embuscade, un soir, dans la ruelle étroite où donnait la petite porte de la villa Bertigny, et, comme ses employés, comme la plupart des oisifs de Z***, il avait vu Mourachon s'introduire furtivement dans l'habitation. N'osant questionner le bossu lui-même, de peur de compromettre Henriette, il résolut de ne rien négliger pour arriver à la connaissance de la vérité. Mais vainement prit-il des informations sur l'intérieur de la maison, sur la domesticité de monsieur et de madame de Bertigny; la prudence même de ses questions l'empêchait d'obtenir des réponses claires et décisives. Il se dépitait et attendait avec une ardente impatience un fait nouveau qui le mît sur la voie des découvertes. Il reconnut bientôt combien le danger était pressant.

Un bal par souscription avait été organisé dans la ville, au bénéfice des indigents. Tous les fonctionnaires publics devaient y assister; et monsieur de Bertigny, qui visait à la popularité, avait décidé sa femme et sa nièce à s'y rendre, malgré leur goût pour la retraite.

La fête avait lieu sous une vaste tente, enjolivée de guirlandes et de drapeaux, dans un jardin magnifiquement illuminé. On dansait au milieu de ce pavillon, et une triple rangée de siéges étaient disposés à l'entour. Monsieur de Bertigny, ainsi que sa femme et sa nièce, occupaient des places d'honneur sur le premier rang, avec quelques autres hauts fonctionnaires et leurs familles.

Henriette, en venant à ce bal, avait plutôt cédé à la volonté de son oncle qu'à la curiosité et au désir de briller. Aussi portait-elle une robe montante, et sa toilette, fort simple quoique du meilleur goût, n'annonçait aucune intention de prendre part à la danse. Cependant, comme beaucoup de jeunes filles en pareil cas, peut-être n'eût-elle pas été fâchée que des sollicitations pressantes l'obligeassent d'accepter un quadrille ou une polka. Mais aucun de ces élégants danseurs qui voltigeaient dans la salle ne parut songer à l'inviter. Bientôt même elle devint l'objet des plus étranges démonstrations.

D'abord elle crut devoir adresser un mot poli à plusieurs dames et demoiselles assises à ses côtés; mais ou l'on ne répondit pas, ou l'on ne répondit que du bout des lèvres. On détournait la tête, on éloignait les siéges du sien; enfin il se forma un grand vide autour d'elle. Certains fonctionnaires, que le devoir obligeait à venir saluer son oncle, adressèrent leurs compliments à madame de Bertigny; quant à elle, ils ne parurent pas la voir ou la reconnaître. En revanche, des groupes de jeunes gens ricaneurs s'étaient formés à quelques pas, et on chuchotait avec affectation en la regardant.

Henriette ne remarquait rien de tout cela et attribuait ces façons blessantes au sans-gêne ordinaire des provinciaux. Mais Léon Mersey, perdu dans la foule, jugeait mieux des choses, et il en éprouvait une violente indignation, quoiqu'il ne sût à qui s'en prendre. Il s'approcha de la famille Bertigny pour la saluer à son tour; et, comme son deuil récent lui interdisait la danse, il affecta de causer assez longuement avec mademoiselle de Bertigny, en lui prodiguant toutes les marques extérieures de respect.

Ces attentions ne paraissaient pas déplaire à Henriette, et Léon, de son côté, n'eût peut-être pas renoncé de sitôt à cet agréable entretien, quand il s'aperçut que le groupe de jeunes gens, dans lequel se trouvait le bossu

Mourachon, prenait une attitude de plus en plus hostile. On lorgnait mademoiselle de Bertigny d'une manière offensante; on riait tout haut, on échangeait des quolibets; Mersey lui-même semblait être un objet de raillerie pour ces fats en belle humeur.

Il profita du moment où les quadrilles s'organisaient et où il devenait nécessaire de faire place à la danse, pour prendre congé d'Henriette; puis il se jeta dans le groupe qui s'était montré si insolent.

Aussitôt tout le monde se tut. Mersey était pâle, le sourcil froncé, et sa figure n'annonçait rien de bon. Il marcha droit au bossu qui avait un gilet blanc, une cravate blanche, des gants blancs, tandis qu'un superbe camélia blanc s'épanouissait à la boutonnière de son habit, et si Mourachon eût conservé son attitude railleuse et provocatrice, Dieu sait ce qui aurait pu arriver. Mais Mourachon eut le bon esprit, lorsqu'il vit venir le percepteur, de prendre un air modeste et de baisser les yeux.

Ceci le sauva. Léon, en regardant cette figure fade et niaisement prétentieuse, sentit le mépris remplacer la colère. Il se contenta de demander assez haut :

— Eh bien! monsieur Mourachon, n'allez-vous pas aussi saluer les dames de Bertigny? Après leur avoir donné la preuve, dans une circonstance célèbre, de tant d'héroïsme chevaleresque, n'avez-vous pas accès auprès d'elles, comme vous semblez le laisser croire?

Les gandins de Z*** attendirent avec intérêt la réponse de Mourachon. Celui-ci eut encore la présence d'esprit de dire tout simplement la vérité :

— Vous savez bien, monsieur le percepteur, — répliqua-t-il, — que j'ai cru devoir m'abstenir de toute visite à... ces dames, de peur de paraître m'enorgueillir de de mon action. Elles ne me connaissent plus, ou elles m'ont oublié.

Peut-être cette réponse avait-elle un double sens pour les assistants, car certains rires moqueurs s'élevèrent. Mersey se retourna et demanda froidement :

— Qu'y a-t-il de plaisant dans tout ceci, messieurs? Je vous serais fort obligé de me l'apprendre.

Personne n'osa souffler; et la plupart des rieurs, prétextant une invitation pour la danse, se dispersèrent. Bientôt Mersey se trouva seul avec le bossu, qui peut-être eût fort souhaité de s'esquiver aussi, et qui, malgré ses airs évaporés, paraissait fort mal à l'aise. Le percepteur lui posa la main sur le bras.

— Mourachon, — murmura-t-il, — vous jouez un jeu dangereux, très-dangereux... prenez-y garde!

— Que voulez-vous dire? Je ne vous comprends pas.

— Vraiment?... Eh bien, cherchez et vous trouverez. Il ne fait pas bon s'attaquer à l'honneur des familles.

Mourachon se troubla. Mais Léon ne daigna pas s'occuper de lui davantage, et laissa aller le bossu, qui se hâta de se perdre dans la foule.

. . . .

Le quadrille terminé, Mersey se rapprocha de nouveau de la famille de Bertigny; elle se disposait à partir.

— Quoi! mesdames, — demanda-t-il, — vous retirez-vous déjà?

— Mon oncle le veut, — répliqua Henriette avec insouciance.

Le député se pencha vers Léon.

— On nous fait ici une singulière figure, — dit-il; — mes ennemis politiques semblent nous préparer quelque avanie... L'opposition est en majorité dans ce bal.

Mersey savait que la politique n'avait aucune part dans la malveillance des assistants; cependant il ne fit pas d'observation et demanda à Henriette :

— Mademoiselle me permettra-t-elle de lui offrir mon bras jusqu'à la rue?

Henriette accepta, tandis que madame de Bertigny prenait le bras de son mari.

On avait à traverser toute la salle, sans compter le jardin, où se pressaient un grand nombre d'invités. Le brusque départ du député et de sa famille causait une certaine agitation dans l'assemblée. On parlait bas, on se poussait du coude. Il se forma une double haie de curieux, depuis le fond de la salle jusqu'à la porte du pavillon.

Mersey laissa passer les premiers monsieur et madame de Bertigny, de plus en plus alarmés de cette curiosité injurieuse. Quant à lui, il semblait pénétré de l'honneur qu'on lui accordait, et conduisait, le chapeau à la main, la gentille Henriette, qui continuait de regarder sans embarras autour d'elle. Un faible chuchotement s'étant élevé sur leur passage, Léon se redressa, et son œil, si doux d'ordinaire, se fixa avec une expression menaçante sur le point d'où les murmures étaient partis; le bruit cessa aussitôt. Des sourires insultants eurent la velléité de se montrer sur plusieurs bouches, mais l'œil inquisiteur les chercha dans la foule et les comprima fièrement. En définitive, personne ne broncha, et cette retraite qui semblait devoir devenir une honteuse déroute, eut, grâce à Léon, toutes les apparences d'un triomphe.

On sortit ainsi de la salle, puis du jardin, et, quand on se trouva dans une espèce de vestibule, où un domestique attendait, un falot à la main, monsieur et madame de Bertigny parurent délivrés d'un grand poids. Henriette elle-même, quoiqu'elle ne comprît rien à ce qui venait de se passer, sentit vaguement qu'elle venait d'échapper à quelque mystérieux péril.

— Merci, monsieur le percepteur, — soupira-t-elle; — mais, bon Dieu! qu'ont donc ce soir les habitants de Z***?

— C'était une cabale contre moi, — répliqua le député; — on me déteste, et je dois m'attendre à une rude bataille aux élections prochaines.

— Mais vraiment, mon ami, — dit madame de Bertigny d'un air pensif, — n'était-ce pas plutôt à moi et... à Henriette qu'on en voulait?

— Vous, des dames! Allons donc!

— Pour moi, — dit Mersey avec empressement, — je n'ai pas vu autre chose, ce soir, que l'indiscrétion et l'importunité ordinaires des naturels du pays... Oubliez ces niaiseries; elles ne méritent de votre part aucune attention.

Il salua et s'éloigna rapidement, tandis que monsieur de Bertigny et les dames continuaient leur chemin, précédés par le domestique qui les éclairait.

. . . .

Mersey eut d'abord l'intention de rentrer dans le bal pour tenir en bride Mourachon et ses amis; les inconvénients d'une intervention franche et directe se présentèrent à sa pensée.

— Nul n'osera me contredire hautement, — songeait-il; — mais les médisances continueront leur œuvre tout bas, tant que je n'aurai pas trouvé moyen de confondre l'imposture. Si je pouvais savoir... Eh parbleu! pourquoi ne tirerais-je pas la chose au clair cette nuit, à l'instant même? Je veux pénétrer à tout prix le secret de cet odieux bossu... Essayons; il ne peut rien résulter de fâcheux, et d'ailleurs le résultat ne saurait être fâcheux que pour moi.

Cette détermination prise, il suivit de loin la famille de Bertigny et la vit rentrer paisiblement chez elle par la porte principale. Après être resté un moment en observation, afin de s'assurer que personne ne songeait à l'épier, il se glissa dans la ruelle derrière le jardin.

Son intention était d'attendre Mourachon, qui sans doute allait venir selon son habitude, de chercher à surprendre son secret, et, si la chose était impossible, d'employer tous les moyens, même l'intimidation, pour forcer le bossu à s'expliquer sur ses visites nocturnes. Il se mit donc à rôder avec précaution dans ce chemin étroit, hérissé de mauvaises herbes, où personne ne passait le jour, et à plus forte raison à cette heure avancée de la nuit.

Un temps assez long s'écoula. Les lumières qui avaient

brillé pendant quelques instants aux fenêtres de la maison, s'étaient éteintes une à une, et les habitants semblaient déjà se livrer au sommeil. Tout était calme aux alentours; à peine entendait-on encore dans l'éloignement la musique du bal.

Une brise froide agitait le feuillage des arbres voisins, et Léon Mersey, qui était en costume léger, commençait à trouver sa faction fort ennuyeuse. L'idée lui vint de brusquer l'aventure. Il savait que Mourachon frappait ordinairement deux coups à la petite porte, et un bruit léger qu'il avait entendu à plusieurs reprises, de l'autre côté du mur, donnait à penser qu'il y avait là quelqu'un aux aguets. Aussi n'hésita-t-il pas longtemps, et, s'approchant de la porte, il frappa deux coups avec précaution, comme faisait le bossu.

Aussitôt cette porte s'ouvrit; une main s'empara de la sienne pour le diriger dans l'obscurité, tandis qu'une voix de femme disait doucement :

— Est-ce vous, monsieur Robert? Vous êtes bien en retard aujourd'hui!... Mais parlez bas, car on vient de rentrer et on pourrait nous entendre de la maison.

Mersey n'ignorait pas que Mourachon s'appelait Robert, mais qui était son introductrice? Une seule chose l'occupa : il ne reconnaissait pas la voix d'Henriette. Il était assez embarrassé de son personnage et gardait le silence; comme l'on venait de sortir de l'ombre projetée par la muraille, la femme inconnue s'aperçut de son erreur. Elle lâcha la main de Mersey et murmura avec un accent d'effroi :

— Vous n'êtes pas monsieur Mourachon... Qui donc êtes-vous et que me voulez-vous?

Léon à son tour essaya de voir, à la lueur des étoiles, la personne qui parlait. C'était une jeune couturière qu'il avait eu l'occasion de rencontrer plusieurs fois, et qui allait en journée dans les maisons bourgeoises de la ville. Elle était fille du jardinier et habitait avec son père le pavillon situé à quelques pas de là. Quoiqu'elle fût à peu près dépourvue de beauté, elle avait à Z*** une grande réputation de coquetterie.

Cette jeune fille pouvait pourtant ne pas se trouver là pour son propre compte, et Mersey lui dit :

— Ne vous alarmez pas; je suis un ami de Robert Mourachon, et comme il est retenu au bal, il m'envoie vous annoncer qu'il ne viendra pas ce soir... C'est bien à vous que ce message s'adresse, n'est-ce pas?

— Et à qui donc s'adresserait-il? Ah! monsieur, votre ami se conduit bien mal envers moi! Il me néglige, il se fait toujours attendre... En ce moment, il s'amuse au bal et s'inquiète peu si je me lamente ici et si je pleure!

— En effet, elle versait d'abondantes larmes. Mersey, malgré l'embarras de sa situation, essaya de la calmer. Comme il élevait la voix sans s'en apercevoir, elle l'interrompit avec inquiétude.— Parlez plubs as,— dit-elle; — si l'on apprenait que je reçois ici du monde la nuit, on nous renverrait de la maison; et si mon père, qui dort dans sa chambre, soupçonnait la vérité, il me tuerait sans miséricorde... Vous-même, monsieur, vous devez avoir bien mauvaise opinion de moi... Mais Robert a promis de m'épouser, il l'a juré... quoiqu'il ne se presse pas de tenir sa promesse.

Léon Mersey lui adressa quelques questions et ne tarda pas à être au courant de son histoire.

. . . .

Cette histoire, hélas! était des plus simples et des plus vulgaires. Thérèse Durand, ainsi s'appelait la fille du jardinier, avait rencontré Mourachon plusieurs fois en revenant de ses journées, et le galant bossu lui avait débité des fadeurs, suivant son habitude envers toutes les femmes. La petite couturière l'avait écouté et avait fini par se laisser prendre à ses flagorneries. Ce n'était pas plus compliqué que cela.

Thérèse, en faisant ce récit, ne cessait de pleurer.

— Ah! monsieur,— poursuivit-elle,— vous qui avez sans doute quelque influence sur lui, puisque vous êtes son confident, consentez à parler en ma faveur. Cette liaison coupable ne peut manquer de se découvrir... bientôt... et alors qu'adviendra-t-il de moi? On nous chassera de la maison; mon père ne me pardonnera jamais, si toutefois je ne meurs pas de sa main... Déjà plusieurs personnes ont vu Robert entrer ici le soir, et il en est résulté de méchants propos contre quelqu'un qui ne le mérite pas. Par grâce, dites à Robert de se déclarer et de tenir enfin l'engagement qu'il a pris tant de fois.

Léon était réellement ému de cette douleur.

— Allons! mademoiselle, — reprit-il, — je parlerai à Mourachon, je vous le promets... Adieu donc... Rentrez chez vous et confiez-moi le soin de vos intérêts; ils sont plus liés aux miens que vous ne pourriez le croire.

En même temps il gagna la porte, et, sans écouter la pauvre éplorée, qui semblait avoir des ombreuses recommandations à ui faire, il partit.

Une joie inexprimable remplissait son cœur en ce moment. Il connaissait enfin le secret de Mourachon; il savait d'où provenaient les indignes réticences du fat, qui avait poursuivi un double but: cacher sa basse intrigue avec une grisette et laisser croire qu'il était écouté avec complaisance par la plus belle et la plus riche demoiselle du pays. Léon entrevoyait déjà un plan de vengeance et de réparation, et, tout en marchant, il méditait sur ce sujet, quand, au détour de la rue, il se heurta contre un passant dans l'obscurité. Ce passant était Mourachon, qui se dirigeait en fredonnant vers la porte du jardin Bertigny. Mersey et lui s'étant reconnus, le bossu s'inquiéta d'une rencontre qui pouvait ne pas être fortuite. Le percepteur lui dit gaiement :

— Trop tard, mon cher Mourachon, beaucoup trop tard! Aussi, pourquoi diable courez-vous deux lièvres à la fois? Les chasseurs vous diront qu'à ce jeu on risque de rentrer bredouille.

Mourachon semblait tout interdit.

— De quoi s'agit-il, monsieur le percepteur? — demanda-t-il en s'efforçant de sourire; — vous parlez par énigmes, ce soir.

— Eh bien, je vous donnerai le mot de ces énigme demain matin, si vous voulez prendre la peine de venir chez moi avant l'heure du public.

— Demain matin! Puis-je savoir...?

— Vous saurez... mais n'y manquez pas. Vous m'entendez, monsieur Mourachon? n'y manquez pas, ou ce sera moi qui me trouverai dans la nécessité d'aller chez vous.

Il salua d'un air railleur et menaçant, et continua son chemin.

XVI

L'ASSAUT D'ARMES.

Mourachon ne dormit guère cette nuit-là. Sa conscience n'était pas tranquille, et Mersey lui avait parlé sur un ton qui donnait beaucoup à penser. Aussi, quand le lendemain, il se rendit chez le percepteur, à l'heure convenue, paraissait-il fatigué; il avait les cheveux en désordre, et, pour comble de négligence, il avait oublié de se parfumer, bien que l'odeur indélébile de ses vêtements et de sa chevelure fût encore assez forte pour donner la migraine à une personne nerveuse.

Les bureaux de la perception n'étaient pas ouverts, les employés n'avaient pas encore paru. Cependant Léon se trouvait déjà dans cette pièce qui lui servait de cabinet, et à laquelle des trophées d'armes donnaient un aspect si belliqueux.

Mourachon se présenta humblement. A sa grande surprise, on l'accueillit avec beaucoup de politesse, sans toutefois lui tendre la main; on le remercia d'être venu, on lui offrit un siége. Cette réception presque amicale sembla rassurer complétement le bossu. La conversation s'établit sur le bal de la veille; mais le percepteur ne fit aucune allusion à l'offense qu'avait reçue mademoiselle de Bérligny.

— Ah çà, que diable me veut-il? — pensait Mourachon.

Mersey feignit de ne pas remarquer cette impatience. Comme le bossu regardait machinalement une des panoplies de la muraille, il lui dit tout à coup :

— A propos, Mourachon, n'ai-je pas entendu affirmer que vous étiez un habile tireur à l'épée?

— On trouve, en effet, que je ne tire pas mal, — répondit avec suffisance le bossu, qui avait toutes les vanités.

— Parbleu! vous me donnez envie d'en essayer... Pourquoi ne ferions-nous pas un assaut ou deux? Jusqu'ici l'escrime n'a guère été pour moi qu'un exercice de santé, et je ne me suis jamais battu; peut-être même me suis-je rouillé pendant ma dernière maladie... Tenez, j'ai là des masques, des gants d'armes et des fleurets; voulez-vous que nous nous amusions un peu?

— Volontiers, — répliqua Mourachon, qui, d'après la modestie du percepteur, se croyait sûr de la victoire.

— Eh bien, prenez ce qu'il vous conviendra, — reprit Mersey en plaçant devant lui un attirail d'escrime; — mais surtout pas de bruit, car ma mère dort encore à l'étage au-dessus de nous, et je serais désolé qu'on la réveillât.

Mourachon, sans se rendre compte de l'intention du percepteur, tenait pourtant à lui donner une haute opinion de sa vigueur et de son adresse. Il prit un fleuret et le fit ployer deux ou trois fois afin de s'assurer de la finesse de la trempe; il choisit un gant bien à sa main, couvrit son visage d'un masque; puis, le poing sur la hanche, il se campa devant son adversaire, dans la pose d'un matamore de salle d'armes.

Mersey ne fit pas tant de façons.

Il s'empara du premier fleuret venu et se mit en garde à son tour, sans autres préparatifs.

— Quoi! — dit Mourachon avec étonnement, — vous ne prenez ni gant ni masque?

— Bah! c'est inutile.

— Mais si je vous touchais à la main ou au visage, je pourrais vous blesser sans le vouloir.

— Vous ne me toucherez pas, je l'espère... Tout ce harnois me pèse et gêne mes mouvements.

— Soit... Souvenez-vous du moins que je vous ai averti.

— Je ne l'oublierai pas... allez!

Les deux fleurets se croisèrent et l'assaut commença.

Mourachon était réellement un tireur de quelque mérite, et ne manquait ni de force ni de dextérité. Cependant il ferrailla pendant cinq ou six minutes et ne put réussir à toucher son adversaire. Celui-ci ne rompait presque pas, calme, plein d'aisance, le sourire sur les lèvres, il maniait son arme sans effort apparent, et les feintes les plus habiles le trouvaient toujours prêt à la parade.

Bientôt le bossu s'arrêta, tout haletant, tout en nage. Mersey, au contraire, semblait aussi peu fatigué que s'il n'eût pas quitté son fauteuil.

— Vous êtes d'une bonne force, monsieur le percepteur, — reprit Mourachon en baissant la pointe de son fleuret; — impossible de vous prendre en défaut, cependant si je n'ai pu vous toucher, vous ne m'avez pas touché non plus.

— C'est juste... mais c'est que je n'ai pas essayé de vous toucher.

— Ah! vraiment? En ce cas, il serait temps d'essayer, je pense.

— Quand vous voudrez.

— Tout de suite, s'il vous plaît, — répliqua Mourachon en se remettant en garde. L'assaut recommença donc, mais cette fois les rôles étaient changés. Mersey, qui tout à l'heure se bornait à parer, attaquait à son tour, et chacune de ses attaques était heureuse. Mourachon rompait sans cesse, faisait des bonds prodigieux, tout en soufflant comme un cachalot, et il voulut nier la première botte qui lui fut portée; mais bientôt les bottes devinrent si franches, si nombreuses, que toute négation était impossible. Bien plus, Mersey annonçait d'avance l'endroit qu'il allait frapper. Il disait : Au front!... aux yeux!... à la poitrine!... au cœur!... et presque aussitôt la pointe du fleuret atteignait la place indiquée, sans que Mourachon, malgré sa vigilance, pût trouver l'occasion de porter à son adversaire même une botte douteuse. Enfin le pauvre bossu, épuisé, hors d'haleine, se débarrassa de son gant, de son masque, et jeta son fleuret; puis il se jeta sur un siége et dit en s'essuyant le front : — Vous êtes le diable en personne. Il n'y a pas dans le monde entier de prévôt d'armes qui [illegible] de force à vous tenir tête... Pour moi, j'y renonce.

Léon s'assit tranquillement en face de lui.

— Comme ça, — reprit-il, — vous croyez que dans un duel je pourrais convenablement faire ma partie?

— Si je le crois! vous seriez sûr d'estropier ou de tuer votre adversaire selon votre goût.

— Allons! je n'ai pas trop baissé pendant ma dernière maladie... Eh bien! Mourachon, j'ai la même habitude du pistolet, et, si je ne craignais d'éveiller ma mère, je vous montrerais, là, dans le jardin, de quoi je suis capable.

— Votre parole me suffit. Je viens d'acquérir la certitude que vous n'êtes pas vantard, et, d'après votre attitude timide, je vous prenais pour... Comme on se trompe!

La figure de Mersey devint subitement grave.

— Malgré tout cela, monsieur Mourachon, — reprit-il, — je me vois dans la nécessité de vous proposer un duel... en vous laissant toutefois le choix des armes.

Le secrétaire de la mairie sauta sur sa chaise.

— Hein! que me dites-vous là?

— Je dis qu'il faudra nous battre; à moins... à moins que vous ne soyez disposé à réparer certaines fautes dont vous vous êtes rendu coupable.

— Mais de quoi s'agit-il? On ne peut se battre sans savoir pourquoi, que diable!

Mourachon était pâle et sa voix tremblait. Le percepteur reprit avec un accent d'ironie :

— Je suis le champion d'une belle à qui vous avez causé dommage. Puisque vous vous piquez vous-même d'être un galant chevalier, vous ne devez pas vous étonner que je me sois fait redresseur de torts et défenseur d'une demoiselle affligée.

— Au nom du ciel! de quelle demoiselle parlez-vous?

— Hum! il paraît qu'il peut y avoir confusion!... On s'*amourache* beaucoup à Z***. Mais de qui parlerais-je sinon d'une malheureuse jeune fille que vous avez indignement trompée et que vous semblez tout près d'abandonner? Par l'effet du hasard, j'ai rencontré cette pauvre Thérèse Durand; elle m'a confié ses chagrins et m'a chargé de sa cause... Si donc vous n'êtes pas décidé à vous conduire en honnête homme, il faudra vous battre avec moi, je vous le répète.

— Voyons, voyons, monsieur Mersey, cela ne peut être sérieux... Thérèse est une fille de basse condition, sans éducation et sans sou ni maille; son père a des manières communes et passe pour un ivrogne...

— Il fallait réfléchir à tout cela avant de tourner la tête à cette enfant. Aujourd'hui elle réclame la réparation à laquelle elle a droit, c'est-à-dire un mariage dans le plus bref délai.

— Un mariage, y pensez-vous? On n'épouse pas Thérèse Durand! Un homme dans ma position, officier municipal, possédant une fortune indépendante...

— Eh! morbleu! je ne vois pas qu'il y ait si loin de

la fille d'un jardinier au fils d'un fermier; car je sais, monsieur Mourachon, et vous n'avez pas à en rougir, que votre père a acquis la modeste aisance dont vous jouissez maintenant dans l'exploitation d'une ferme. Voyons, mon cher, un bon mouvement! Cette petite vous aime.

— Elle m'aime, c'est possible; mais si je devais épouser toutes les femmes qui m'aiment ou qui m'ont aimé...

— Alors nous nous battrons.

— Soit, nous nous battrons,—répéta Mourachon en se levant.—Toutefois il ne se hâta pas de sortir.—Monsieur Mersey, — reprit-il, — savez-vous comment on pourrait caractériser votre manière d'agir à mon égard?

— Caractérisez, monsieur Mourachon; ne vous gênez pas.

— C'est un véritable guet-apens... Vous me faites venir ici pour me proposer à l'improviste un assaut d'armes: puis quand vous êtes certain de votre supériorité sur moi à l'escrime, vous exigez un sacrifice impossible, et vous prétendez, si je ne l'accomplis pas, m'obliger à me mesurer avec vous. Je vous en fais juge vous-même; n'y a-t-il pas là un crime aussi grand qu'aucun des crimes prévus par le code pénal? Et si vous me tuez dans cette lutte à coup sûr, ne pourra-t-on pas dire que vous m'aurez... assassiné?

— Vous êtes libre d'éviter ce duel en accordant à une pauvre fille la réparation qui lui est due... Eh bien, monsieur, — poursuivit Mersey avec véhémence, — mes procédés envers vous ne sont pas exempts de reproche, je le reconnais, et si j'avais eu un autre moyen de prévenir de grands malheurs, je l'eusse employé volontiers... Cependant, vous qui parlez de crimes, oubliez-vous ceux que vous avez commis? N'y a-t-il pas quelque part deux jeunes filles, de rang et de caractère différents, et entre lesquelles je ne veux établir aucune comparaison, mais qui, à des titres opposés, souffrent cruellement de votre vanité, de votre égoïsme, de votre manque de cœur? Pendant que l'une d'elles, la fille du peuple, est flétrie en réalité, n'avez-vous pas eu la lâcheté de laisser croire que l'autre, la noble demoiselle, une chaste et candide enfant, avait été capable de s'abaisser jusqu'à vous? N'avez-vous pas fait ainsi deux victimes à la fois? Et si votre odieuse conduite envers Thérèse Durand est encore ignorée, n'avez-vous pas été témoin, hier au soir, des outrages que vous attirez sur l'autre personne digne de tous les hommages et de tous les respects? Monsieur Mourachon, à mon tour, je prends à témoin les gens d'intelligence et d'honneur; si je vous tue dans ce duel, ne l'aurez-vous pas bien mérité?... Et je vous tuerai, je vous en donne ma parole.

— Ah! je commence à m'expliquer votre intervention dans cette affaire. C'est bien à cause de mademoiselle de Bertigny...

— Ne prononcez pas ce nom, je vous le défends! — dit Léon avec autorité. — Voyons, monsieur Mourachon, —poursuivit-il bientôt d'un ton plus doux, — rentrez en vous-même. Peut-être, malgré vos travers, n'êtes-vous pas méchant au fond. Vous ne pouvez éviter un scandale. Thérèse, réduite au désespoir, vous accusera hautement; vous aurez contre vous son père, qui, dit-on, est violent et grossier, tous les honnêtes gens, la ville entière. Au lieu de cela, ayez l'air d'agir spontanément, proposez sans hésitation la réparation de vos torts; annoncez vous-même votre mariage prochain avec Thérèse, que vous aimez et dont vous êtes aimé. Tout passera sur le compte de l'amour qui nivelle les rangs, renverse les obstacles...Du coup, vous imposerez silence aux faux bruits; les calomnies tomberont. Comme l'on ignorera toujours ce qui s'est passé entre nous, vous aurez l'honneur d'une conduite loyale et délicate... Cela ne sera-t-il pas préférable aux éventualités que vous semblez disposé à braver?

Mourachon fut un moment ébranlé et on eût pu croire qu'il hésitait; cependant l'orgueil l'emporta.

— Non, — dit-il; — décidément c'est impossible... Moi qui suis à la tête de la jeunesse de Z***, épouser la fille d'un jardinier, une grisette, une couturière!...

— Je vois, — reprit Mersey,—qu'il faut vous laisser le temps de réfléchir et de vous habituer à certaines idées. Soit; je vous accorde vingt-quatre heures. Mais si dans vingt-quatre heures, à partir du moment actuel, vous ne m'avez pas fait connaître d'une manière nette et précise que vous êtes prêt à remplir votre devoir, vous entendrez parler de moi.

— Vous me provoquerez? Et si je refusais une provocation présentée dans des conditions pareilles?

— Allons donc! mon cher, vous fonctionnaire public et homme du monde, vous savez bien qu'il est des outrages tellement directs, tellement insupportables... Par respect pour nous deux, ne m'obligez pas à en venir là, je vous le conseille.

— Mais enfin, monsieur, avez-vous réfléchi vous-même aux conséquences possibles de ce duel dont vous êtes sûr de sortir vainqueur? La jurisprudence devient fort dure envers les duellistes: après votre succès, vous ne pouvez manquer d'être emprisonné ou tout au moins destitué; et comme on assure que vous êtes l'unique appui de votre mère...

— Il suffit, — interrompit Léon dont le front, en dépit de lui-même, s'était couvert d'un nuage; — j'accepterai la conséquence de mes actes... Mais un plus long entretien sur ce sujet serait oiseux... Adieu donc, monsieur Mourachon, et souvenez-vous que vous avez vingt-quatre heures pour vous décider... vingt-quatre heures, pas davantage. Passé ce délai, chacun de nous avisera.

— C'est tout décidé,—répliqua le bossu résolûment en se préparant à sortir.

— Un mot encore,—reprit Mersey;—si vous consultez quelque ami sur cette affaire, vous comprendrez la nécessité absolue de tenir à l'écart certains noms honorables. La famille de Bertigny ignore la cause de l'affront qui lui a été fait hier au soir; prenez soin, dans votre intérêt même, qu'elle l'ignore toujours, car les suites d'une indiscrétion pourraient être terribles pour vous. Si monsieur de Bertigny, le député tout-puissant, avait le moindre soupçon de ce qui se passe chez lui, s'il apprenait les calomnies dont vous êtes l'occasion contre sa nièce, vous seriez certainement destitué dans le plus bref délai. C'est miracle qu'on ne l'ait pas déjà averti; mais un mot imprudent de votre bouche peut le mettre sur la voie des découvertes, ne l'oubliez pas.

Ces menaces semblèrent produire sur le bossu plus d'effet encore que les précédentes. Il tenait extrêmement à sa place, moins encore pour les émoluments qu'il en retirait que pour la considération qu'elle lui donnait dans une petite ville où le plus humble fonctionnaire avait une importance considérable. Cependant il répliqua, en affectant beaucoup de dignité:

— Je n'oublierai rien, monsieur; mais je ne céderai jamais à une tentative d'intimidation, à des menaces. Vous pourrez me tuer... vous ne me ravirez pas l'honneur!

Il enfonça fièrement son chapeau sur sa tête et sortit d'un pas majestueux.

Demeuré seul, Mersey réfléchit quelques instants.

— Serait-il possible, — pensait-il, — que ce Mourachon se refusât à cette réparation qui concilie tout, la seule qui convienne dans une affaire si délicate? Qui sait? l'entêtement et la vanité peuvent tenir lieu de courage. Mais alors il faudrait... Eh bien! oui, j'irai jusqu'au bout.

Cependant cette résolution éveilla sans doute dans son esprit certaines idées pénibles, car il passa plusieurs fois la main sur son front d'un air de souffrance; et, avant d'entrer dans les bureaux, il monta chez sa mère.

La vieille aveugle venait de se lever et, comme à l'ordinaire, elle était assise devant sa fenêtre ouverte. Jamais Léon ne s'était montré aussi affectueux avec elle, jamais il ne l'avait embrassée avec autant d'effusion.

Madame Mersey ne soupçonnait pas la cause secrète de ce redoublement de tendresse.

— N'as-tu pas fait des armes ce matin, Léon? — demanda-t-elle; — je crois avoir entendu ferrailler dans ton cabinet.

— J'espère cependant, chère maman, que ce bruit n'a pas troublé votre repos... En effet, j'ai tiré quelques bottes avec le secrétaire de la mairie; mes forces reviennent de jour en jour et j'éprouve le besoin de les exercer.

— Fort bien, mon enfant, puisqu'il s'agit d'un exercice salutaire... Mais je crains toujours que cette habileté à l'escrime, dont on dit tant de merveilles, ne finisse par te rendre querelleur. Or, n'oublie pas que si, adroit comme tu l'es, tu proposais ou acceptais un duel, ta conscience devrait t'adresser de graves reproches.

Léon tressaillit en écoutant cette observation, qui concordait d'une manière si précise avec les circonstances présentes. Cependant il répliqua d'un ton d'indifférence:

— Allons donc, chère maman, qui pense à cela?

— D'ailleurs,—poursuivit madame Mersey, —on prétend que, dans ces luttes sauvages, le tireur le plus expérimenté ne peut être sûr de rien, et qu'il tombe souvent sous les coups d'un maladroit... or, si je te perdais, mon enfant bien-aimé, je ne te survivrais pas d'une heure!

Léon voulut répondre, mais il sentit que l'altération de sa voix ne manquerait pas de trahir son trouble. Il embrassa donc sa mère avec précipitation, et, prétextant qu'on l'appelait au bureau, il s'enfuit.

XVII

LA CONSULTATION.

Un matin, Armantine était à sa toilette quand la grande Françoise entra dans sa chambre et déposa sur la table deux lettres que le facteur venait d'apporter. L'une était de forme barbare, et la suscription présentait une série d'hiéroglyphes qui avaient dû exercer la sagacité des employés de la poste. L'autre, que la camériste avait tirée mystérieusement et avec hésitation de sa poche, était sur papier ambré et de la forme la plus aristocratique. Ce fut de celle-là que s'empara d'abord madame de Vareilles.

— Françoise, — demanda-t-elle à voix basse, — êtes-vous sûre que personne de la maison n'a vu arriver cette lettre?

— Très-sûre, madame, — répliqua la cuisinière avec un sourire discret; — je l'ai trouvée, comme la précédente, sous une enveloppe à mon adresse. Mariette et Barthélemy, qui étaient par hasard à la cuisine, sont convaincus qu'elle vient de mon cousin le militaire actuellement en garnison à Paris.

— Bien; vous n'ignorez pas que cette lettre est d'Oscar; mais je suis obligée de me cacher quand il m'écrit et quand je lui réponds. Monsieur et lui sont en brouille, à cause de certaines affaires d'intérêt, et je m'efforce d'amener entre eux un rapprochement, car je crains un procès, un scandale... Or, si mon mari avait vent de ma correspondance avec son neveu, il serait furieux, et tous mes projets de conciliation manqueraient sans doute.

— Je comprends... Madame est si bonne! Ne dit-on pas que monsieur Oscar va faire vendre la partie de la maison qui lui appartient?

— Peut-être, à moins que je ne parvienne à empêcher... Mais laissez-moi. — Françoise partie, Armantine ouvrit avec empressement la lettre d'Oscar. Elle la lut plusieurs fois; puis elle demeura pensive et murmura :

— Oui, il a repris sa vie de plaisir quoiqu'il se dise uniquement occupé de moi... Paris offre tant de séductions! Oh! quand pourrai-je, moi aussi... — Elle n'acheva pas et retomba dans sa rêverie. Bientôt elle se leva : — Patience! patience! mon tour viendra, — dit-elle. Elle brûla soigneusement la lettre d'Oscar, et n'en détourna pas les yeux que la dernière étincelle n'eût couru en serpentant sur le papier noirci. Alors elle aperçut la seconde lettre, qui était restée sur la table, et la prit distraitement.—Celle-là vient de la nourrice, — dit-elle, — voyons où en sont les choses.

Elle rompit le cachet et parcourut l'épître suivante, dont nous conserverons le style, mais dont nous rectifions la trop audacieuse orthographe :

« Madame, c'est donc pour vous dire que nous sommes arrivés chez nous en bonne santé, et votre petit aussi, et toute la maisonnée. Votre pauvre chéri ne crie presque plus et il n'a presque plus la fièvre, et il est bien grouillant, comme les autres. Quand vous viendrez le voir, apportez lui tout ce que vous voudrez; ça lui fera plaisir et à nous de même.

» Bien le bonjour, madame, et à votre monsieur.

» Votre *respectable* servante,

» Femme CRÉPIN. »

Au-dessous, une main différente avait tracé ces mots : *Certifié exact*, BINET, *maire*.

Un sourire effleura les lèvres d'Armantine :

— Montrons-*lui* cette lettre, — dit-elle; — ça *le* rassurera.

Elle acheva sa toilette et passa en sautillant chez son mari.

. . . .

Il n'était plus nécessaire de prendre beaucoup de précautions pour convaincre et dominer le commandant de Vareilles. Son intelligence baissait d'heure en heure; il avait déjà l'apparence d'un idiot. Son teint parcheminé, sa lèvre pendante, son œil terne, contrastaient avec ses vêtements écourtés, avec sa moustache teinte et relevé en croc, avec sa perruque prétentieuse. Assis dans un fauteuil, un cigare éteint à la bouche, il tenait d'une main tremblotante un journal qui venait d'arriver. Mais ce n'était là qu'une contenance, il ne lisait pas plus qu'il ne pensait : immobile, le regard perdu dans le vide, il semblait avoir à peine conscience de lui-même.

Armantine lui prit la tête entre ses deux mains et lui donna un baiser sur le front..

— Bonjour, mon ami, — dit-elle avec gaîté, — quelle mine fraîche et reposée vous avez ce matin! Je vais à mon tour vous rendre bien joyeux... Je vous apporte d'excellentes nouvelles d'Alfred.

— D'excellentes nouvelles,—répéta machinalement le commandant.

— Oui; vous allez voir combien vous avez eu raison de m'obliger à me séparer de ce cher enfant... Ecoutez ceci :

En même temps elle lui donna lecture de la lettre de la nourrice.

— D'excellentes nouvelles? — répétait le commandant d'un ton monotone. Tout à coup il sembla qu'un éclair d'intelligence brillât dans son œil morne. Il dit avec un accent moins pâteux : — Mais pourquoi n'allons-nous pas voir l'enfant, comme nous l'avions promis? Il est parti déjà depuis... depuis je ne sais combien de jours, et nous n'avons pas bougé.

— C'est vrai; mais un voyage de six lieues aller et retour, est chose fatigante. Vous n'avez pas été très-bien ces jours derniers, et j'attendais.

— Ah çà! je suis donc malade? — demanda le commandant d'un air hébété.

— Pas le moins du monde; seulement vous avez eu de si cruelles émotions... Et puis, tenez, mon ami, s'il faut le dire, je trouve que le docteur Gilbert, avec son régime sévère, vous affaiblit outre mesure. Cet homme-là ne sait que lancer des boutades ou de sottes plaisanteries... Aussi ai-je fait prier monsieur Martinval de venir ce matin. Il n'est qu'officier de santé, c'est vrai; mais il ne manque pas d'expérience, et, de l'aveu de tout le monde, il a parfaitement traité votre frère lors du premier accident.

— Gilbert est un ami de la famille, — répliqua le commandant d'un ton de regret.

— Et il en abuse; depuis longtemps il me blesse par sa grossièreté. Enfin essayons de Martinval: j'espère que vous ne me blâmez pas de l'avoir mandé.

— Je ne vous blâme pas.

— Et vous me promettez de suivre ses conseils?

— Je vous le promets.

— Quel amour d'homme vous êtes!... Eh bien! nous allons savoir si vous tenez votre parole... Justement, je viens d'entendre sonner à la porte de la rue, et comme nous n'attendons pas de visites à pareille heure, ce ne peut être que monsieur Martinval.

En effet, au bout de quelques minutes, la grande Françoise vint annoncer l'officier de santé, et madame de Vareilles ordonna de l'introduire sur-le-champ.

Martinval fit son entrée d'un air grave et cérémonieux, quoique l'on pût lire sur sa physionomie commune une expression d'orgueil satisfait. Depuis plusieurs années, la famille de Vareilles, une des premières du pays, était inféodée à son heureux rival; et voilà qu'on l'appelait, lui Martinval, à l'hôtel de Vareilles, non pas comme la première fois dans un cas de force majeure, mais spontanément, et selon toute apparence avec l'intention de lui donner la clientèle de la maison. A raison de la lutte ardente qu'il soutenait contre Gilbert, cette circonstance était capitale; et l'officier de santé se promettait d'en faire grand bruit.

Armantine le reçut avec un gracieux empressement, tandis que le commandant, après s'être levé par un mouvement automatique [illegible] avoir prononcé en bégayant quelques paroles, [illegible] oit comme épuisé sur son siége.

Martinval s'assit à son tour, [illegible] échangea les compliments d'usage; puis Armantine [illegible] au médecin la question relative à l'enfant envoyé en nourrice.

Martinval regarda successivement le mari et la femme; sans doute il désirait connaître d'abord leur opinion, afin de répondre dans le sens qui leur serait agréable à l'un et à l'autre. Une considération plus forte encore que le désir de plaire à ses nouveaux clients sembla le préoccuper.

— Quel a été l'avis de *monsieur le docteur* à ce sujet? — demanda-t-il.

— Il prétendait que nous devions garder l'enfant chez nous, malgré le mauvais air et les fièvres qui règnent ici...

— Je ne partage pas cette manière de voir, — reprit Martinval d'un ton péremptoire; — il fallait au contraire le dépayser au plus vite, le soustraire aux causes morbides.

— C'est ce que nous avons fait, mon mari et moi... mon mari surtout, qui a montré beaucoup de caractère dans cette circonstance; et nous nous trouvons fort bien d'avoir pris ce parti... — Martinval était enchanté de son début. Armantine poursuivit: — Ainsi nous nous entendons en tous points à l'égard de l'enfant... Maintenant, monsieur, je désirerais encore vous consulter sur l'état de mon mari.

— Ah çà! mais je suis donc malade? — demanda le commandant; — c'est singulier, je ne souffre pas du tout.

Armantine fit un signe imperceptible au médecin, qui tâtait déjà le pouls à monsieur de Vareilles.

— Mon Dieu! non, mon ami, — répondit-elle; — mais, quoique vous ne soyez pas malade, on vous condamne à un régime au sujet duquel je désire consulter monsieur.

— Et quel est ce régime? — demanda Martinval.

— Un repos absolu, une vie régulière, sans émotion d'aucune sorte; une nourriture peu substantielle, de l'eau rougie pour boisson.

— Et c'est là ce qu'a prescrit monsieur le docteur? — demanda Martinval, dont la conviction parut faite tout à coup.

— Oui... le genre de vie d'un trappiste.

— Eh bien! encore cette fois, je ne partage pas son opinion. Monsieur de Vareilles n'est point malade, comme il le dit lui-même, et il doit le savoir mieux que personne. Il est seulement affaibli par le régime absurde qu'on lui impose. Quant à moi, je crois qu'il a besoin d'exercice, de grand air, de promenade; il est à un âge où l'on s'alourdit si l'on n'agit pas. Il a besoin surtout d'une nourriture fortifiante, et je ne lui défendrai ni le vin vieux, ni le café, ni les liqueurs, s'il se sent du goût pour tout cela.

— Vous l'entendez, mon ami? — s'écria Armantine; — voilà ce que je me tue à vous répéter, et je suis bien contente de voir qu'un homme de science tel que monsieur Martinval partage mes idées.

— Je ne suis pas malade, je ne souffre pas! — répliqua le commandant avec l'entêtement d'un idiot.

— Vous ne devez donc pas, — reprit l'officier de santé, — vous astreindre à ce régime d'hôpital. Ainsi, monsieur le commandant, allez et venez, buvez et mangez, passez la vie gaiement, si cela vous plaît; je réponds de tout. La gaieté et la dissipation vous réussiront mieux que le jeûne et la tristesse.

Le commandant semblait assez indifférent à ce changement de régime. Mais Armantine s'en montrait ravie.

— Puis-je espérer, monsieur, — reprit-elle, — que vous voudrez bien nous donner vos soins désormais? Nous nous en trouverons à merveille, j'en suis sûre. — Martinval était gonflé d'orgueil; mais, craignant de gâter son succès par quelque parole inconsidérée, il se leva pour se retirer. — Quoi! nous quittez-vous déjà?

— Il le faut, belle dame, — répliqua Martinval avec toute l'aménité dont il était capable. — Quoique l'on ne soit pas docteur (car je ne suis pas docteur, je ne m'en cache pas... je me contente d'être homme d'expérience et de conscience), oui, quoique l'on ne soit pas docteur, on ne manque pas de malades en ville... Je vais en ce moment visiter une de mes plus fidèles clientes, mademoiselle Mourachon, la sœur du secrétaire de la mairie. Je ne sais pour quel motif la pauvre demoiselle éprouve, depuis ce matin, crises nerveuses sur crises nerveuses... rien de grave du reste. Aussi, quand on est venu me chercher de votre part, allais-je me rendre chez elle. On ne m'a pas fait appeler, il est vrai, mais je suis toujours bien accueilli chez mademoiselle Corisandre Mourachon; ce n'est pas elle qui voudrait consulter cet âne de docteur... pardon! j'oubliais...

— Oh! ne vous gênez pas avec lui, — dit Armantine en riant, — car il ne se gêne pas non plus avec vous... Mon mari doit être édifié maintenant sur le compte de cet homme.

— Je suis édifié, — répéta monsieur de Vareilles.

Martinval, après avoir renouvelé ses affirmations optimistes, toucha la main du commandant et se retira en se confondant en galanteries avec Armantine.

A peine fut-il sorti que la jeune femme revint toute joyeuse vers son mari. Il était retombé déjà dans son morne engourdissement.

— Eh bien, monsieur, — reprit-elle, — que dites-vous de votre ami le docteur Gilbert?

— J'en dis... ce que vous voudrez, ma chère.

— S'est-il assez grossièrement trompé à votre égard? Vous condamner à mille privations, à une vie claustrale, et tout cela dans le but unique de se rendre important! Vous avez entendu Martinval; vous n'êtes malade que du régime qu'on vous impose, vous si alerte et si robuste encore! Aussi, avec votre permission, convient-il de changer complétement nos allures dès aujourd'hui. Je vous prie de vous habiller; nous allons sortir. Je veux vous égayer, vous distraire... Je veillerai de même à ce que notre ordinaire soit un peu plus abondant et plus délicat que ces jours passés; n'est-ce pas, mon ami?

— Oui, ma chère.

— Et, tenez, à raison des bonnes nouvelles que nous avons reçues d'Alfred, pourquoi ne nous donnerions-nous pas à nous-mêmes aujourd'hui une petite fête?... J'inviterai ma mère à dîner... et vous boirez un verre de champagne, en dépit de tous les docteurs Gilbert du monde.

Madame Legros, femme intrigante et dont le passé était entouré de certaines obscurités, n'avait pas une bonne réputation dans la ville. Aussi jusque alors le commandant l'avait-il vue le moins souvent possible, et il ne se souciait pas que sa femme la fréquentât outre mesure. Cette fois pourtant, il ne fit aucune objection à la proposition d'Armantine, et répliqua de son ton monotone :

— Comme il vous plaira, chère amie.

— Et, pour éviter toute scène ridicule, — poursuivit la jeune femme, — je vais consigner à la porte votre vilain docteur Gilbert.

— Consignez, ma chère.

Armantine l'embrassa d'un air transporté.

— Vous êtes charmant! — reprit-elle; — mais voyons, — ajouta-t-elle aussitôt, — on dirait que quelque chose vous inquiète...

En effet, le commandant s'agitait, comme obsédé d'une idée qu'il avait peine à exprimer.

— Eh bien, — balbutia-t-il enfin, — puisque nous allons sortir, faire une promenade, pourquoi ne prendrions-nous pas la voiture et n'irions-nous pas voir le petit... là-bas, à la ferme?

— C'est juste, mon ami, — répondit Armantine, qui s'habituait à lui parler comme à un enfant; — mais il est trop tard aujourd'hui pour un pareil voyage... Demain, si vous voulez et si vous en avez encore le désir, nous irons voir ce pauvre chéri.

— Oui, oui, demain, — répéta le commandant.

Et il s'affaissa de nouveau sur lui-même.

— Allons! pensez à votre toilette, — reprit Armantine; — il faut que je m'occupe aussi de la mienne... Je vais vous envoyer Barthélemy pour vous aider à vous habiller... Il y a longtemps qu'on ne vous a vu dans la ville; faites-vous beau... faites-vous bien beau, mon officier!

Elle embrassa encore son mari et s'enfuit, tandis que le commandant répétait :

— Oui, oui, bien beau.

Cependant, il ne bougeait pas, et quand le domestique arriva quelques moments plus tard, il le trouva dans la même position, l'œil fixe, les bras ballants, son cigare éteint à la bouche.

XVIII

LA RIVALITÉ DE MÉDECINS.

Martinval, en quittant l'hôtel de Vareilles, s'était dirigé vers la demeure de Mourachon. Mais, avant de raconter quel fut le résultat de sa visite, disons quelle avait été la cause de cette recrudescence dans la maladie de mademoiselle Corisandre.

La sœur aînée du galant bossu avait très-largement dépassé la trentaine. Au physique, elle était longue, mince, jaune; elle avait de grandes dents noires, le nez épaté et les yeux chassieux. Au moral, elle était acariâtre, médisante et dévote. On pouvait seulement louer en elle son affection pour son frère, qui était son orgueil, et dont elle tenait la maison avec ordre et économie, malgré la maladie nerveuse dont elle souffrait à peu près constamment.

Or, le jour où nous nous trouvons, un événement d'une importance capitale pour la famille Mourachon avait été annoncé dans la ville. C'était précisément le jour où le bossu devait opter entre un duel et un mariage, et, toute réflexion faite, il avait jugé prudent de ne pas opter pour le duel. Cette détermination prise, et peut-être ne la prit-il pas sans une lutte violente contre lui-même, il fallait accepter franchement la situation nouvelle, afin de ne laisser soupçonner à personne qu'elle avait été imposée.

Mourachon sentit fort bien tout cela et agit en conséquence. Après avoir écrit un billet à Mersey pour lui annoncer, à mots couverts, le parti auquel il s'arrêtait, il s'était rendu, dans son plus beau costume, chez le jardinier Durand afin de lui demander solennellement la main de sa fille. Il affectait pour Thérèse la plus forte passion; il n'avait jamais aimé, il n'aimerait jamais qu'elle; il parlait de mourir si on la lui refusait. On ne la lui refusa pas, comme on peut croire; il y eut dans le pavillon du jardin Bertigny une scène attendrissante, puis le mariage fut résolu et fixé à bref délai.

Aussitôt la nouvelle s'en répandit avec une incroyable rapidité. Les Durand, père et fille, sans compter leur nombreuse parenté, annoncèrent partout la belle alliance que Thérèse allait contracter. Mourachon lui-même, loin de faire mystère de son mariage, l'apprenait à tous ceux qu'il rencontrait. Fidèle à son rôle, il semblait être au comble de la joie; il prenait le ciel et la terre à témoin de son bonheur. Il provoquait les félicitations et feignait de ne pas remarquer l'ironie dont elles étaient marquées.

Ce n'était, en effet, dans toute la ville de Z***, qu'un immense éclat de rire. Personne n'ignorait les hautes prétentions du galant bossu, et voilà que ses rodomontades aboutissaient à un mariage avec une ouvrière sans fortune, sans beauté, et qui n'était même pas à l'abri de certaines médisances. Une considération frappait surtout : Puisque Mourachon adorait la fille du jardinier au point de l'épouser, c'était donc pour elle et pour elle seule qu'il se rendait chaque nuit dans le jardin du député. Et l'on avait pu croire, malgré ses airs mystérieux, que ce pauvre être disgracié attirait l'attention de mademoiselle Henriette de Bertigny! Ainsi toutes les prévisions de Léon Mersey se réalisaient; et la réputation d'Henriette se dégageait d'autant plus nette et plus pure de cette intrigue que le secrétaire de la mairie était plus ridicule, plus honni de ses concitoyens.

Cependant, tandis que la ville entière s'émouvait de ce mariage, Mourachon lui-même n'était pas tranquille. Corisandre, qui par son âge et par son caractère exerçait sur lui une certaine influence, n'avait pas été consultée; il ne lui avait rien dit encore de l'événement, et éprouvait une vive appréhension à le lui annoncer. Corisandre, en effet, visait aussi à une riche alliance pour son frère; elle le considérait comme un type d'intelligence supérieure et de distinction; elle le croyait appelé aux plus brillantes destinées matrimoniales. Mourachon se demandait avec terreur comment il oserait briser tous ces beaux rêves et faire retomber la vieille fille dans les misères scandaleuses de la réalité.

Après avoir opéré sa tournée dans la ville, il s'était rendu à la mairie pour y remplir ses fonctions ordinaires; mais, quand l'heure du déjeuner arriva, il ne se pressa pas de rentrer au logis et d'aller braver l'orage qui l'attendait sans doute. Enfin pourtant il réfléchit que, sa sœur vivant très-retirée, elle ne savait peut-être rien encore; qu'il aurait le temps nécessaire pour la préparer à l'événement : qu'après tout il était majeur, maître de ses actions, et qu'il n'avait pas à tenir compte des volontés de mademoiselle Corisandre. Il se décida donc à quitter son travail, et se dirigea, en se dandinant selon son habitude, vers la rue paisible et solitaire qu'il habitait.

Il marchait avec lenteur, s'arrêtant par intervalles pour causer avec ses connaissances. Il fallait pourtant finir par arriver, et il se trouvait encore à dix pas de la maison, quand il acquit la certitude que sa sœur devait être au courant de l'état de choses. On entendait des paroles entrecoupées, des cris, des sanglots qui ne signifiaient rien de bon.

Corisandre, en effet, avait rencontré le matin, à la sortie de l'église, plusieurs dévotes de ses amies qui, bien informées des nouvelles du pays, lui avaient demandé ce qu'il fallait penser du mariage de Robert. Elle avait nié énergiquement, comme on peut croire; c'était un conte absurde, une indigne calomnie. Cependant, lorsqu'elle fut rentrée chez elle, sa vieille femme de ménage lui répéta les bruits de la ville. Sérieusement alarmée cette fois, Corisandre envoya aux renseignements, et il résulta de son enquête que la rumeur publique ne se trompait pas.

Tant qu'elle n'aurait pas eu d'explication avec son frère, mademoiselle Mourachon se croyait pourtant en droit de révoquer en doute une nouvelle aussi extravagante. Mais le doute seul avait suffi pour bouleverser cette organisation maladive et éminemment irascible. Aussi, depuis son retour, Corisandre n'avait-elle fait que pleurer et se lamenter.

Mourachon devina ce qui avait pu se passer; et, quand il entra dans la chambre de sa sœur, au rez-de-chaussée, il était fort peu rassuré, bien qu'il affectât l'aisance et qu'il sifflotât entre ses dents.

La désolée Corisandre, les cheveux épars et les vêtements en désordre, était assise dans une antique bergère en velours fané, et la servante se tenait debout à côté d'elle pour surveiller ses mouvements convulsifs. Une forte odeur d'éther prouvait que mademoiselle Mourachon avait eu déjà une attaque de nerfs, et ses traits bouleversés, ses yeux plus rouges que d'ordinaire, témoignaient de la violence de ses émotions.

Mourachon, habitué de longue date aux crises nerveuses de sa sœur, ne s'en effrayait guère. Il conserva donc son attitude calme et indifférente; mais, en l'apercevant, Corisandre, qui tout à l'heure semblait avoir à peine la force de se soutenir, se leva impétueusement et courut au devant de lui.

— Robert, mon Robert, — s'écria-t-elle de sa voix aiguë — dis-moi bien vite qu'on m'a fait un gros vilain mensonge! Je ne crois pas, je ne croirais jamais... Parle donc, Robert; ne vois-tu pas que je suis à moitié morte de chagrin et de colère?

— Je parlerai, ma chère, quand je saurai ce que tu me veux.

— Ce mariage, cet absurde, cet odieux mariage, est une invention des méchantes gens, n'est-ce pas?

— Quel mariage, Corisandre?

— Ah! tu ne sais pas de quoi il s'agit? — s'écria mademoiselle Mourachon toute joyeuse; — je disais bien... C'est une invention des désœuvrés de la ville. Mais ils iront en enfer pour le mal qu'ils m'ont fait, et, si je les connaissais, je leur cracherais au visage, je les souffletterais, je les mordrais, je...

— Tudieu! ma pauvre Corisandre, comme tu y vas! Mais qu'ont pu dire ceux dont tu parles pour mériter d'être ainsi traités?

— N'ont-ils pas eu l'infamie de prétendre que toi, Robert, toi si beau, si instruit, si bien élevé, tu allais épouser cette petite Thérèse Durand, une fille de rien, sans mœurs et sans religion, une effrontée qui a coqueté avec tous les jeunes gens du pays, une laide guenuche...

— Morbleu! Corisandre, pour une dévote, tu n'es guère charitable!... Mais enfin si l'on avait dit vrai?

Corisandre lui posa ses deux mains crochues sur les épaules, le regarda fixement et dit avec une expression effrayante :

— C'est donc vrai?

— Eh bien! — reprit le bossu en cherchant à se dégager, — si telle était ma fantaisie, qui m'empêcherait de la satisfaire?

— Moi, moi! — s'écria Corisandre avec véhémence;— je suis ta sœur aînée, je tiens la place de notre père et de notre mère défunts que ton indigne conduite eût désespérés. Je ne souffrirai pas...

— Eh! que feras-tu? Allons, Corisandre, pas de scènes, je t'en conjure; elles ne conviennent pas à ton tempérament et elles m'ennuient. Je suis assez grand pour me diriger tout seul, peut-être! J'aime Thérèse et Thérèse m'adore; je l'épouserai quand tous les diables se mettraient en travers.

La vieille fille recula avec horreur.

— Mon Dieu! — s'écria-t-elle en levant vers le plafond des yeux tout blancs, — l'avez-vous donc abandonné! Il va se déshonorer, me déshonorer moi-même..... Robert, Robert, — poursuivit-elle en joignant les mains,— réfléchis donc, je t'en supplie. Tu ne peux songer sérieusement à épouser cette créature... Quant à moi, je n'accepterai jamais une pareille belle-sœur; je te quitterai, j'entrerai dans un couvent... je donnerai tout mon bien à l'église... je ne te reverrai jamais, jamais!

— Bah! Corisandre, tu prendras ton parti de ce que tu ne peux empêcher... Tiens, — ajouta Mourachon en baissant la voix, — veux-tu que je te dise la vérité? Ce mariage est nécessaire, indispensable; toi qui est pieuse, tu comprendras cela. Dieu et ma conscience me l'imposent également... M'entends-tu, ma chère? Dieu et ma conscience!

Mais ces considérations, qu'il supposait capables de produire quelque effet sur Corisandre révoltèrent la vieille fille. Elle se cacha le visage dans ses mains.

— Sainte Vierge! — s'écria-t-elle, — peut-il exister sur la terre des femmes si méprisables? Et penser que mon frère va donner son nom à une d'elles...! Eh bien! — poursuivit-elle en trépignant et en s'abandonnant à toute sa rage, — je n'autoriserai pas par ma présence de telles infamies... Je vais quitter la maison, je te renie... Tu es un lâche, un misérable débauché... Je te méprise, je te hais, je ne veux plus te voir!

En même temps elle tomba sur le plancher, en proie à une crise nerveuse plus terrible que toutes les autres.

Quoique Robert Mourachon fût habitué, comme nous l'avons dit, à de pareils accidents, il fut effrayé de la gravité de celui-ci. La malheureuse Corisandre se roulait par terre, en proie à d'affreuses convulsions. Elle poussait des cris qui devaient s'entendre aux deux extrémités de la ville.

Mourachon et la servante avaient peine à la contenir et à l'empêcher de se briser le front contre les meubles. Profitant d'un moment favorable, ils la transportèrent sur son lit, où ils continuèrent de la garder. Elle souffrait cruellement, et, au milieu des cris inarticulés, elle prononçait des paroles sans suite qui annonçaient un complet égarement d'esprit.

Une voisine, amie de Corisandre, était accourue au bruit. Elle proposa d'envoyer chercher un médecin au plus vite, cet état violent ne pouvant se prolonger sans péril.

— Oui, oui, — dit Mourachon bouleversé; — qu'on aille prévenir monsieur Martinval.

— Martinval! — répéta avec humeur la servante; — le joli médecin du chat! Je ne vois pas quel bien est résulté pour notre chère demoiselle d'avoir suivi ses ordonnances; elle ne s'est pas trouvé mieux une fois que l'autre, et n'a plus aucune confiance en lui.

— C'est vrai, — répliqua le bossu, — et toute la science du docteur Gilbert ne sera pas de trop pour triompher du mal... Fanchette, voyez donc si monsieur

Gilbert est chez lui, et priez-le de venir sur-le-champ.

Peut-être, si Mourachon avait été plus tranquille, y eût-il regardé à deux fois avant de s'exposer à irriter son ami Martinval. Quoiqu'il en fut, Fanchette sortit, et fit diligence pour se rendre chez le docteur.

Celui-ci, en apprenant la gravité du cas, consentit à suivre la messagère. Corisandre éprouvait crises sur crises, avec des intervalles de calme. Gilbert, après avoir examiné la malade et pris des informations auprès des personnes qui l'entouraient, passa avec Mourachon dans une pièce d'entrée qui servait de salon à la famille, afin d'écrire son ordonnance.

— Ces accidents nerveux, — dit-il, — sont plus effrayants que réellement graves. Les symptômes ont parfois un caractère bizarre et changent à chaque minute... Mais je vais employer des médicaments énergiques.

Et, s'asseyant à une table, il écrivit rapidement son ordonnance.

Comme il achevait le parafe de la signature et se disposait à se retirer, des cris plus perçants que jamais s'élevèrent de la chambre voisine. Une nouvelle crise se déclarait et on avait peine à maintenir Corisandre sur son lit. Le docteur, cédant aux instances de Mourachon, retourna auprès d'elle, bien qu'il ne put pas grand'chose pour la soulager, jusqu'à ce qu'on eût fait usage des remèdes prescrits.

Ce fut en ce moment que Martinval arriva. Habitué du logis et familier avec tous les habitants, il entra sans façon dans la première pièce. Mais comme il se dirigeait vers la chambre, dont la porte était entre-baillée, il entendit le docteur Gilbert qui engageait la malade à prendre courage et rassurait les personnes présentes sur les suites de l'accès.

Martinval s'était arrêté, comme pétrifié, au milieu du salon. La présence de son rival dans cette maison dont il était l'oracle naguère lui porta un coup poignant. Il pâlit et fut sur le point de s'élancer pour faire un scandale. Une réflexion l'arrêta :

— Eh bien, quoi ! — murmura-t-il avec amertume, — j'ai *soufflé* les Vareilles à monsieur le docteur, pourquoi ne me soufflerait-il pas à son tour les Mourachon ? Je ne perds pas au change, je crois.

Cependant la colère ne cessait de gronder en lui-même, et il cherchait comment se venger. En promenant les yeux autour de lui, il aperçut l'ordonnance que Gilbert venait d'écrire et qui était étalée, tout humide encore sur la table. Il s'en approcha et la lut avidement.

Tout à coup un sourire diabolique effleura ses lèvres. Après une courte hésitation, il saisit la plume, encore chargée d'encre qui se trouvait près du papier, et traça vivement quelques traits sur l'ordonnance de son confrère. Cela fait, il recula tout blême et frémissant; des gouttes de sueur sillonnaient son visage.

Il demeura encore immobile; peut-être s'effrayait-il déjà de son action et songeait-il à la réparer. Comme il hésitait, il entendit Corisandre s'écrier d'une voix gémissante :

— Ah ! docteur, je mets tout mon espoir en vous... Je souffre, je souffre ! Vous seul pouvez me guérir du mal que m'a fait ce méchant Robert... Martinval ne comprenait rien à ma maladie; vous, qui êtes si savant, guérissez-moi... Je prierai pour vous !

Cette défection injurieuse de son ancienne cliente coupa court aux hésitations de Martinval.

— Allons ! — murmura-t-il, — tout est bien... Je serai vengé de l'une et de l'autre.

Et il se retira d'un pas furtif, sans que personne le vît sortir de la maison, comme personne ne l'y avait vu entrer.

Quelques instants plus tard, Gilbert lui-même se retira. Tout occupé de rassurer Mourachon, qui le reconduisait jusqu'à la porte, il ne songea pas à retirer son ordonnance et se contenta de recommander qu'on la portât sur-le-champ à la plus prochaine pharmacie.

XIX

LA RÉPARATION.

Le même jour, dans la matinée, pendant que Léon Mersey était en train de déjeuner au premier étage de la maison avec sa mère, les employés déjeunaient, de leur côté, dans le bureau de la perception, dont ils avaient pris soin de verrouiller la porte. L'un avait étalé sur du papier blanc un morceau de fromage, l'autre une tranche de jambon, l'autre je ne sais quels reliefs provenant de la cuisine paternelle, et ils arrosaient le tout avec quelques bouteilles de double bière apportées du café voisin. Mais ce qui assaisonnait particulièrement leur modeste repas, c'était la gaieté et aussi la médisance, dont ils ne se faisaient pas faute.

— Oui, messieurs, — disait Raymondin, — le mariage est d'autant plus sûr que Mourachon lui-même me l'a annoncé tout à l'heure... Et il fallait voir avec quels transports il en parlait ! Des soupirs à faire tourner un moulin à vent, des regards à décrocher les étoiles !

— Mais, voyons ! — dit André, l'employé principal, en prenant un air discret, — est-ce bien de Thérèse Durand, la fille du jardinier, qu'il s'agit ?

— Jardinier ! qu'appelez-vous jardinier ? Mourachon appelle son futur beau-père un *horticulteur distingué*, ce qui est bien plus honorable.

— Enfin Thérèse la couturière ?

— Couturière ! si l'on peut dire ! Mourachon prétend qu'elle est *artiste en robes*.

— Artiste ou non, si la fiancée de Mourachon est bien la petite Durand... Eh ! eh ! hum ! Voilà.

— Que voulez-vous faire entendre, sournois ? — reprit Raymondin ; — tenez, vous avez justement l'air qu'avait Mourachon quand il donnait à penser qu'il se rendait quelque part à l'intention de mademoiselle de Bertigny !

— Je ne veux rien faire entendre, monsieur Raymondin, — dit sèchement André, qui ne se laissait pas traiter d'égal à égal par ses camarades ; — je sais ce que je sais au sujet de Thérèse Durand, et cela ne regarde que moi. Pour ce qui concerne mademoiselle de Bertigny, une demoiselle d'un rang si élevé, je n'ai jamais cru aux vanteries de Mourachon.

— Ni moi non plus; et pourtant, monsieur André, lorsque vous avez vu entrer le bossu dans le jardin Bertigny, vous me disiez...

— Je me suis moqué de vous comme de lui... On ne peut donc plus plaisanter à présent !

— Ma foi ! messieurs, — reprit Raymondin, — on ne m'ôtera pas de la tête que le patron est pour quelque chose dans toutes ces histoires... Il s'est fait le champion de mademoiselle de Bertigny l'autre jour au bal; puis il a ferraillé bien longtemps hier matin avec Mourachon ; et puis il y a entre eux des chuchoteries, des correspondances... Oui, je gagerais que, s'il voulait parler...

— Ce Raymondin est un véritable furet, — reprit André; — il flaire un secret de dix pas à la ronde... Mais, croyez-moi, mon cher, ne parlons pas politique.

— Je ne parle pas politique, je parle du patron.

— C'est la même chose et c'est aussi dangereux. Monsieur Mersey ne se laisse pas entortiller, et le plus sûr est de garder ses idées pour soi, car les murs ont souvent des oreilles.

Comme André prononçait ces mots à demi-voix, on frappa à la porte que les employés avaient pris soin de barricader, ainsi que nous l'avons dit. Nul ne bougea et André, saisissant une bouteille, emplit tranquillement les verres; on frappa de nouveau.

— Il n'y a personne... le bureau est fermé ! — s'écria-t-on de toutes parts.

Mais le visiteur inconnu ne tint pas compte de cette réponse, et frappa avec plus de force.

— Tonnerre ! — s'écria Raymondin en se levant, — en voilà un qui est fièrement pressé de payer ses impositions !... Mais je vais le remballer !

Et il ouvrit la porte à grand bruit.

Cependant il changea aussitôt de contenance. La personne qui se présentait était Constant, le valet de chambre de monsieur de Bertigny.

— Une lettre pour monsieur Mersey, — dit-il en saluant ; — il y a réponse.

On s'empressa de le faire entrer et on l'invita à s'asseoir sur une des banquettes destinées au public; puis Raymondin ayant pris la lettre, monta lestement à l'étage supérieur.

Son absence ne fut pas longue. Au bout de quelques minutes il reparut et dit au domestique que monsieur Mersey présentait à monsieur de Bertigny ses compliments et qu'il allait sur-le-champ se rendre à son invitation. Constant s'inclina et sortit.

Après son départ, un profond silence régna un moment dans le bureau.

— Qu'est-ce que tout cela signifie ? — demanda enfin Raymondin ; — le patron est appelé chez monsieur de Bertigny, et l'affaire presse, à ce qu'il paraît, car monsieur Mersey s'habille déjà pour sortir.

— Pourvu, — dit André d'un ton sévère, — que le député n'ait pas appris quels sots propos ont été tenus ici contre sa nièce! Pour ma part, je ne serais pas fâché qu'on lavât un peu la tête à ceux qui osent répéter, dans les bureaux de la perception, les calomnies imaginées par des imbéciles.

Il y avait beaucoup à dire sur le rigorisme tardif de monsieur André; mais aucun des autres employés n'osa protester, et ils demeurèrent consternés.

Bientôt Mersey descendit; après avoir donné brièvement ses ordres à André, il sortit et se dirigea vers la maison du député.

Chemin faisant, il cherchait quelle pouvait être la cause de cet appel inattendu. Quand il arriva, le domestique, au lieu de l'introduire dans la maison, le conduisit dans le jardin, où se trouvait en effet monsieur de Bertigny.

Le député allait et venait, son sécateur à la main; mais il ne songeait pas à émonder ses rosiers, selon l'ordinaire. Lui toujours si placide et si plein de bonhomie, paraissait sombre et irrité en ce moment. Après avoir congédié le domestique, il prit le bras de Mersey et dit avec agitation :

— Pardonnez-moi, mon cher percepteur, de vous recevoir ici ; mais ce que j'ai à vous dire doit être entendu de vous seul. — Mersey s'inclina en silence. — Je vous ai prié de passer chez moi, — poursuivit monsieur de Bertigny, — parce que vous avez, je le sais, autant d'intelligence que de cœur, et vous me conseillerez dans les cruelles difficultés où je me trouve. — Léon protesta de son dévouement. — Eh bien donc, — reprit le député, — je connais maintenant, mon ami, la cause de cette insulte qui nous a été faite l'autre soir au bal. Le maire de la ville était là tout à l'heure, et il a fini par m'avouer la vérité. Ce n'était pas une démonstration politique dirigée contre moi ; c'était... le croirait-on ? et j'en tremble de colère... c'était une avanie préméditée contre une personne de ma famille !

— Et vous en a-t-on nommé les auteurs ? — demanda Mersey.

— Non, mais vous deviez les connaître, vous, quand vous vous êtes jeté en avant pour faire tête à cette outrageante manifestation... Je m'explique à cette heure votre fière attitude, vos regards hardis qui obligeaient tous les yeux à se baisser devant nous !... Et cependant, Mersey, vous ne pouvez savoir ce qu'il y a d'élevé, d'angélique dans celle que vous défendiez; vous ne pouvez imaginer combien seraient poignantes pour elle les calomnies dont elle est victime, si elle venait par hasard à les apprendre !

— Je crois aisément mademoiselle Henriette capable de toutes les nobles susceptibilités.

— Il faut donc m'aider à la défendre encore, — reprit monsieur de Bertigny avec énergie. — Quoique vous soyez établi depuis peu de temps dans le pays, vous avez pu déjà apprécier cette population malveillante, et d'ailleurs vous devez être au courant de bien des choses que j'ignore. Cet idiot de maire n'a pu ou voulu me renseigner suffisamment. Néanmoins, dans cette grave circonstance, rien ne m'arrêtera. Je veux faire cesser ces bruits abominables; j'y emploierai mon crédit, ma fortune, mon existence même, s'il le faut... Mais, de grâce, vous, Mersey, donnez-moi votre avis... Que dois-je faire ?

Mersey sourit.

— Rien, — dit-il; — les bruits dont vous parlez, et qui m'indignent autant que personne, reposent sur un malentendu; or la population de Z***, au moment où je vous parle, doit connaître l'erreur grossière où elle est tombée, et je suis surpris que le maire ne soit pas encore informé de ce changement.

— Que voulez-vous dire et comment ce miracle s'est-il accompli ? — Alors Mersey exposa qu'un jeune homme de la ville étant devenu amoureux de la fille du jardinier, et ayant été admis plusieurs fois, la nuit, dans le jardin de la maison, ces visites furtives avaient donné matière à des médisances contre une personne qui devait être au-dessus de pareils soupçons; mais que la nouvelle du mariage de ce jeune homme avec Thérèse Durand avait dû couper court à ces rumeurs insensées. — En effet, — reprit monsieur de Bertigny en se frappant le front, — tout à l'heure ce vieil ivrogne de Durand est venu m'annoncer le mariage de sa pécore de fille, et comme la nouvelle ne m'intéressait guère, je l'ai congédié assez brusquement... Mais si les choses sont ainsi, — poursuivit monsieur de Bertigny, — le mal est réparé, et les gens de la ville doivent rougir à présent de leur méprise.

— Je n'ai, quant à moi, aucun doute à cet égard, — répliqua Léon; — et, si vous en avez, — ajouta-t-il en levant les yeux, — voici quelqu'un qui pourra sans doute vous fournir des indications à ce sujet.

La personne qu'il désignait était Thérèse Durand elle-même, qui venait d'apparaître tout à coup au détour d'une allée. La fille du jardinier rôdait depuis quelques instants autour des promeneurs, sans oser s'approcher, quand le sourire encourageant de Mersey la décida. Cependant monsieur de Bertigny l'accueillit d'un air sévère.

— C'est donc vous, mademoiselle, — lui dit-il, — qui recevez du monde la nuit, au risque de compromettre ma maison ? Si j'avais connu plus tôt votre conduite...

— Oh ! pardonnez-moi, monsieur, — répliqua Thérèse en baissant les yeux et en faisant mine de pleurnicher ; — j'ai eu bien tort; mais puisque aujourd'hui mon mariage est annoncé publiquement... Et je sais bien qui je dois remercier de ce résultat, — ajouta-t-elle en lançant à Léon un regard de gratitude. — Monsieur le percepteur a tenu sa promesse.

— Moi, mademoiselle ? — demanda Mersey avec embarras; — comment se fait-il ?...

— Croyez-vous que je ne vous aie pas reconnu, le soir du bal, quand vous êtes venu à la place de monsieur Mourachon ? Vous avez été touché de mes larmes, de mon désespoir; vous avez parlé à Robert, vous lui avez donné de bons conseils. Grâces vous soient rendues !... Mais, je vous en conjure, monsieur le percepteur, — ajouta-t-elle en baissant la voix, — puisque votre pouvoir sur lui est si grand, veillez bien à ce qu'il ne se rétracte pas. Il a une sœur très-dévote et qui le mène comme un enfant. Je crains toujours qu'il ne profite du premier prétexte venu pour...

— Ne redoutez rien de pareil, mademoiselle ; Mouraichon, après le bruit qu'il vient de faire, ne peut manquer à sa parole. Je n'ai pas sur lui le crédit que vous supposez; mais monsieur de Bertigny désire couper court à certaines suppositions fâcheuses, et il saura bien empêcher votre fiancé de revenir sur ses engagements.

—Je crois bien ! — dit monsieur de Bertigny avec fermeté; — annoncez à ce jeune homme, petite, que, s'il s'avisait de changer d'idée, ce serait moi qui lui en demanderais compte.

— J'aurai soin de lui transmettre les paroles de monsieur, — reprit Thérèse; — et pourtant si monsieur le percepteur voulait bien, de son côté...

Un signe du député lui fit comprendre qu'elle devenait importune; aussi, après avoir adressé une profonde révérence aux promeneurs, se hâta-t-elle de rentrer chez elle.

Demeuré seul avec Mersey, monsieur de Bertigny lui posa affectueusement une main sur l'épaule.

— Je commence à comprendre de quoi il retourne, — dit-il; — c'est vous qui avez tout conduit. Vous avez trouvé le dénoûment le plus simple, le plus naturel, aux mortels embarras qui, tout à l'heure encore, me semblaient insurmontables. Il y a tant de ménagements à garder quand il s'agit de la réputation d'une jeune fille ! Merci donc pour le service que vous venez de nous rendre; il est plus grand encore que vous ne le supposez... Celle qui doit en profiter l'ignorera toujours; mais moi, je vous en conserverai une éternelle reconnaissance, et regardez-moi désormais comme le plus dévoué de vos amis.— Monsieur de Bertigny semblait très-ému et Mersey lui-même avait les yeux humides. On marcha quelques moments en silence. — Je ne saurais dire, — reprit enfin le député, — combien je suis heureux que cette affaire soit ainsi terminée. Douce et bonne Henriette! si jamais elle revenait sur sa détermination, si elle consentait à se marier, elle n'aura pas du moins à craindre des insinuations injurieuses...!

—Quoi ! monsieur, — demanda Léon,—mademoiselle de Bertigny, si belle, si intelligente, et qui semble destinée à faire le bonheur d'une famille, aurait-elle de l'aversion pour le mariage?

— Elle a exprimé bien souvent, devant sa tante et devant moi, sa volonté à cet égard, et Henriette ne revient jamais sur ses décisions.

— Mais ne connaissez-vous pas les motifs de cette résolution... étrange?

— Nous les connaissons et, quoique nous ne les approuvions pas, nous voulons les respecter... Henriette se fait martyre d'un devoir, et, dût-elle mourir à la peine, elle ira jusqu'au bout. C'est un grand chagrin pour madame de Bertigny et pour moi. Nous n'avons pas d'enfant; Henriette est notre fille d'adoption, et après nous toute notre fortune lui appartiendra... Jugez combien l'opiniâtreté de cette chère enfant doit nous causer de soucis!...

— Si pourtant, monsieur, — reprit Mersey en baissant les yeux et en affectant l'indifférence, — un homme de cœur éprouvait pour mademoiselle de Bertigny une passion violente et parvenait à la toucher?

— Votre homme de cœur en serait pour ses frais de belle passion; et, parvînt-il à se faire aimer d'Henriette, il n'en serait pas plus avancé. Les obstacles dont je parle s'élèveraient toujours entre elle et lui. Il ne saurait même jamais la cause du refus qui lui serait opposé, car Henriette se laisserait couper en morceaux plutôt que de la dire... Mais, chut! — poursuivit monsieur de Bertigny en écoutant les aboiements de King, qui accourait tout joyeux, — voici le précurseur ordinaire de ces dames, et elles ne sauraient être loin.

En effet, King vint caresser Mersey et presque aussitôt les dames de Bertigny parurent. La tante et la nièce, ne soupçonnant pas la grave affaire qui amenait le percepteur chez elles, se montrèrent très-gaies, et on se promena quelques instants, en causant sur un ton d'intimité amicale. Néanmoins Léon semblait rêveur, mal à l'aise; et, après être resté autant que l'exigeaient les convenances, il prétexta de ses occupations pour prendre congé et se retirer.

— Monsieur Mersey paraît tout singulier aujourd'hui! — dit Henriette rêveuse elle-même.

— Bah! ce n'est rien, — répliqua le député; — nous avons parlé politique; il s'agissait entre nous du mauvais accueil que j'ai reçu l'autre soir des électeurs opposants de Z***, et dont vous avez eu votre part, pauvres femmes que vous êtes!... Mais tout s'arrange, à ce qu'il paraît; aussi veux-je tenter une expérience : nous irons ensemble aujourd'hui faire des visites dans la ville, et nous jugerons du changement qui a pu s'opérer dans les esprits depuis quelques heures.

— Mon Dieu ! mon oncle, — reprit Henriette avec une charmante petite moue, — sommes-nous donc destinées à n'être que des pierres de touche électorales? — Pour toute réponse, monsieur de Bertigny l'embrassa en riant. Le député, accompagné de sa femme et de sa nièce en grande toilette, se rendit en effet dans plusieurs maisons de Z***. Ce fut pour les dames et pour lui une véritable ovation. Maintenant tous les fronts se découvraient, toutes les bouches souriaient sur leur passage; on les entourait, on les comblait de politesses et de témoignages de respect, si bien qu'en rentrant à la maison, Henrette disait d'un air d'ennui : — Je suis excédée de fadeurs... En vérité, mon oncle, je crois que j'aimais mieux l'opposition.

XX

LA DOUBLE CATASTROPHE.

Le lendemain des événements que nous avons racontés dans les chapitres qui précèdent, tout l'hôtel de Vareilles était en rumeur. Le matin, en entrant chez le commandant, le valet de chambre Barthélemy avait trouvé son maître paralysé de tout le corps, sans voix et sans connaissance. On alla prévenir Armantine, qui accourut fort alarmée. Mais vainement adressa-t-elle à son mari les paroles les plus tendres, elle n'obtint aucune réponse; vainement prodigua-t-on au malade les soins les plus empressés, il demeurait plongé dans une insensibilité complète. Cependant il respirait encore et ses yeux étaient grands ouverts. Armantine finit par où elle aurait dû commencer, elle envoya chercher un médecin ou plutôt deux médecins, car dans son trouble elle expédia Barthélemy chez Martinval et Françoise chez le docteur Gilbert, sans songer aux inconvénients possibles de cette imprudence.

L'état de monsieur de Vareilles était d'autant plus inconcevable que, la veille au soir, le commandant semblait ne jamais s'être mieux porté. Armantine, on s'en souvient, avait préparé une petite fête intime à laquelle assista sa mère; et le repas avait été des plus joyeux. Le commandant avait soupé de bon appétit et bu gaillardement quelques verres de son meilleur vin. Sans doute les prescriptions de Martinval étaient préférables à celles du docteur, car peu à peu il avait recouvré sa vivacité d'autrefois.

Dans la soirée, Armantine s'était mise au piano, et, sur les instances de son mari, avait chanté plusieurs morceaux. Assez tard dans la soirée, les deux époux avaient reconduit madame Legros chez elle, et, à leur retour, on avait entendu monsieur de Vareilles lui-même fredonner dans l'escalier. Or, nous le répétons, c'était le lendemain de cette agréable soirée que l'on trouvait le pauvre commandant frappé de paralysie complète.

Martinval se rendit le premier à l'appel de madame de Vareilles. Peut-être éprouvait-il en secret quelque embarras, mais il n'en fit rien paraître, et entra l'air assuré, la tête haute.

Armantine, entourée des domestiques de la maison, se tenait dans une pièce qui précédait la chambre du malade.

— Ah! monsieur, — dit-elle à Martinval avec un mélange de colère et de douleur, — voilà donc la conséquence de vos conseils!... Et moi qui avais tant de confiance en vous! moi qui croyais, d'après vos affirmations, que ce nouveau régime rendrait sur-le-champ la force et la santé à mon bien-aimé mari! J'étais si heureuse, si tranquille hier au soir et maintenant...

— Calmez-vous, madame, — répliqua Martinval avec aplomb; — ce qui arrive est l'effet d'un accident nouveau et non le résultat du régime fortifiant que j'ai prescrit... Mais comment donner des preuves de ce que j'avance si je ne vois pas le malade?

— Eh bien! venez, vous allez le voir... Mais guérissez-le... Oh! guérissez-le; car s'il était établi que l'existence de mon mari est compromise par votre faute, malheur à vous!

Et elle l'introduisit dans la chambre du commandant, sans paraître s'apercevoir que les domestiques les avaient suivis.

. . . .

Martinval examina le malade, le palpa, lui tâta le pouls; mais en vain essaya-t-il à son tour d'obtenir un mot, un signe, une pression de main en réponse à ses questions. Le pauvre commandant demeurait inerte et muet. Cependant peut-être la connaissance ne l'avait-elle pas abandonné; ses yeux conservaient une vivacité, une expression étonnantes : toute son âme semblait s'y être réfugiée. Quand sa femme se pencha vers lui avec tendresse, ils brillèrent d'un éclat singulier; ils s'attachaient sur elle, suivaient chacun de ses mouvements. Qu'exprimaient-ils? Etait-ce l'affection ou la colère, un regret ou un reproche? Nul n'aurait pu le dire; mais cette expression était si effrayante qu'Armantine ne tarda pas à détourner la tête en frissonnant.

Quelqu'un entra sans être annoncé et s'approcha du malade à son tour. Martinval tressaillit en reconnaissant Gilbert.

Le docteur savait déjà les circonstances qui avaient précédé la catastrophe, et une investigation rapide lui suffit pour apprécier l'état du commandant. Il ne dit rien; mais, en se redressant, il lança un regard foudroyant à son confrère, qui, de son côté, le soutint avec arrogance. Cependant ils comprirent l'un et l'autre la nécessité de se contenir devant le malade et on passa dans la pièce voisine.

Là, les deux médecins, sans se saluer, sans se donner mutuellement aucune marque de politesse, se mirent à discuter les mesures à prendre. Pour cette fois, il n'y eut aucun dissentiment entre eux; Martinval avait conscience de ses torts, et jugeait nécessaire de s'en rapporter aux lumières supérieures de son rival. On s'empressa donc d'écrire une ordonnance, qu'ils signèrent l'un et l'autre, puis la grande Françoise courut chercher les médicaments indiqués.

Armantine semblait attendre avec angoisse le résultat de cette conférence. Enfin elle demanda d'une voix altérée :

— Mon mari a la même maladie que son frère, n'est-ce pas, messieurs?... C'est absolument comme son frère!

— Non, madame, — répliqua Gilbert, — le conseiller est mort d'apoplexie, tandis que votre mari... Mais peut-être ceux qui l'ont mis dans ce déplorable état trouveront-ils quelque moyen de l'en tirer!

En même temps son regard inquisiteur et menaçant allait d'Armantine à l'officier de santé. Armantine n'avait pas l'air de comprendre; Martinval prit donc pour lui seul l'amer reproche que contenait ces paroles.

— Ah çà! monsieur, — demanda-t-il avec brutalité, — ce seraient donc mes prescriptions qui auraient déterminé, d'après vous, la paralysie du commandant?

— Je n'en sais rien! mais monsieur de Vareilles, qui était mon ami et dont je connaissais de longue date le tempérament, est atteint d'une maladie de la moelle épinière et du cerveau. Les symptômes constatés ne pouvant laisser aucun doute à cet égard, j'ai prescrit une vie régulière, un régime réparateur mais calmant. Or, on m'assure qu'hier, j'ignore d'après quels conseils et quelles incitations, le commandant a fait une débauche de table, qu'il a bu du vin et des liqueurs, qu'il s'est conduit enfin comme un homme robuste et bien portant pourrait se conduire... On voit aujourd'hui ce qu'il en est résulté. Et les personnes qui l'ont poussé à de pareils excès assument une grande responsabilité devant Dieu et devant leur conscience, sinon devant les hommes.

Martinval resta un moment atterré. Il rougit et pâlit tour à tour; mais son insolence ne tarda pas à reprendre le dessus :

— J'avais reconnu comme vous, monsieur, — dit-il avec hauteur, — la maladie de monsieur de Vareilles; mais, si je ne craignais que ce débat ne causât une impression trop pénible à madame de Vareilles ici présente, je vous prouverais...

— Oh! vous pouvez parler devant elle, — dit Gilbert avec un sourire étrange ; — madame de Vareilles a du courage.

Armantine sentit le coup et tressaillit. Cependant elle n'osa ou ne daigna pas encore relever l'insinuation du docteur.

— Je persiste donc à croire, monsieur, — poursuivit Martinval avec une assurance réelle ou simulée, — que l'accident de la nuit dernière est complétement étranger à l'écart du régime que monsieur le commandant s'est permis hier au soir; et je serais prêt à soutenir cette thèse en présence de la faculté tout entière.

Gilbert fit un geste de mépris et tourna le dos à son interlocuteur.

— Peut-être, — dit-il de sa voix sarcastique, — madame nous donnera-t-elle quelques éclaircissements à cet égard?

— Hélas! que pourrais-je dire? — répliqua Armantine en sanglotant; — hier je croyais mon pauvre ami revenu à la santé... Et maintenant j'ai le cœur brisé... La force et l'espérance m'abandonnent!

Elle se renversa sur sa chaise et se cacha le visage dans ses mains.

Martinval, fortement blessé de l'attitude méprisante du docteur, perdit toute mesure.

— Ainsi donc, — reprit-il avec une mordante ironie, — mon opinion ne vaut même pas la peine d'être discutée?... C'est fort bien; je dois être habitué aux procédés de monsieur le docteur Gilbert... Cependant peut-être conviendrait-il de se montrer un peu moins arrogant, quand on est capable de *bévues* comme celle dont on fait aujourd'hui même si grand bruit dans la ville...

Gilbert, qui déjà se disposait à partir, se retourna brusquement.

— Des bévues, moi? — demanda-t-il; — que voulez-vous dire, monsieur Martinval?

— Quoi! monsieur Gilbert, ignorez-vous encore... Eh! eh! il paraît que vous employez la morphine à très-hautes doses... surtout avec les clientes de vos confrères!

— La morphine! Expliquez-vous, monsieur... de qui s'agit-il?

— Il s'agit de mademoiselle Corisandre Mourachon, que vous avez soignée hier pour une simple crise de nerfs, comme la pauvre fille en a tant depuis quelques mois... On a suivi votre ordonnance; et, d'après ce qu'on m'a rapporté, la malade a dormi d'un sommeil paisible... si paisible qu'elle a passé insensiblement du sommeil à la mort.

Gilbert devint blanc comme un linge. Cependant il reprit avec colère :

— Vous devriez comprendre, monsieur, que ce n'est ni le lieu ni l'heure de pareilles plaisanteries; et, malgré votre haine contre moi...

— Vous croyez que je plaisante? Ah çà! vous n'avez donc rencontré personne ce matin?... Je vous le répète, mademoiselle Mourachon, auprès de laquelle vous m'avez supplanté par des moyens que je ne veux pas rechercher, vient d'être trouvée morte dans son lit... Si vous en doutez, informez-vous auprès du premier passant... en attendant que vous receviez des communications directes de la famille ou même de monsieur le procureur du roi.

Gilbert paraissait anéanti.

— C'est impossible!... impossible! — répétait-il en se frappant le front. — Je suis bien sûr, moi, de n'avoir commis aucune imprudence! La dose de morphine était trop faible pour...

— Cela vous regarde. Vous exposerez vos raisons à qui de droit dans l'enquête qui sera faite certainement, et à la suite de l'autopsie que la justice ne peut manquer d'ordonner.

Un tremblement nerveux secouait tous les membres du malheureux docteur; une sueur glacée coulait sur son visage.

— Non, non! je ne saurais croire cela! — s'écria-t-il enfin dans un transport de douleur et de colère; — on me hait et tous les moyens sont bons pour me nuire... Mais je vais savoir la vérité.

Il sortit en courant comme un fou.

Armantine avait écouté avec une sorte de satisfaction cruelle l'accusation portée contre Gilbert. Dès qu'il eut disparu, elle demanda avec vivacité :

— Est-il vrai, monsieur, que cet homme indigne ait empoisonné une malade?

— On n'invente pas pareille chose, madame; il a vraiment administré à mademoiselle Mourachon une dose énorme de morphine, et elle en est morte cette nuit.

— Ce n'est peut-être qu'une erreur involontaire, — dit Armantine d'un ton doucereux.

— Erreur ou non, il n'en est pas moins perdu comme médecin et peut-être comme homme... Ah! monsieur le docteur, monsieur le docteur! vous étiez trop orgueilleux... Je suis bien vengé maintenant.

Et il partit d'un éclat de rire farouche.

— Ainsi donc, — reprit Armantine, qui au milieu de ces événements semblait suivre avec persistance une même idée, — il n'y a plus à craindre qu'il ose blâmer le régime prescrit par vous à mon mari?

— Je l'en défie, car aussi bien je suis prêt à soutenir... Il est perdu, déshonoré, vous dis-je, et il ne me gênera plus!

Tout en parlant, Martinval prenait sa canne et son chapeau pour se retirer lui aussi.

— Quoi! monsieur, — demanda Armantine, — allez-vous abandonner déjà ce pauvre monsieur de Vareilles?

— Je suis à vos ordres, belle dame; mais, pour le moment, il n'y a rien autre chose à faire qu'à suivre exactement mon ordonnance... Dans quelques heures je reviendrai pour juger de l'effet produit.

— Avant de partir, dites-moi, monsieur, oh! dites-moi, je vous en conjure, que vous conservez l'espoir de le sauver! Vous êtes si habile, si savant!... Vous voudrez donner un démenti aux sinistres prédictions de ce monsieur Gilbert!

— Allons! chère madame, on essayera de faire un miracle en votre faveur... Mais prenez patience; je vais seulement voir comment on accueille monsieur le docteur dans la ville.

Demeurée seule, Armantine hésitait à rentrer dans la chambre du commandant. Peut-être quelque sentiment secret, la conscience d'un tort ou tout simplement la crainte de rencontrer encore ce regard effrayant de son mari, la retenaient-ils clouée à sa place. Elle parvint toutefois à surmonter cette impression; et, Françoise ayant apporté les médicaments, la jeune femme se mit à donner ses soins au malade avec un zèle, une abnégation, une tendresse qui excitaient l'admiration de tous les domestiques.

Cependant Gilbert, en quittant l'hôtel de Vareilles, s'était mis à courir dans les rues de la ville. Il allait au hasard et semblait n'avoir d'autre but que d'échapper à une idée poignante. Il rencontrait fréquemment des gens de connaissance; les uns l'examinaient avec curiosité, puis se détournaient pour n'avoir pas à le saluer, tandis que d'autres, ignorant peut-être encore le malheur qu'on lui imputait, semblaient vouloir l'aborder. Mais il ne voyait pas plus les uns que les autres; et passait, l'œil égaré, la poitrine haletante, indifférent aux politesses comme aux insultes.

Il parcourut ainsi la plupart des quartiers de Z***, et Dieu sait combien de temps encore il eût erré machinalement, si tout à coup une violente secousse au cœur l'eût forcé de s'arrêter. Le hasard l'avait conduit dans la rue qu'habitaient les Mourachon, et il se trouvait à moins de cinquante pas de leur demeure.

Or, à une fenêtre du rez-de-chaussée, apparaissait cette grande croix de cuivre qui annonçait la présence d'un mort, selon l'usage de certaines villes de province; puis, devant la porte de la maison, il y avait un groupe d'une douzaine de personnes causant et gesticulant avec vivacité; il n'était pas difficile de deviner la cause de cette animation.

Le pauvre Gilbert poussa un faible cri de douleur; après une courte hésitation, il tourna le dos à la maison et reprit sa course de plus belle.

Au bout de quelques instants néanmoins, il se fit un peu de calme dans son esprit et, la réflexion commença à remplacer ce trouble tumultueux. Il se disait que les terreurs ne remédiaient à rien, qu'il fallait agir sans retard et s'informer exactement de l'état des choses; mais à qui s'adresser? Il éprouvait toujours une invincible répugnance à se rendre chez Mourachon, et peut-être, dans l'état d'exaspération où se trouvaient les parents et les amis de la défunte, y avait-il danger pour lui à s'y présenter. Ce risque ne l'eût pas arrêté sans doute, mais il songea au pharmacien chez lequel on avait dû porter l'ordonnance si fatale à la pauvre Corisandre. Ce pharmacien, homme instruit et plein d'intelligence, était un ami de Gilbert; ce fut auprès de lui que le docteur voulut aller chercher les informations dont il avait besoin.

Quand il entra, pâle et bouleversé, dans l'officine, monsieur Bernard, le pharmacien, qui était derrière son comptoir entouré de ses élèves, vint précipitamment au-devant de lui. Sans lui adresser une parole, il le conduisit dans son cabinet, à l'arrière-boutique, et referma soigneusement la porte derrière eux.

Gilbert s'assit, ne pouvant parler. Monsieur Bernard lui serra la main et lui dit bas avec sympathie :

— Ainsi donc mon ami, vous savez...

Le docteur fit un signe de tête.

Il y eut un silence.

— Bernard, — dit enfin Gilbert avec explosion, — je ne peux y croire... Personne n'y croira! Vous attesterez, vous, que je suis incapable d'une pareille imprudence! Il y a dans cette affaire quelque chose d'incompréhensible. La dose de morphine que j'ai prescrite était insuffisante pour produire ce terrible résultat.

— Elle m'a pourtant semblé bien forte à moi, mon cher docteur, — répliqua le pharmacien timidement; —

et si tout autre que vous m'avait envoyé une pareille ordonnance, j'eusse refusé d'y faire droit.

— Cependant neuf centigrammes de morphine...

—Que dites-vous, Gilbert? Ce n'est pas *neuf* mais *quatre-vingt-dix* centigrammes que portait votre ordonnance.

— Alors l'erreur ne vient pas de moi, mais de vous, Bernard ; je suis sûr de n'avoir pas dépassé cette modeste dose.

— Et moi je suis parfaitement sûr du contraire... Du reste, il est bien facile d'établir la vérité. Selon la loi et pour garantir ma responsabilité personnelle, j'ai conservé votre ordonnance... Vous allez voir.

Bernard prit dans un tiroir un papier frappé du timbre de la pharmacie, et le plaça sous les yeux de Gilbert. Celui-ci, qui reconnut son écriture et sa signature, se mit à lire avec attention.

En écrivant rapidement son ordonnance, il avait négligé une prescription formelle du code médical qui commande au médecin d'indiquer en toutes lettres les quantités de substances médicamenteuses à employer. Il avait donc exprimé par le chiffre 9 le nombre des centigrammes de morphine qui devait entrer dans la préparation. Or, on voyait à côté du 9 un zéro, très-nettement tracé, qui formait en effet le chiffre 90. Ce zéro avait si bien sa place, il faisait si bien corps avec le reste, que l'idée ne vint pas un instant à Gilbert de soupçonner une intercalation criminelle. Il rendit le papier à Bernard, et dit avec désespoir :

— C'est une distraction... une distraction honteuse, inexcusable, et que je ne me pardonnerai jamais! Je me souviens maintenant que, lorsque je rédigeais cette ordonnance, j'étais assommé par les questions stupides de monsieur Mourachon, le frère de la malade. C'est dans ce moment sans doute que ma plume aura trahi ma volonté... Mon Dieu! à quoi tient donc une existence humaine! — Des larmes abondantes vinrent le soulager. Bernard lui adressa des consolations et lui dit que sans aucun doute on aurait égard, dans l'enquête qui allait avoir lieu, à sa vie sans reproche, à sa prudence bien connue ; que tout serait mis sur le compte d'une de ces erreurs inhérentes à la condition humaine ; que quant à lui, Bernard, il s'efforcerait d'excuser son ami et qu'il espérait y réussir. Gilbert l'interrompit brusquement. — Je porterai la peine de ma faute, — dit-il en s'essuyant les yeux. — Un mot seulement, Bernard ; on prétend que cette malheureuse femme n'a pas souffert...

— Il est vrai. J'ai été appelé ce matin avec Martinval pour essayer de la ranimer ; mais elle était morte depuis longtemps et déjà froide... La personne qui la gardait ne s'était aperçue de rien... Pas de crises, pas de convulsions, pas de secousses... La pauvre fille s'est endormie et ne s'est plus réveillée.

Gilbert demeura un moment rêveur, puis il se leva.

— Merci, mon ami, —reprit-il ; — je vais rentrer chez moi.

— Prenez garde, mon cher docteur, — reprit Bernard avec embarras ; — Robert Mourachon est, à ce qu'il paraît, furieux contre vous, et, s'il venait à vous rencontrer...

— Eh bien! qu'il me tue! — dit Gilbert d'une voix sombre ; — je ne me défendrai pas.

XXI

L'OBSTACLE.

Une semaine s'était écoulée. Un matin, Mourachon entra dans les bureaux de la perception, et demanda Mersey. Il était vêtu de noir et portait un large crêpe à son chapeau ; mais ces signes extérieurs de deuil ne semblaient pas annoncer une douleur bien profonde, car il avait conservé toutes les apparences d'une florissante santé, et sa mise était aussi recherchée, aussi prétentieuse qu'à l'ordinaire. Mourachon, en effet, bien qu'il eût toujours montré pour sa sœur défunte une certaine affection, avait eu souvent à souffrir de l'humeur acariâtre de demoiselle Corisandre, et il commençait sans doute à prendre son parti d'une catastrophe qui lui rendait la liberté de ses allures.

Néanmoins, il y avait un nuage en ce moment sur le front du galant bossu, et peut-être sa visite actuelle au percepteur n'était-elle pas tout à fait volontaire. Un des employés avait porté la veille au soir une lettre de Mersey à Mourachon, et l'on pouvait soupçonner que cette visite était la conséquence d'une invitation à laquelle le secrétaire de la mairie s'était trouvé dans l'impossibilité de se soustraire.

A sa vue tout le monde fut en l'air, et tandis que l'un des commis montait à l'étage supérieur prévenir Mersey, les autres s'empressèrent d'introduire Mourachon dans l'enceinte privilégiée du bureau, en l'accablant de politesses exagérées.

Mourachon prit pour argent comptant ces marques d'une déférence douteuse. Il serra toutes les mains qui se tendaient vers lui et répondit avec empressement à tous les compliments qu'on lui adressait.

— Eh bien! — lui dit André d'un ton d'intérêt parfaitement simulé, — voilà un triste événement qui est venu déranger vos projets de mariage... Mais sans doute ils sont seulement ajournés?

— Certainement, certainement ; je ne renonce pas ainsi à ma chère et bien-aimée Thérèse! Vous le savez, messieurs, c'est une violente passion que nous éprouvons l'un pour l'autre.

— Je crois bien!... Aussi la pauvre fille se dessèche-t-elle d'impatience. Elle a passé hier devant la maison, et sa figure exprimait la plus grande tristesse ; n'est-il pas vrai, messieurs?

— On eût dit un saule pleureur en jupe noire, — répliqua Raymondin.

— Ou bien la veuve du Malabar en personne,—ajouta un troisième ; — si vous tardez trop, mademoiselle Thérèse se laissera mourir d'amour rentré.

— Que voulez-vous? — dit le bossu avec un soupir,— un homme du monde doit être l'esclave des convenances... Si vous saviez combien je suis impatient moi-même de voir nos vœux se réaliser!

— Bravo! Mourachon, — s'écria derrière lui une voix un peu moqueuse ; — je suis enchanté de vous entendre parler ainsi... Mais venez de ce côté et nous causerons à loisir.—En entendant la voix de Mersey, car c'était lui qui entrait, les employés se hâtèrent de se remettre au travail ; quant à Mourachon, il semblait un peu confus, et suivit en silence le percepteur, qui l'introduisit dans le cabinet aux trophées d'armes.—Prenez place,—lui dit Mersey en s'asseyant lui-même ; — je vous remercie de vous être rendu, encore cette fois, à mon appel... Du reste, l'opinion que vous exprimiez tout à l'heure me dispense de préliminaires ; puisque vous êtes si bien disposé en faveur de mademoiselle Durand, vous allez, je pense, accomplir sans retard l'engagement d'honneur que vous avez pris envers elle... et envers moi.

— Croyez, mon cher ami, — répliqua Mourachon avec une anxiété visible,—qu'il n'était pas nécessaire... Je ne reviens jamais sur ma parole. Cependant la mort si récente et si malheureuse de ma sœur me crée d'impérieux devoirs...

— Allons donc! le mariage n'était-il pas annoncé avant ce triste événement? Votre premier devoir est de donner satisfaction, dans le plus bref délai, à une jeune fille que vous avez compromise et qui, non sans motifs, se défie de vous.

— Peut-on me juger si mal!... Mais voyons, Mersey, vous homme de cœur, me blâmerez-vous de songer d'abord à me venger de l'abominable médecin qui, par son impéritie ou son imprudence, a tué ma chère Corisandre? Je le guette depuis plusieurs jours sans pouvoir le rencontrer, car il n'ose sortir de chez lui. Je suis résolu à le provoquer en duel, et, s'il refuse ma provocation, je l'assommerai, aussi vrai que je m'appelle Mourachon.

— Bah! bah! — répliqua Mersey avec un peu de mépris, — vous ne provoquerez personne et vous n'assommerez personne. Une enquête a eu lieu sur l'événement dont il s'agit, et on a reconnu que, si le docteur Gilbert méritait un blâme sévère pour son inconcevable négligence, d'autre part son honorabilité parfaite, sa science bien connue, le mettaient à l'abri de poursuites légales. Votre intervention pourrait donc fort bien tourner contre vous. Gilbert est assez puni par la réprobation de la ville entière, et l'on croit qu'il se trouvera forcé de quitter le pays... A la rigueur, son chagrin, son humiliation seraient un châtiment suffisant pour cette faute unique et qu'il faut seulement attribuer à la faillibilité humaine.

— Fort bien, monsieur; cependant vous me permettrez, dans un cas si délicat, de ne prendre conseil que de moi-même.

— Soit, et si vous voulez risquer l'aventure, libre à vous, pourvu que vous remplissiez sans délai vos engagements envers Thérèse.

Mourachon ne put cacher le mécontentement que lui causait cette insistance opiniâtre.

— Ah çà! monsieur Mersey, — reprit-il, — quel intérêt avez-vous à me presser ainsi? Je n'ignore pas que, d'abord, en m'imposant ce mariage, votre but était de sauvegarder la réputation de mademoiselle de Bertigny; mais aujourd'hui ce résultat n'est-il pas complétement atteint? Quels motifs pouvez-vous donc avoir...

— Et quels autres motifs aurais-je que ma pitié pour cette pauvre Thérèse? Ce n'est pas moi qui vous impose cette obligation, c'est votre conscience.

— Si cependant il me convenait de prendre du temps...

— Monsieur Mourachon, — demanda Mersey avec un sourire, — vous plairait-il de faire un nouvel assaut d'armes avec moi?

Le bossu frappa du pied.

— C'est une tyrannie insupportable, — reprit-il; — vous abusez indignement de l'avantage que vous donne votre habileté à l'escrime, et j'aurais presque envie de laisser aller les choses.

Cette velléité de révolte contraria Mersey; cependant il dit d'un ton ferme:

— L'expérience serait dangereuse.... Mais oubliez-vous qu'une personne encore pourrait vous demander compte de ce manque de parole?

— Et qui donc, je vous prie?

— Monsieur le député de Bertigny.

— Bah! d'ici à quelques jours il ne sera plus à craindre.

— Comment cela?

— Après-demain il doit quitter Z*** pour retourner à Paris. Selon toute apparence, il ne reviendra jamais ici, et il aura autre chose à faire là-bas qu'à s'occuper de moi.

— Que dites-vous? — demanda Léon stupéfait; — et ces dames partent-elles avec lui?

— Sans doute, car la maison, qui avait été louée pour la saison, va être rendue au propriétaire.

— Et l'on ne connaît pas les motifs de ce départ précipité?

— Non; mais quant au fait en lui-même, il est certain. — Il y eut un silence. Le percepteur semblait oublier qu'il n'était pas seul; Mourachon, qui l'observait à la dérobée, lui dit enfin avec timidité: — Ce départ à l'air de vous chagriner beaucoup, mon cher Mersey?

— J'en conviens; monsieur de Bertigny est mon protecteur et je ne vois pas sans un vif regret... Mais, pardon! — ajouta Mersey en se levant, — mes fonctions me réclament... Adieu donc, monsieur Mourachon, et n'oubliez pas ce qui vient de se dire ici. Vous avez un mois pour satisfaire aux convenances; mais, passé ce terme, je vous rappellerai énergiquement votre parole, soyez-en sûr.

Le bossu n'osa pas répliquer et se retira. Toutefois, en rentrant chez lui, il se disait:

— Un mois de répit! On a le temps de se retourner et qui sait ce qui peut arriver d'ici là?... Ah çà! mais, est-ce que Mersey en tiendrait pour mademoiselle de Bertigny? Il n'y va pas de main morte, le percepteur!... N'importe! ce secret est bon à savoir.

Pendant le reste de la journée, Mersey fut en proie à une sombre tristesse. Après la fermeture du bureau, il s'habilla et se rendit chez monsieur de Bertigny. Il voulait s'assurer par lui-même si la nouvelle de Mourachon était exacte, et, dans ce cas, connaître la cause de cette brusque détermination.

En traversant plusieurs pièces qui précédaient le cabinet de monsieur de Bertigny, il aperçut de nombreux préparatifs de départ; des malles et des cartons encombraient le passage; tous les domestiques semblaient affairés. Le député lui-même, assisté du valet de chambre Constant, faisait le triage d'une grande quantité de paperasses, éparses sur les meubles et sur le plancher. Il vint d'un air amical au devant de Mersey et lui serra la main:

— Enchanté de vous voir, mon cher percepteur! Mais je ne serais pas parti sans vous dire adieu; et, de leur côté, ces dames comptent prendre congé de votre digne mère.

— Il est donc vrai, monsieur? Vous allez quitter Z***! Je ne pouvais, je ne voulais pas y croire.

— Et moi-même, si quelqu'un m'eût dit, il y a trois jours... Rentrer à Paris quand la saison est encore si belle!

— Mais alors comment se fait-il...?

— Que voulez-vous, mon cher Mersey, un caprice de femme! Nous sommes, madame de Bertigny et moi, en puissance de nièce. Ce que Henriette veut nous le voulons toujours.

— Ainsi c'est mademoiselle Henriette qui a exigé...

— Exigé!... elle n'exige rien, la chère petite, et elle n'en sait pas moins obtenir tout ce qu'elle désire... Mais, pardon! Mersey, je ne peux vous recevoir au milieu de ce désordre; descendez dans la serre, vous y trouverez ces dames et je vous y rejoindrai bientôt.

La serre, qui attenait à la maison, n'était pas très-grande; mais, à cette époque de l'année, les orangers, les lauriers roses et les grenadiers qu'elle abritait l'hiver étant exposés dans la cour et dans le jardin, il y restait seulement un certain nombre de plantes tropicales, trop délicates pour affronter même la fraîcheur de nos nuits d'automne. Au milieu de ces beaux végétaux étrangers qui faisaient l'orgueil de Durand, le père de Thérèse, on avait établi une table, quelques siéges rustiques, et, les jours de mauvais temps, quand les dames ne pouvaient s'asseoir en plein air ou dans le kiosque qui donnait sur la rue, elles venaient s'installer, avec leur ouvrage, dans la serre. La température douce et égale qui y régnait, les guirlandes de verdure serpentant contre les parois vitrées, les fleurs aux corolles brillantes, aux exotiques odeurs, faisaient de cet endroit un lieu délicieux, dont la gracieuse Henriette ne devait pas être le moins poétique ornement.

Léon Mersey s'arrêta sur le seuil de la porte qui était ouverte, mais il ne vit personne et n'entendit aucun bruit: supposant que les dames avaient quitté la serre, il allait se retirer quand un faible soupir, qui s'éleva au milieu du silence, attira son attention. Il fit un pas en avant, et derrière une caisse contenant un magnifique dracœna du Brésil, il aperçut Henriette assise, dans une attitude rêveuse, la tête appuyée sur sa main.

Léon s'était arrêté de nouveau, et comme mademoiselle de Bertigny ne soupçonnait pas sa présence, il put la contempler à loisir pendant quelques instants. Ainsi que nous l'avons dit, elle paraissait absorbée par de tristes méditations et, sans qu'elle en eût conscience peut-être, deux larmes roulaient lentement sur ses joues.

Un mouvement de Mersey lui ayant fait retourner la tête, elle ne put retenir un petit cri de surprise; puis, elle se leva et, essuyant précipitamment ses yeux, elle dit avec un extrême embarras :

— Vous, monsieur Mersey! J'étais si loin d'espérer... Ma tante vient de sortir et elle doit être dans la maison...

— Mais elle va revenir, sans doute; ne me permettrez-vous pas de l'attendre un instant en votre compagnie?

Par un effort de volonté, Henriette était parvenue déjà à dominer son trouble.

— Volontiers, — répliqua-t-elle en désignant un siége à Mersey, tandis qu'elle s'asseyait elle-même; — Aussi bien, — ajouta-t-elle avec un sourire forcé, — nous avons à prendre congé de vous, et, selon toute apparence, nous ne nous reverrons plus... du moins de si tôt.

— Ne plus vous revoir, mademoiselle. Ah! laissez-moi espérer que cette parole cruelle ne se réalisera pas! Je ne sais pour quels motifs vous allez quitter Z***, mais je ne puis penser...

— Ces motifs, — répliqua Henriette avec une légèreté affectée, — mon oncle a dû vous les apprendre... C'est un caprice d'enfant gâté, pour lequel des amis doivent se montrer indulgents.

— Ainsi donc, mademoiselle, c'est bien vous qui avez décidé vos parents... Tenez, excusez ma franchise : de la part de toute autre, je pourrais croire en effet à un frivole caprice... mais de la part de mademoiselle de Bertigny, dont l'esprit est si sérieux, je ne saurais admettre un semblable prétexte.

— Il est réel pourtant. — Mais Henriette se ravisa aussitôt. — Allons, — reprit-elle, — je ne contredirai pas l'opinion favorable que vous avez de moi. Je l'avoue donc, j'ai d'autres raisons qu'une simple fantaisie pour demander à mon oncle et à ma tante un sacrifice qui, je m'en suis aperçue, dérange leurs projets. Et, puisque nous sommes dans la voie des aveux, j'irai jusqu'au bout. Croyez-vous qu'après la scène de l'autre soir, au bal, je n'aie pas de motifs suffisants pour prendre ce pays en horreur?

— Quoi! mademoiselle, vous savez...

— Il est d'usage, monsieur Mersey, qu'une jeune fille ignore ou feigne d'ignorer certaines choses; mais cette précocité que donne la souffrance ne m'a pas manqué, et je devine souvent ce que l'on ne me dit pas. Quelques mots échappés à mon oncle et à ma tante, quelques demi-confidences de cette pauvre Thérèse, m'ont mise au courant de faits douloureux dont je n'avais pas d'abord le moindre soupçon... Et pourtant, monsieur Mersey, le soir dont il s'agit, un vague instinct m'avertissait que je contractais envers vous une dette de reconnaissance!

Les yeux d'Henriette étaient devenus humides, et elle tendit sa main à Mersey, qui la pressa doucement dans les siennes; mais aussitôt mademoiselle de Bertigny la retira en rougissant.

— Je ne mérite pas de remercîments, — reprit Léon, fort ému lui-même; — j'ai seulement mis en évidence une vérité qui ne pouvait manquer d'apparaître toute seule un peu plus tard.

— N'essayez pas de diminuer le mérite de votre délicate et généreuse intervention.... Et maintenant, monsieur Mersey, vous devez comprendre combien cette ville, où j'ai reçu une pareille insulte, m'est odieuse et combien j'ai hâte de la quitter.

— Mais l'erreur n'a-t-elle pas été reconnue? La réparation n'a-t-elle pas été publique et éclatante comme l'offense?

— Aucune réparation ne saurait faire oublier l'outrage.

Les deux jeunes gens se turent et restèrent pensifs, les yeux baissés. Alors on entendit du côté de la porte un faible bruit, mêlé de sourds jappements, et on eût pu croire que monsieur et madame de Bertigny, escortés de l'inévitable King, allaient entrer dans la serre. Mais le bruit cessa bientôt, les jappements s'éloignèrent et personne ne parut.

Du reste, ni Henriette, ni Mersey n'avaient remarqué cette circonstance; ils étaient toujours en face l'un de l'autre, en proie à une émotion muette, quoique profonde. Enfin, Mersey n'y tint plus; il donna libre cours à ses larmes et dit d'une voix étouffée :

— Henriette... mademoiselle... Il y a une autre cause à ce départ... Il y en a une autre, j'en suis sûr!

— D'où peut vous venir cette idée? Je vous affirme...

— Vous êtes trop franche et trop pure pour savoir mentir; je sens, je devine que le motif que vous alléguez à ce départ ne saurait être encore le véritable ou du moins le plus déterminant.

— Comment pouvez-vous supposer?...

— Je suppose toujours en vous les plus nobles sentiments, les plus louables intentions, — répliqua Mersey avec chaleur. — Peut-être, mademoiselle, vous êtes-vous aperçue, vous si belle, vous comblée de tous les dons de la nature et de la fortune, qu'il y avait auprès de vous un pauvre jeune homme obscur, qui vous aimait en silence, de toutes les forces de son âme... Et comme vous ne l'aimez pas, lui, comme d'autre part vous êtes bonne et compatissante, vous avez voulu décourager cet amour respectueux en vous éloignant au plus vite. Vous avez compté que le malheureux dont je parle vous oublierait en votre absence... Mais prenez garde, Henriette... chère Henriette... il peut en mourir!

A cette explosion de sentiments passionnés, mademoiselle de Bertigny s'était reculée d'un pas, toute rouge et la poitrine oppressée. Cependant ses traits n'exprimaient ni surprise ni colère.

— Monsieur Mersey, — balbutia-t-elle, — vous... La personne dont il s'agit, si elle a la fermeté d'âme et l'élévation de pensées que je lui devine, réfléchira sans doute et finira par vaincre un sentiment passager. Elle songera qu'elle a d'autres affections, qu'elle a des devoirs à remplir envers des personnes chères, envers la société...

— Mais si ces affections sont insuffisantes pour satisfaire son cœur, si la force lui manque pour accomplir ces devoirs?

— J'ai entendu dire, et je le crois, qu'aucun sentiment, si vif qu'il soit, ne saurait résister au temps, à la certitude d'une impossibilité. Or, sachez-le bien, Mersey, je ne dois pas me marier... Il existe un obstacle insurmontable... Je ne me marierai jamais.

— Henriette, c'est que vous n'aimez pas!

— Et quand même j'aurais de l'amour, — répliqua mademoiselle de Bertigny avec véhémence, — je ne transigerais pas avec moi-même... Je tiendrais le serment que je me suis fait dans le secret de mon cœur!

— Et ne peut-on savoir, mademoiselle, à quel scrupule exagéré, à quel devoir mal compris peut-être vous vous sacrifiez ainsi?

— Ne m'interrogez pas... je ne saurais répondre; mais ma résolution est ferme, absolue, inébranlable.

Il y eut une nouvelle pause pendant laquelle on eût pu entendre, du côté de la porte, le bruit léger dont nous avons parlé; Mersey reprit avec un accent de désespoir :

— Allons! tout est fini... adieu, mademoiselle... Vous allez poursuivre cette existence indépendante et fière qui semble tant être de votre goût. Que vous importera si vous me laissez sans espérance et sans force! Soyez heureuse... soyez bien heureuse là-bas... Mais il y aura quelqu'un ici qui, en dépit de votre indifférence, vous aimera... jusqu'à ce qu'il meure !

Il fit un signe de la main et sembla vouloir se retirer. Henriette se leva.

— Léon... monsieur Mersey ! — dit-elle avec une espèce d'égarement ; — nous ne pouvons nous séparer ainsi. De grâce, ne m'accablez pas !... Si vous saviez combien je souffre !

Léon se rapprocha vivement d'elle :

— Henriette, — murmura-t-il, — serait-il donc possible que vous eussiez pour moi un peu de pitié ? Ne me permettrez-vous pas d'espérer qu'un jour, les circonstances étant devenues moins contraires...

— Non, non, n'espérez rien, — répliqua mademoiselle de Bertigny d'une voix brisée ; — rien ne changera, rien ne peut empêcher d'être ce qui est... Oubliez-moi.

— Henriette, en dépit de vous-même, il me semble... Je crois deviner... Oh ! je vous en conjure, malgré l'obstacle inconnu qui se dresse entre nous, dites un mot, un seul mot, qui me mette de la joie dans le cœur pour le reste de ma vie !

— Je n'ai rien à vous dire ; je ne dois plus vous adresser qu'une parole : Adieu... et puissiez-vous être plus heureux que moi !

Léon, blessé par ce congé sec, se détournait avec colère, quand il vit la jeune fille pâlir et retomber presque mourante sur le siége qu'elle venait de quitter. Il poussa un cri d'effroi et s'élança pour la soutenir.

Au même instant, monsieur et madame de Bertigny se précipitèrent dans la serre. D'où venaient-ils et comment se trouvaient-ils là si à propos ? Mersey n'eut ni le loisir, ni la volonté de s'en informer. La tante accourut assez à temps pour recevoir Henriette qui perdait connaissance. Elle la prit dans ses bras et dit à Mersey d'un ton triste mais sans colère :

— Ce n'est rien ; un simple accès de faiblesse... Dans un instant il n'y paraîtra plus... Emmenez-le, monsieur, — ajouta-t-elle en s'adressant à son mari, — et envoyez-nous la femme de chambre.

Monsieur de Bertigny entraîna le percepteur qui ne semblait plus avoir conscience de ses actions. Ce fut seulement quand ils se trouvèrent dans le jardin que le député lui dit :

— Ainsi, mon cher Mersey, vous n'êtes pas plus parvenu que nous à vaincre son opiniâtreté ?

— Je n'ai rien obtenu, — répliqua Léon, qui, dans son trouble, ne songeait pas à s'étonner que l'oncle d'Henriette répondit si bien à sa pensée du moment.

— Oh ! c'est une volonté de fer... et Dieu veuille que tout tourne bien pour elle et pour d'autres !

Mersey était incapable de soutenir une conversation réglée et n'osait demander des explications. Aussi, quand la femme de chambre fut venu annoncer que sa jeune maîtresse avait recouvré connaissance, il se retira.

. . . .

Le lendemain, monsieur de Bertigny alla seul prendre congé du percepteur et de sa mère, prétextant que les dames étaient absorbées par leurs préparatifs de départ. Mersey le reçut avec une tristesse, un accablement qu'il essayait en vain de cacher. Quand ils se séparèrent, le député, qui jusqu'à ce moment s'était lui-même montré taciturne et gêné, dit en lui serrant la main :

— Du courage ! mon pauvre Mersey. Le temps amène parfois des changements imprévus... Moi je resterai toujours votre ami, et madame de Bertigny prétend que vous avez du bonheur !

XXII

LA FAISEUSE D'ANGES.

Entre le village de Laborde et la ferme où demeurait la nourrice du petit de Vareilles serpentait une route encaissée et fort roide que les chariots, employés à l'exploitation des carrières du voisinage, avaient mise dans le plus déplorable état. Or, un matin, une voiture assez élégante et attelée de deux robustes chevaux s'était engagée dans ce difficile chemin et se dirigeait vers la ferme. Un homme, vêtu de noir, qui servait de cocher, semblait ne pas connaître le pays, et l'on jugeait à son air soucieux qu'il avait la crainte de s'être égaré.

Dans la voiture se trouvaient deux dames en deuil, ou plutôt une dame portant le long voile des veuves, et une espèce de gouvernante assise sur la banquette de devant. On a deviné Armantine de Vareilles et la grande Françoise, sa confidente ordinaire, comme on eût pu reconnaître dans le cocher qui les conduisait Barthélemy, l'ancien valet de chambre du commandant.

Armantine, dont le crêpe et le cachemire noirs faisaient ressortir la blancheur rosée et les belles proportions, avait été silencieuse pendant une partie du voyage. Ce fut seulement quand on eut dépassé Laborde qu'elle sortit de sa rêverie et qu'elle dit d'un ton mélancolique :

— J'ai beau faire, Françoise, à mesure que nous approchons je sens mon cœur se serrer. En quel état vais-je trouver ce cher enfant ? La nourrice m'a écrit ces jours-ci qu'il était un peu souffrant ; or, quand ces gens-là avouent une indisposition légère, c'est qu'il peut y avoir une maladie grave... Je me reproche amèrement de ne pas être venue encore ici, malgré les impérieux et nombreux devoirs qui me retenaient à la ville.

— Eh ! que peut se reprocher madame ? — reprit Françoise ; — madame est une sainte, et comment se fût-elle absentée quand elle passait les jours et les nuits auprès de monsieur le commandant ? Toute la ville en est dans l'admiration. Les plus grands personnages, monsieur le sous-préfet et monsieur le député de Bertigny lui-même, sont venus vous voir après ce malheur pour vous faire leurs plus beaux compliments... Pour moi, je pense qu'il était temps que la maladie prît fin, car, sans aucun doute, on vous eut enterrée vous-même quelques jours plus tard.

— Et c'est là ce que j'aurais souhaité, Françoise, — dit Armantine avec un soupir, — si je n'avais songé à ce cher enfant dont je suis maintenant le seul soutien... Mais mon Alfred, c'est *lui*, encore *lui* que j'ai tant aimé, et dont la perte me laissera des regrets éternels !

Elle se détourna et s'enveloppa dans son voile, pour cacher qu'elle pleurait... ou peut-être qu'elle ne pleurait pas.

Françoise reprit humblement :

— Que madame me pardonne d'avoir éveillé des souvenirs... Madame est comme une sensitive et on lui fait de la peine sans le vouloir.

En ce moment le cocher arrêta la voiture pour faire souffler les chevaux. Le chemin du reste se bifurquait en cet endroit, et Barthélemy ne savait quel embranchement il devait choisir. Il regardait autour de lui, d'un air embarrassé, quand il aperçut à quelque distance un petit paysan, d'une dizaine d'années, vêtu d'une méchante blouse, pieds nus et ayant une crinière inculte pour unique coiffure. Un moment auparavant, cet enfant était en train de recueillir dans un vieux panier les résidus qu'avaient laissés les chevaux et les bœufs sur le pavé ; mais, à l'approche de la voiture, il avait interrompu sa peu poétique besogne, et, une main étendue au-dessus de ses yeux, il contemplait avec admiration ce superbe équipage, sans doute tout nouveau pour lui.

Barthélemy l'appela et le petit paysan approcha cauteleusement.

— Eh! mon garçon, — demanda Barthélemy, — quel est celui de ces chemins qui conduit à la ferme des Cormiers? — L'enfant ne se pressait pas de répondre. — Tu es donc sourd? Je te demande par où il faut passer pour aller aux Cormiers, chez la mère Crépin?

— Par là! — dit enfin le jeune garçon en désignant une des deux routes.

Il ajouta aussitôt d'un ton futé et sournois :

— La mère Crépin, c'étiont ma mère, et le père Crépin c'étiont mon père... et moi j'étiont leur petit.

Armantine passa vivement la tête à la portière.

— Eh bien! — demanda-t-elle, — ton père et ta mère sont-ils à la ferme?

Le jeune Crépin, à la vue d'une belle dame, porta successivement son doigt dans une déchirure de sa blouse, puis dans ses cheveux, puis le fourra dans son nez, d'un air confus. Cependant il répondit :

— Non, le père étiont au marché de Saint-Bonnet et la mère faisiont de l'herbe pour la vache.

— En ce cas, c'est que le nourrisson va mieux?

— De quel nourrisson parlez-vous? c'est-il du petit Parisien ou de *celui* de Z***, ou de l'enfant de l'hospice?

Armantine manifesta un étonnement extrême.

— Y a-t-il tant de nourrissons que cela aux Cormiers? — s'écria-t-elle; — je croyais... Je parle de mon enfant à moi, du petit de Vareilles que je viens voir.

L'héritier des Crépin ignorait parfaitement le nom des nourrissons de sa mère; toutefois les paroles d'Armantine semblèrent l'inquiéter.

— Comme ça, — reprit-il, — c'est pour celui de Z*** que vous venez? Alors j'allions avertir la mère bien vite.

Et, sans saluer, sans s'inquiéter du produit de ses recherches, qui ballottait dans le panier percé, il se mit à courir à travers champs, de toute la vitesse de ses pieds nus.

Barthélemy et Armantine elle-même l'appelèrent vainement; il continua de détaler, et disparut derrière un bouquet de bois.

Il n'y avait donc plus qu'à suivre la direction indiquée, et c'est ce que l'on fit. Du reste, il n'était plus possible de s'égarer, car, au détour du chemin, on aperçut à quelque distance la ferme des Cormiers.

Cette ferme, très-peu considérable, avait un aspect des plus pauvres. Elle consistait en un petit bâtiment dont les fenêtres n'étaient que d'étroites lucarnes. Une misérable construction en torchis toute crevassée servait d'étable; un hangar, que le moindre coup de vent semblait devoir renverser, servait de grange. Le sol, devant la porte, était couvert de fumier et d'immondices, hérissé de mauvaises herbes. Quelques poules étiques et un coq déplumé erraient en caquetant à l'entour.

Quand la voiture s'arrêta, personne ne vint au-devant des voyageurs, personne ne répondit à Barthélemy, qui appelait d'une voix retentissante. Cependant on mit pied à terre. Le domestique détela ses chevaux fatigués, et, à défaut d'écurie, les attacha sous le hangar aux ridelles d'une vieille charrette renversée; madame de Vareilles et Françoise, après avoir pris dans la voiture de nombreux paquets, s'avancèrent vers l'entrée de la ferme.

Il n'y avait pas même un chien hargneux, selon l'usage, pour en défendre les abords. La porte était ouverte; seulement un treillage en lattes, appelé *chais*, empêchait les volailles d'envahir la demeure du fermier. Armantine, surprise et peut-être effrayée de cette solitude, écarta vivement le treillage et pénétra dans la maison avec Françoise.

La pièce où elle se trouvait était noire, sale et enfumée. Le carrelage en briques manquait en divers endroits et formait des trous remplis de fange. La cheminée béante donnait autant d'air et de lumière qu'aucune des lucarnes disposées de chaque côté de la porte. Le mobilier consistait en deux lits à ciel, aux courtines sordides, en une armoire vermoulue, une table grossière et quelques siéges de bois. Sur la table, on voyait une terrine de lait où de nombreuses mouches étaient venues se noyer, un de ces biberons grossiers appelés *petits pots* par les nourrices de profession, puis une cuiller en plomb et une fiole pharmaceutique encore à moitié pleine de sirop.

Armantine ne put d'abord observer tous ces détails. Le passage subit de la clarté du dehors à cet intérieur sombre l'avait obligée de s'arrêter, ainsi que Françoise. Comme elles cherchaient l'une et l'autre à s'orienter dans ce lieu inconnu et qui leur inspirait un véritable dégoût, leur oreille fut frappée par des cris d'enfant; ils partaient de la pièce même, mais ils étaient si faibles qu'on n'avait pu les entendre jusque-là, bien qu'ils s'élevassent depuis longtemps.

Ces cris, ou plutôt ces gémissements, firent tressaillir Armantine. Elle regarda autour d'elle pour reconnaître d'où ils venaient. Enfin elle distingua entre les deux lits un berceau qui lui était bien connu. Elle s'en approcha avec empressement.

C'était en effet l'élégante barcelonnette que son fils occupait chez elle autrefois; mais dans quel état, bon Dieu! La garniture de soie était arrachée, tachée de manière à ce qu'on ne pût plus déterminer sa couleur primitive; les rideaux étaient en lambeaux. De cette couchette, jadis si propre, si blanche, si gracieuse, s'élevait une odeur fétide et nauséabonde.

Cependant Armantine, surmontant sa répugnance, y plongea un regard avide. L'enfant qui l'occupait, et qui paraissait dormir, était chétif et souffrant à la vérité, mais deux fois plus grand et plus fort qu'elle ne s'attendait à le trouver.

— Voyez, voyez, Françoise, — s'écria-t-elle, — comme il a grandi! N'eût été sa voix je ne l'aurais pas reconnu!

— Mais, madame, ce n'est pas cet enfant qui pleure... celui-ci dort paisiblement... D'ailleurs il est plus âgé que le vôtre, et c'est, j'imagine, l'enfant de la nourrice.

— Il est pourtant dans le berceau du mien; mais alors...

Françoise écarta brusquement le rideau d'un des grands lits, derrière lequel les cris continuaient de se faire entendre, et un triste spectacle s'offrit aux regards de la maîtresse et de la suivante.

Trois petits enfants, trois pauvres créatures à peu près du même âge, également pâles, chétifs et maigrelets, étaient étendus côte à côte, sur un matelas d'étoupes d'où s'échappait une odeur encore plus repoussante que celle du berceau. Ils étaient tous enveloppés de langes d'une malpropreté révoltante, et Armantine reconnut sur chacun d'eux quelque ajustement appartenant à son fils; c'était du communisme appliqué au premier âge. Toutefois, deux dormaient profondément, grâce à une bonne dose de ce sirop de pavots qui était en permanence sur la table; le troisième avait sans doute absorbé aussi sa ration de narcotique, mais la souffrance était plus puissante que la drogue mortelle, et c'était lui qui faisait entendre de continuels gémissements.

Armantine reconnut son fils; elle l'enleva dans ses bras et l'emporta vers la fenêtre, autant pour l'apaiser que pour l'examiner à loisir.

Cet examen pouvait bien briser le cœur d'une mère. L'enfant, qui, on s'en souvient, avait toujours eu un air vieillot, était devenu méconnaissable. Il avait les joues flasques, jaunes, ridées, l'œil terne et vitreux. Évidemment l'étincelle de la vie était près de s'éteindre dans ce corps épuisé, chaque gémissement semblait être un dernier souffle. Des vêtements du petit martyr s'exhalait encore cette odeur fétide qui semblait inhérente aux choses et aux habitants de cet ignoble taudis.

Que se passa-t-il chez Armantine? Le lecteur sait jusqu'à quel point un pareil résultat devait la surprendre; cependant, à la vue de ces horreurs, des larmes abondantes jaillirent de ses yeux.

— Grand Dieu! — s'écria-t-elle, — quel affreux changement! Mon cher Alfred, si vif, si remuant, si alerte autrefois! Mais cette femme est donc un monstre?

— Je n'aurais jamais cru cela de madame Crépin, — dit Françoise en détournant la tête; — aussi bien elle m'a trompée; je croyais ces gens à l'aise, et tout ici annonce la misère!

— Mais voyez donc, mon enfant souffre! — reprit Armantine avec une anxiété croissante; — on dirait... Mon Dieu! que faire?

— Je supplie madame de ne pas se tourmenter ainsi; madame va encore se rendre malade... Et d'ailleurs voici quelqu'un, je crois.

En effet, on entendait au dehors un bruit de voix, et bientôt la mère Crépin, toute haletante, entra, suivie de son fils, le jeune drôle que nous connaissons déjà.

La nourrice, si coquette et si avenante quand elle demeurait chez madame de Varcilles, était elle-même bien changée. Elle avait maigri et pâli; ses cheveux en désordre s'échappaient de dessous une coiffe usée et posée de travers. Son habillement consistait en un casaquin et un jupon court d'étoffe grossière; elle marchait pieds nus dans des sabots cassés; enfin c'était la paysanne besogneuse, âpre au gain, dure pour les autres comme pour elle-même, indifférente à tout ce qui ne permet pas de réaliser le moindre bénéfice ou d'économiser un sou.

Elle semblait être venue en toute hâte et la sueur ruisselait sur son visage. Elle jeta un rapide coup d'œil autour d'elle, et quand elle vit le nourrisson dans les bras de sa mère, elle fit un geste de désappointement, comme si un malheur qu'elle avait craint était arrivé. Cependant elle se remit aussitôt et dit en affectant beaucoup de joie :

— Sainte Vierge! madame, c'est-il bien vous? qui se serait attendu?... Quand je vous ons écrit, je pensions point que vous seriez venue vous-même, rapport à la mort du vieux monsieur...

— Et c'est pour cela que vous laissez mon enfant dans cet abandon?

— Voyez comme les autres sont sages! N'y a que le vôtre qui geint à cause de ses dents... Ensuite, — poursuivit-elle furieuse en se tournant vers son fils et en lui appliquant une claque des plus sonores, — v'là ce brigand de Pierre que j'avions chargé de veiller sur les petiots et qui aime mieux s'amuser par les chemins.

Nous savons à quoi Pierre s'amusait; cependant il reçut la taloche maternelle avec philosophie et alla se cacher dans un coin obscur.

— Misérable femme! — reprit Armantine, — avez-vous pu mettre mon fils en pareil état? Moi qui considérais comme des calomnies le mal qu'on me disait sur votre compte!

— Bon! vous fâchez pas, la bourgeoise; je vas vous dire, c'étiont ses dents... Et puis je voulions le changer et l'habiller tout blanc à mon retour.

— Eh bien, commencez par l'apaiser, — dit Armantine, que les plaintes continuelles du pauvre petit agaçaient et navraient en même temps.

— Passez-le-moi, ça me connaît, — dit la mère Crépin en prenant l'enfant avec une rudesse qu'elle modéra aussitôt.

Elle s'approcha de la table, souffla sur le vase de lait pour en écarter les mouches mortes; puis elle remplit le pot de terre qui servait de biberon. Armantine observait avec surprise tous ces mouvements.

— Qu'allez-vous faire? — demanda-t-elle?

— Vous le voyez ben, j'allons l'y donner à boire.

— Mais pourquoi ne lui donnez-vous pas le sein?

— Ah! je vas vous dire... car aussi ben faut que vous le sachiez à la fin... j'ons plus de lait.

— Quoi! — s'écria Armantine, — votre sein s'est tari et vous nourrissez mon enfant au biberon?

— Pourquoi donc pas? — répliqua la paysanne avec impudence; — les autres qui sont là, et le petit Parisien, et l'enfant de l'hospice, qui valont ben le vôtre, sont gros et gras que c'est un plaisir... Le lait de notre vache étiont excellent, et les ceux qu'on élève au petit pot veniont aussi bien que les autres.

Nous ne savons si Armantine avait prévu ce qui arrivait, mais en ce moment elle éprouvait à la fois de la douleur, de la colère et de l'épouvante.

— Il ne manquait plus que cela! — s'écria-t-elle; — je vais reprendre mon enfant, le ramener chez moi; je ne le laisserai pas une minute de plus entre les mains d'une pareille femme... D'ailleurs il est urgent de consulter un médecin.

— Bah! c'est ren, — répliqua la nourrice, qui pourtant commençait à perdre la tête; — tout à l'heure il n'y paraîtra plus... Laissez-moi le faire boire.

Barthélemy, qui avait jeté devant ses chevaux quelques poignées de foin enlevées à la vache laitière, venait d'entrer dans la maison. Madame de Varcilles l'appela en conseil avec Françoise pour décider des mesures à prendre immédiatement.

Pendant qu'on discutait à voix basse, la mère Crépin, après avoir rempli le biberon, en approcha le goulot des lèvres d'Alfred. Le pauvre petit essaya de détourner la tête; mais il ne put éviter que la nourrice lui introduisît le goulot dans la bouche et n'y versât quelques gouttes du contenu.

Aussitôt la malheureuse créature fut prise d'une toux violente et convulsive. L'accès fini, on put voir que ses traits demeuraient crispés et qu'une teinte violacée envahissait ses lèvres, tandis que ses yeux se fermaient à demi.

Armantine s'était élancée et avait arraché l'enfant à la nourrice. Celle-ci avait trop d'expérience en pareille matière pour se méprendre aux signes redoutables qui se manifestaient.

— Je croyons tout de même, — reprit-elle avec confusion, — qu'il falliont faire venir le *guérisseur*... Pierre, va-t'en ben vite querir monsieur Renaud.

— Pourquoi n'irais-je pas moi-même? — reprit Barthélemy; — on n'a qu'à m'indiquer le chemin, et je monterai sur un de mes chevaux.

Madame de Varcilles ne répondit pas, absorbée et terrifiée qu'elle était par l'état de son fils. Les convulsions continuaient; la teinte violacée passait au noir; tous les membres de la frêle créature se tordaient de souffrance.

Enfin les spasmes s'arrêtèrent tout à coup, les bras et les jambes redevinrent inertes. Armantine pensa qu'une réaction favorable s'opérait. Comme pour confirmer cette supposition, Alfred ouvrit les yeux de toute leur grandeur et les fixa sur sa mère. Ils rayonnaient d'intelligence, et madame de Varcilles crut y retrouver l'expression du regard de son mari. En même temps le pauvre petit prononça pour la première fois une parole...

Etait-ce erreur? était-ce conscience troublée d'Armantine, ou bien mystérieuse révélation d'une force inconnue? Madame de Varcilles s'imagina que le mot prononcé par cet enfant de dix mois, qui n'avait jamais parlé jusque-là, était celui-ci : MAMAN.

Ce mot, réel ou non, pénétra jusqu'au cœur d'Armantine, fit tressaillir en elle tout ce qu'il y avait d'humain; aussi bien il avait été prononcé, à ce qu'elle croyait, avec un accent d'ineffable reproche. Incapable de parler, respirant à peine, elle continuait d'observer avec une angoisse silencieuse les rapides changements qui s'opéraient sur le visage de son fils.

On eût dit, du reste, que ce regard intelligent et ce

mot unique prononcé comme un suprême appel ou une réprobation, avaient été la dernière lueur de la vie. Une légère convulsion se manifesta de nouveau; puis les yeux de l'enfant se refermèrent, un faible souffle s'échappa de sa bouche entr'ouverte... et tout fut dit pour Alfred de Vareilles.

Il était devenu ce que la nourrice appelait un petit ange.

Armantine ne pouvait y croire d'abord, et elle contemplait ce corps chétif qui demeurait inerte et glacé sur ses genoux. Enfin, quand aucun doute ne fut plus possible, elle poussa un cri déchirant; sa conscience l'emporta, et, élevant ses deux mains au-dessus de sa tête, elle dit avec un inexprimable désespoir :

— Malheureuse! malheureuse! qu'ai-je fait! (1).

. . . .

Une demi-heure plus tard, on avait enlevé le petit cadavre à la mère et on l'avait caché dans la barcelonnette, après en avoir délogé l'enfant de la nourrice. Barthélemy était parti avec Pierre pour aller chercher le médecin du village, bien que désormais l'homme de science eût seulement à constater un malheur accompli. Armantine, assise à l'écart, sanglotait dans son mouchoir, sans écouter Françoise, qui lui débitait les consolations banales d'usage et l'engageait à se faire une raison. Quant à la nourrice, elle allait et venait, d'un air morne, pour soigner les autres enfants que le bruit avait enfin tirés de leur sommeil narcotique.

La mère Crépin ne versait pas une larme; elle avait tant vu de catastrophes de ce genre! Mais elle songeait qu'elle allait perdre de gros gages, sans compter les nombreuses provisions qu'on lui envoyait chaque mois et dont tout le monde profitait dans la maison, excepté le petit Alfred; il y avait bien là de quoi lui donner une contenance inquiète et abattue.

Du reste, elle eut bientôt de nouvelles craintes. La douleur d'Armantine se changea en colère. Madame de Vareilles, essuyant ses yeux, s'écria tout à coup :

— Abominable créature, croyez-vous que je laisserai mon cher petit enfant sans vengeance? Oh! je vous le jure, vous serez punie de votre égoïsme, de votre avidité, de votre impitoyable négligence!... En sortant d'ici je vais m'adresser à la justice.

La mère Crépin, nous le répétons, avait le cœur aussi dur qu'une pierre. Mais ce mot de *justice* la frappa de terreur.

— Voyons, ma bonne dame, — dit-elle, — ne soyez pas si méchante envers le pauvre monde... votre petit étiont *mal entrepris*... pas plus de force qu'un poulet... Il n'y a pas de ma faute, parole d'honneur la plus sacrée!

— Ah! l'on me l'avait bien dit, — poursuivit Armantine, — que vous étiez une de ces exécrables femmes qui spéculent sur les nourrissons, une *faiseuse d'anges*! Mais cette accusation me semblait monstrueuse, impossible; je vous avais vue si attentive, si soigneuse auprès de mon fils, quand vous étiez chez moi... Et pourtant c'est vous qui l'avez tué mon cher petit Alfred! Mais vous irez en prison, et votre scélérat de mari aussi...

— En prison! — répéta la nourrice éperdue.

— Oui, en prison! et l'on vous empêchera de continuer vos infâmes entreprises sur les enfants; on vous interdira, sous les peines les plus sévères, cet épouvantable métier.

— Ouais! — reprit une voix enrouée derrière elle, — qui parlont d'empêcher l'état de not' femme? Faudra voir ça peut-être... Et je somme là, moi!

Armantine se retourna; Crépin entrait, revenant du marché où il avait vendu quelques denrées, et il était facile de reconnaître que, selon l'usage en pareille circonstance, il avait bu un coup de trop; il semblait même tout à fait ivre. Revêtu de ses habits du dimanche, le chapeau sur l'oreille, un bâton à la main, il avait un air arrogant et provocateur.

Madame de Vareilles était trop animée pour s'en effrayer.

— Ah! vous voilà donc, Crépin? — s'écria-t-elle; — votre avarice, votre paresse, vos débauches obligent sans doute votre femme à faire ce commerce odieux qui révolte la nature : car je ne peux croire qu'une mère, sans y être forcée, soit aussi impitoyable envers ses enfants et envers les enfants des autres... Mais, vous aussi, vous aurez à rendre compte de ce crime; je vous poursuivrai tous les deux à outrance.

Crépin, ignorant de quoi il s'agissait, demeurait tout interdit.

— Tiens! — demanda-t-il avec brutalité, — Qu'est-ce qu'elle chante donc, la madame?

— Méfie-toi, Crépin, — lui dit la nourrice tout bas; — son mioche veniont de tourner de l'œil, et c'étiont ce qui la tarabuste.

Le paysan fit la grimace.

— Tonnerre! c'est une fière perte pour nous!... — Mais il reprit aussitôt d'un ton d'insouciance : — Ah bah! c'est pour ça que vous nous faisiont tant d'histoires, la maman? La belle affaire!... Votre gars étiont si petit! à cet âge les enfants n'avions pas d'idée.

Armantine était tellement révoltée qu'elle faillit sauter au visage du père Crépin; mais l'œil torve, la figure enluminée de cet homme l'effrayèrent. Elle se contenta de murmurer :

— Race abrutie!... âmes de fange!

— Hein! des sottises, je crois? — reprit Crépin avec la dignité de certains ivrognes, en se redressant.

— Si ce n'étiont que ça! — s'écria la nourrice; — mais la dame vouliont nous dénoncer, nous faire mettre en prison!...

— En prison? — répéta le paysan d'un ton stoïque; — alors y nous nourriront sans rien faire... voilà!

— Mais on nous retirera la ferme dont tu ne payont pas les fermages... Et puis les gens de la ville ne voudriont plus nous envoyer leurs mioches... et je serons ruinés!

Malgré les fumées de l'ivresse, Crépin comprit les conséquences désastreuses que les poursuites de madame de Vareilles pouvaient avoir. Il frappa du pied.

— Mille diables! — s'écria-t-il, — je voulont pas ça... je ne le souffriront pas.

— Et comment l'empêcherez-vous? — demanda Armantine exaspérée.

— Vous allez voir... Femme, charge-toi de la servante et garde la porte, afin qu'elles n'essayeront pas de jouer des jambes... je me chargeront de la maîtresse.

Et il s'approcha d'Armantine, sa trique à la main. Madame de Vareilles recula.

— Misérable! que me voulez-vous? — s'écria-t-elle.

— Je vouliont tant seulement vous faire jurer, mais là, devant le bon Dieu, la bonne Vierge et tous les bons saints du paradis, que vous ne nous dénoncerez pas à la justice, que vous ne nous ferez pas mettre en prison, que vous n'empêcherez pas not' femme de faire son état... C'est-il dit?... faut jurer!

Armantine s'aperçut alors qu'elle était entièrement à la merci de cet ivrogne, dans cette maison isolée, loin de tout secours. Il n'y avait pas à compter sur Françoise, terrifiée elle-même. La mère Crépin semblait trouver admirable le procédé du fermier pour leur assurer l'impunité à tous deux; elle avait presque la vigueur d'un homme, et se montrait fort disposée à intervenir

(1) En racontant la mort d'un enfant en nourrice, nous ne craignons pas de charger le tableau. On en sera convaincu si l'on se souvient que, d'après des documents récents et *officiels*, la mortalité des enfants confiés aux nourrices s'élève, dans certains départements, à *quatre-vingt quinze pour cent*. Il y a donc là une des plus hideuses et des plus redoutables plaies de notre époque.

en faveur de son mari dans une lutte possible. Néanmoins, madame de Vareilles était sous le coup d'une surexcitation trop vive, elle avait trop d'opiniâtreté féminine pour céder ainsi.

— Jamais, jamais! — s'écria-t-elle; — dussiez-vous me tuer, je ne prononcerais pas un serment que je ne saurais tenir... Je veux venger la mort... l'assassinat de mon fils!

— Ouiche! — reprit le paysan d'un ton farouche et menaçant; — ne m'ostinez pas... Je sommes-t-y pas assez puni que le petiot étiont décédé? Je perdions-t-y pas quinze bons écus qui ne gelaient point chaque mois, et du sucre, et des biscuits, et du savon... sans compter que vous auriez bien fini par envoyer du vin et du cassis... es autres mioches d'ici c'étiont des malheureux; rien à frire; le vôtre seul rapportait à la maison... Eh bien! là, la main sur la conscience, c'est-y pas assez triste pour nous? Faudra-t-y donc encore que j'allions en prison et que la mère Crépin perde son état? Non, non, mille millions de... Faut donc jurer. Et plus vite que ça.

— Jamais, je vous le répète, — répliqua Armantine; — si mon enfant était pour votre maison une cause de prospérités, pourquoi n'aviez-vous pas pour lui les soins et l'affection que vous lui deviez? Je vous poursuivrai tant que j'aurai un souffle de vie!

La nature humaine est pleine de contradictions! Armantine de Vareilles, dont le lecteur a pu apprécier certains mobiles coupables, était de bonne foi en ce moment: elle éprouvait réellement la douleur maternelle qu'elle exprimait avec tant de chaleur. Mais Crépin ne lâcha pas prise, et l'ivresse augmentait encore son entêtement ordinaire.

— Ah! c'étiont comme ça! — s'écria-t-il en fureur; — vous m'*ostinez*... Cré nom! nous allons voir!

Et il fit un mouvement pour s'élancer sur la jeune femme en élevant son bâton. Cette fois le courage d'Armantine fléchit; elle poussa des cris et se réfugia derrière un meuble. Françoise se mit à crier plus fort encore.

Cette scène ignoble eut un résultat inattendu. La porte s'ouvrit tout à coup, et plusieurs personnes entrèrent. C'était d'abord Barthélemy, puis un homme d'un certain âge, vêtu en bourgeois campagnard, qui était le médecin de Laborde; puis enfin Pierre, le fils de la maison, qui se glissait furtivement derrière eux. Armantine cria d'un ton d'angoisse:

— A mon secours!... ces scélérats vont m'assassiner comme ils ont assassiné mon enfant!

— Hein! qu'est-ce que cela? — dit Barthélemy en saisissant l'ivrogne et en le lançant à l'autre bout de la pièce, — comment, coquin! vous osez lever la main sur ma maîtresse?

— A quoi penses-tu, Crépin? — dit le docteur à son tour d'un ton sévère, — n'est-ce pas une honte?

Crépin était lâche; à la vue de ce renfort il se dégrisa subitement. Il demeurait comme étourdi à la place où on l'avait jeté, quand la nourrice, voyant la partie perdue, se hâta d'intervenir.

— Ne faites pas attention, madame et messieurs, — reprit-elle humblement, — mon pauvre homme n'étiont pas méchant; mais il étiont *bu*, comme ça se voit... C'est le vin qui le faisiont parler... Allons! Crépin, viens par ici... tu ne te conduisons pas bien en société.

Elle le prit par le bras et l'entraîna vers une espèce d'étable où couchait le petit Pierre. Crépin se laissa conduire sans résistance, en grommelant:

— Ça c'est vrai... J'étions *bu* mais pas méchant... Histoire de rire avec la belle dame... Il aimont à rire, le père Crépin!

Sans l'écouter, la nourrice le poussa dans l'étable et referma la porte sur lui.

On ne songeait déjà plus à eux. Le médecin s'était approché de la barcelonnette et examinait avec attention le corps inanimé de l'enfant, tandis que madame de Vareilles, oubliant tout le reste, attendait avec anxiété le résultat de cet examen. Elle n'eut pas, hélas! longtemps à attendre. Bientôt le docteur s'éloigna tristement.

Il fut convenu que l'on mettrait le corps dans la voiture et qu'on le transporterait au village. Il y avait à Laborde une auberge où Armantine comptait passer la nuit avec son monde, pour assister le lendemain aux funérailles d'Alfred.

— D'ailleurs, — reprit-elle, — je désire, docteur, qu'il soit fait une enquête sur les causes de la mort de mon fils. Vous aurez à constater, par exemple, que vos prescriptions médicales n'ont pas été plus suivies que celles du médecin de ma famille.

— Mes prescriptions, madame? — demanda le docteur avec surprise; — mais voici la première fois que je suis appelé auprès de ce malheureux enfant!

— Est-il possible! — s'écria Armantine.

On interrogea la mère Crépin, qui balbutia des explications incohérentes. On finit néanmoins par comprendre que l'honnête nourrice comptait bien faire payer des visites de médecin à la famille du nourrisson, mais que ces visites en elles-mêmes lui avaient paru complétement inutiles.

On quitta avec indignation cette maison de misère. Dans le trajet pour se rendre au village, Armantine exprima encore au médecin sa volonté bien arrêtée de poursuivre les époux Crépin en justice. Le docteur secoua la tête:

— Vous êtes dans votre droit, madame, — répondit-il; mais, permettez-moi de vous le dire, il ne faut attendre de ce procès aucun résultat sérieux. Ces gens, si méprisables pourtant, ont tout le pays à leur dévotion; on les craint; personne ici n'osera porter témoignage contre eux, au risque de s'attirer leur inimitié. Le maire, à qui vous allez déposer votre plainte, et qui devra en dresser procès-verbal, est proche parent des Crépin. Moi-même, que pourrais-je affirmer dans cette affaire? Je n'ai reconnu aucune trace de sévices sur le corps de l'enfant; la mort de votre fils est due, selon toute apparence, au manque de soins, à l'ignorance, à certaines pratiques stupides de la nourrice; mais celle-ci arguera de sa bonne foi; elle ne manquera pas de gens pour affirmer que l'enfant était de constitution faible et chétive, qu'il ne pouvait vivre, que l'événement funeste peut seulement être attribué à la force des choses. La loi actuelle, il faut le dire avec douleur, est à peu près impuissante à punir les crimes de ce genre; ils ressortissent surtout à l'opinion publique et aux mœurs; c'est à la vigilance des familles qu'il appartient de les prévenir... Du reste, le mal est immense, et il est bien temps que la société avise à se défendre.

Le docteur avait raison, et madame de Vareilles ne tarda pas à en acquérir la preuve, soit qu'elle obéît uniquement à un sentiment maternel, soit qu'elle sentît la nécessité de rejeter sur d'autres la responsabilité d'un tort dont elle avait sa part, elle fit grand bruit de cette affaire. Plainte fut donc déposée et le procès s'engagea; mais, après les délais et les lenteurs d'usage, la nourrice, comme l'avait prévu le docteur, fut acquittée. En revanche, le père Crépin fut condamné à trois jours de prison, pour ses injures et ses violences envers madame de Vareilles, les juges, à leur grand regret, n'ayant pu le frapper d'une peine plus forte.

L'opinion publique se prononça avec énergie contre les époux Crépin, et l'administration des hospices s'empressa de retirer l'enfant qu'elle leur avait confié.

Mais il leur resta le *petit Parisien*; et comme ils appliquèrent encore leur système à cet unique nourrisson, le *petit Parisien* ne tarda pas à aller rejoindre au cimetière de Laborde le pauvre Alfred de Vareilles et les autres enfants que la *faiseuse d'anges* y avait envoyés déjà.

XXIII

LE SALON.

Dix mois se sont écoulés depuis la mort du commandant de Vareilles, et c'est à Paris, dans l'hôtel occupé par monsieur de Bertigny, que nous allons retrouver les principaux personnages de cette histoire.

La session législative, cette année-là, se prolongeait plus que d'habitude, et quoique l'on fût déjà au mois de juin, il n'était pas question de clore les débats parlementaires. L'hôtel de monsieur de Bertigny, situé dans le quartier aristocratique qui s'étend de la rue du Bac aux Invalides, était le rendez-vous ordinaire des députés du parti conservateur; cependant on n'y rencontrait pas seulement des hommes politiques, mais encore des amis de la famille, des électeurs influents, et surtout bon nombre de solliciteurs.

Il y avait donc foule, un soir d'été, dans un salon du rez-de-chaussée qui précédait le cabinet de monsieur de Bertigny. Un lustre chargé de bougies et les feux de plusieurs lampes eussent produit dans cette pièce une chaleur étouffante si trois grandes baies vitrées, ouvertes sur le jardin, n'y avaient laissé largement pénétrer un air frais et vivifiant. Madame de Bertigny et sa nièce Henriette, assises en face d'une de ces portes, étaient entourées d'une douzaine de dames qui causaient des nouvelles du jour. Dans le reste du salon, il y avait des groupes d'habits noirs où l'on parlait politique et où chacun défendait l'intérêt de son parti ou de son ambition.

Cependant, ce soir-là, une sorte de malaise pesait sur les assistants. La gaieté semblait forcée; on chuchotait à l'écart, et les votes de la chambre n'étaient certainement pas la cause unique de ces entretiens mystérieux. Le député venait d'entrer dans son cabinet avec deux ou trois intimes; et les regards des causeurs se tournaient furtivement vers les dames, comme si elles eussent été pour quelque chose dans cette préoccupation. La bonne madame de Bertigny, en effet, se montrait distraite et paraissait avoir besoin de quelques efforts pour faire les honneurs de sa maison. En revanche, Henriette manifestait une entière liberté d'esprit, répondant avec aisance aux politesses et aux compliments dont on l'accablait.

Néanmoins cette sérénité candide ne tarda pas à être troublée; un domestique annonça d'une voix sonore :

— Monsieur Léon Mersey.

Les dames de Bertigny n'avaient pas vu le jeune percepteur depuis leur départ de Z***, et rien ne leur avait fait prévoir cette visite. Aussi la nièce ne put-elle s'empêcher de tressaillir tandis qu'une vive rougeur envahissait ses joues; mais la tante montra autant de joie que de surprise, et se leva d'un air empressé.

A l'annonce du valet, plusieurs personnes s'étaient tournées vers le nouveau venu; mais, voyant un jeune homme à tournure modeste, sur lequel rien ne pouvait fixer l'attention, chacun reprit son attitude précédente et poursuivit la conversation interrompue. La curiosité des assistants ne pouvait donc intimider Léon; cependant il était fort ému quand il s'approcha des maîtresses du logis pour les saluer.

Madame de Bertigny lui tendit ses deux mains :

— Toujours heureuse de vous voir, monsieur Mersey, — dit-elle ; — mais c'est un miracle, un vrai miracle que de recevoir votre visite à Paris.

Léon avait jeté un regard rapide sur Henriette, qui s'était contentée de le saluer avec embarras.

— Madame, — balbutia-t-il, — une cause importante m'a obligé de quitter ma résidence de Z***. Le moment est venu où ma mère doit subir l'opération de la cataracte; et, après avoir obtenu un congé de quelques jours, je l'ai amenée à Paris pour la confier aux soins d'un célèbre oculiste. Pendant mon séjour ici, j'aurais été inexcusable de ne pas rendre mes devoirs à monsieur de Bertigny et... aux dames de Bertigny. Aussi, apprenant que ce soir il y avait réception chez vous, j'ai pris la liberté...

— Et vous êtes le bienvenu, comme un véritable ami... N'est-il pas vrai, ma nièce?

Henriette fit un effort pour surmonter son trouble :

— Certainement,—balbutia-t-elle à son tour, — monsieur Mersey ne peut douter... Et j'apprendrai avec beaucoup de joie le succès de l'opération que va subir l'excellente madame Mersey, pour qui j'ai tant de respect et d'affection.

La conversation ainsi entamée allait se continuer peut-être, quand on annonça de nouveaux visiteurs. Henriette se leva pour aller au-devant de plusieurs jeunes filles de ses amies qui arrivaient avec leurs familles; madame de Bertigny n'eut que le temps de dire bas à Mersey :

— Mon mari est occupé en ce moment, mais ne partez pas sans l'avoir vu. Votre présence lui sera particulièrement agréable dans les circonstances actuelles.

Mersey s'inclina et se perdit dans la foule.

Il sentait le besoin de se calmer un peu, à la suite de la secousse intérieure qu'il venait d'éprouver; mais, comme il gagnait un coin du salon, il se trouva tout à coup face à face avec un gros homme, à barbe prétentieuse, qui lui dit en souriant :

— Eh! eh! monsieur le percepteur de Z***, une vieille connaissance, je crois?

Mersey reconnut Claveau, qui, en sa qualité d'électeur, avait ses entrées chez le député du département. Déjà, en diverses circonstances, Léon s'était rencontré avec le glorieux parvenu, mais il l'avait toujours évité et s'était contenté de le saluer froidement. Il répondit d'un ton sec :

— Il est possible, en effet, monsieur, que nous ayons eu certains rapports autrefois; mais il y a si longtemps, ils ont été de nature telle que je désire les oublier.

Et il voulut tourner le dos à l'ancien notaire; celui-ci reprit en redoublant d'apparente bonhomie :

— Voyons, voyons, percepteur, me gardez-vous réellement rancune de vous avoir fait manquer la succession de votre tante de Maledan? Réfléchissez donc; je n'étais plus notaire, et puis, ce jour-là, j'attendais du monde... des femmes, s'il faut le dire,— ajoute Claveau avec un sourire de fatuité.—Tenez, nous sommes voisins à Z***, et ce malentendu entre nous m'est désagréable; ne serait-il pas temps d'y mettre fin? Venez donc me voir un de ces jours, à mon château; on y mène joyeuse vie et ma table n'est pas mauvaise,.. sans compter que ma bourse est toujours ouverte à mes amis.

— C'est à merveille pour vos amis et pour ceux qui acceptent vos dîners, — répliqua Mersey.

Claveau semblait ne pas comprendre comment un petit fonctionnaire à mille écus d'appointements pouvait dédaigner sa bourse et son hospitalité somptueuse. Cependant il ajouta :

— Malgré votre humeur farouche, je veux vous instruire d'un fait qui ne peut manquer de vous intéresser. Le baron de Maledan, le frère et l'héritier de votre tante défunte, est malade en ce moment, et je tiens du notaire, mon successeur, que le baron a l'intention de restituer à madame votre mère...

— Il suffit,— interrompit Léon.— Si monsieur de Maledan a de pareilles intentions, il les fera connaître sans doute; ma mère et moi nous prendrons patience... Je vous salue.

Il se glissa derrière un groupe compacte de politiqueurs, qui ne se fussent pas dérangés pour un boulet de canon, et laissa Claveau tout déconfit du mauvais résultat de ses avances.

Cependant Mersey ne jouit pas longtemps de l'isolement qu'il souhaitait. Une main finement gantée se posa sur la sienne; un homme, dont l'exquise élégance contrastait avec la simplicité du percepteur, lui dit d'un ton amical :

— Bonjour, Léon.

C'était Oscar de Vareilles. Les deux jeunes gens, on s'en souvient, s'étaient séparés dans les meilleurs termes à Z***. Oscar ne pouvait oublier que, lors de la mort de son père, Mersey seul l'avait défendu contre des imputations odieuses, seul lui avait donné des marques de sympathie, et peut-être avait-il d'autres raisons pour l'aborder. Le percepteur se montra pourtant assez réservé envers son ancien camarade de collége, soit qu'il fût distrait en ce moment, soit que les calomnies qu'il avait repoussées jadis lui eussent laissé en dépit de lui-même une impression fâcheuse. Quoi qu'il en fût, il ne pouvait manquer de politesse envers un ami d'enfance. Il s'informa donc de tout ce qui touchait Oscar.

— Ma foi! mon cher, — reprit de Vareilles avec une certaine condescendance dédaigneuse, — je suis ici en solliciteur... Dans ce maudit Paris, les fortunes s'ébrèchent vite, et j'espère que monsieur de Bertigny, qui a tant de pouvoir, m'ouvrira la carrière administrative. Mon père et mon oncle étaient ses électeurs; moi-même je suis électeur encore... Par malheur, on paraît avoir ici contre moi certains préjugés... Toi, au contraire, Léon, tu as l'air d'être au mieux dans la maison, et si tu pouvais glisser un mot en ma faveur...

— Je le ferai volontiers, Oscar, quoique tu t'exagères mon crédit auprès du puissant député. Mais comment, toi qui viens d'hériter une belle fortune?...

— Bah! j'avais un arriéré énorme... Et puis la succession de mon oncle, qui devait me revenir, n'a-t-elle pas passé dans les mains d'Armantine... de ma tante?

— Ne t'en plains pas trop, Oscar; ta tante est une si noble et si excellente dame! On ne peut assez admirer là-bas son courage, sa dignité à supporter les malheurs qui sont venus coup sur coup fondre sur elle. Pauvre femme! Perdre à quelques jours d'intervalles son mari et son enfant, ce qu'elle avait de plus cher au monde! Elle a vaillamment rempli son devoir envers l'un et envers l'autre, et sa conscience satisfaite a dû lui donner de la force pour supporter son immense douleur. Pendant tout son deuil elle est restée enfermée chez elle, ne recevant personne, s'occupant uniquement d'actes de piété et de bonnes œuvres... Enfin elle s'est décidée à quitter sa demeure de Z***, où ses lugubres souvenirs la tuaient; et quand elle est partie, toute la ville, je crois, a voulu l'accompagner à la gare pour lui donner une preuve de sympathie... Mais tu as dû la voir à Paris, Oscar?

— Oui... non... A vrai dire mon cher, j'ai été absent ces jours derniers, et je suis de retour depuis quelques heures seulement.

— Quoi! tu n'as pas vu encore ta belle et aimable tante! Quelle vie dissipée mènes-tu donc?... Mais j'ai entendu dire que madame de Vareilles comptait faire visite à madame de Bertigny, dont elle a reçu de nombreuses marques d'intérêt, et il ne serait pas impossible qu'elle vînt ce soir... Je m'attendais même à la rencontrer ici.

— Ici! — répéta Oscar avec une sorte d'effroi. — Mersey remarqua très-bien ce mouvement qui était de nature à le surprendre. Il allait peut-être questionner Vareilles à ce sujet, quand celui-ci demanda bas, avec le désir évident de détourner l'attention : — As-tu entendu parler, Mersey, de l'article qui a paru hier au soir dans un journal satirique intitulé le *Dragon rouge*, article qui désole si fort toute la famille de Bertigny?

— Pas le moins du monde... De quoi s'agit-il donc?

— Vraiment, tu ignores... Il n'a été question que de cela aujourd'hui à la chambre, et, si tu pouvais entendre en ce moment même les conversations à voix basse... L'honneur du nom de Bertigny est compromis, à ce qu'il paraît, de la manière la plus grave.

— Que dis-tu? — reprit Mersey avec agitation, — explique-moi...

Une porte s'ouvrit, et monsieur de Bertigny entra dans le salon avec plusieurs autres personnages.

— Ma foi! mon cher, — dit Oscar, — voici le maître de céans qui te contera l'affaire, s'il en a la fantaisie. Va le saluer, puisque tu ne l'as pas fait encore; et à l'occasion ne manque pas de lui glisser un mot pour moi.

Et Oscar s'éloigna brusquement.

Mersey voulut en effet s'approcher de monsieur de Bertigny, qu'il voyait rouge et animé à quelques pas; mais la tâche n'était pas facile, et il attendait que la foule fût un peu moins grande autour du député, quand celui-ci le reconnut dans les rangs pressés des assistants. Aussitôt son visage s'épanouit, et il vint lui-même au-devant de Léon en s'écriant :

— Vous ici, mon cher percepteur! Ah! c'est un heureux hasard qui vous amène chez moi.

Il passa son bras sous celui de Mersey, qui balbutiait quelques compliments. Comme monsieur de Bertigny se disposait à le conduire dans son cabinet, un domestique annonça :

— Madame de Vareilles!

Et Armantine fit son entrée dans le salon.

Jamais elle n'avait été si charmante, et sauf une légère pâleur due à sa longue réclusion, sauf un petit air languissant que tempérait en ce moment un sourire de politesse, rien ne témoignait que sa santé eût été altérée par le chagrin. Elle portait encore le demi-deuil, et sa robe de soie violette, garnie de dentelles noires était d'un goût exquis.

Un murmure d'admiration s'éleva sur son passage : les plus acharnés causeurs s'interrompirent pour la regarder. Madame et madmoiselle de Bertigny se levèrent avec empressement, et le député, malgré l'impatience qu'il semblait avoir de rentrer dans son cabinet avec Léon, s'approcha d'elle d'un air de courtoisie.

— Ah! — dit-il tout haut, — le sort nous devait ce soir d'agréables compensations, et il nous envoie madame de Vareilles, la perle de Z***, la bonne, la sainte, comme on l'appelle là-bas!

— Monsieur! — murmura Armantine toute rose de modestie.

— Vous voilà donc enfin, chère belle? — dit madame de Bertigny en l'embrassant. — C'était mal de vous confiner, à votre âge, dans une retraite absolue, de renoncer au monde, à vos amis!

— Ah! madame, — répliqua Armantine en baissant les yeux, — j'étais si malheureuse... Mais j'ai trouvé des consolations dans la religion; le courage m'est revenu, et j'essaye de faire un nouveau bail avec l'existence.

— A la bonne heure... On assure que vous allez désormais habiter Paris; nous vous verrons souvent, je l'espère... Vous trouverez chez nous votre neveu, monsieur Oscar de Vareilles, qui a des affaires avec monsieur de Bertigny... Mais, à ce propos, où donc est monsieur de Vareilles? Il ne peut-être parti encore!

— Je le quitte à l'instant, — dit Mersey.

— En effet, — reprit Armantine en jetant autour d'elle un regard rapide, — je comptais rencontrer ici mon neveu, qui était absent de Paris et que je n'ai pas encore vu... Où est-il donc?

— On va le trouver sans doute, — répliqua madame de Bertigny.

Mais vainement chercha-t-on dans les salons et jusque dans le jardin, Oscar ne se trouva pas, et un domestique finit par annoncer qu'il venait de voir monsieur de Vareilles quitter précipitamment l'hôtel.

Malgré son pouvoir sur elle-même, Armantine ne sut pas cacher tout à fait une cruelle contrariété. C'était évidemment pour rencontrer Oscar qu'elle était venue, et cette disparition inexplicable la consternait. Elle s'assit à côté de la maîtresse de la maison, et semblait d'abord incapable de parler. Toutefois, voyant la surprise que la manière d'agir de son neveu causait aux personnes présentes, elle s'efforça de sourire et dit d'un ton léger :

— Il paraît que Oscar mène à Paris une vie assez dissipée, et il aura craint un sermon de sa tante... Il a tort; ce n'est pas ici que j'aurais songé à lui adresser des reproches bien amers... Mais je prendrai ma revanche.

Cette explication parut très-plausible aux assistants, et de nouveaux visiteurs vinrent faire diversion à la brusque retraite d'Oscar. Grâce à ce moment de répit, la jeune veuve sembla se remettre complétement, et, en attendant que les convenances lui permissent de se retirer, elle prêta l'oreille au bavardage de plusieurs dandys, qui, éblouis de sa beauté, alléchés par sa grande fortune, vinrent papillonner autour d'elle.

Monsieur de Bertigny n'avait pu jusque-là réaliser son désir de conduire Mersey à son cabinet. A chaque instant, il était arrêté par quelque collègue qui avait une nouvelle à lui conter, un mot à lui dire tout bas. Enfin il réussit à se débarrasser de ces importuns et il rejoignait le percepteur, dont il avait été une minute séparé, quand un événement inattendu vint encore déconcerter ses intentions.

Un domestique, suivant une habitude de la maison, était entré avec les journaux du soir, qui venaient d'arriver, et les avait déposés sur un guéridon devant les dames. Madame de Bertigny causait avec ses voisines; Henriette, qui éprouvait un certain embarras et qui sentait toujours un regard ardent quoique respectueux fixé de loin sur elle, prit machinalement un de ses journaux. Elle se mit à le parcourir, plutôt pour se donner une contenance que dans le désir réel de satisfaire sa curiosité. Cependant elle sembla bientôt trouver un vif intérêt à cette lecture, ses traits se contractèrent, de violentes palpitations soulevèrent sa poitrine. Enfin elle balbutia avec égarement :

— Ma mère... ma pauvre mère! Les infâmes!

Puis elle se renversa dans son fauteuil et fondit en larmes.

Madame de Bertigny, s'étant retournée au bruit devina sans doute de quoi il s'agissait. Elle se pencha vers sa nièce :

— Henriette, ma chère enfant, tu es indisposée, — dit-elle; — ces lumières, cette chaleur... Allons! viens avec moi, je vais te conduire à ta chambre... nos amis t'excuseront.

Et elle voulut l'entraîner. La jeune fille résista, sans avoir conscience de ce qu'elle faisait et reprit avec désespoir :

— *Ils* savent mon secret, ce secret que je voudrais me dérober à moi-même, et *ils* en font un scandale public!... Ah! que Dieu *les* punisse de ce crime!

Heureusement les sanglots empêchaient d'entendre ces paroles avec netteté. Monsieur de Bertigny accourut à son tour, et, arrachant des mains crispées de sa nièce le journal qu'elle tenait encore, il murmura :

— Maudits pamphlétaires!... Comment leur fange a-t-elle pu rejaillir sur cette chaste et pure enfant? — Puis, mettant dans sa poche le papier tout froissé, il dit à voix très-haute : — Ce n'est rien... des nerfs, des vapeurs, que sais-je?

Il prit avec autorité un bras de sa nièce tandis que madame de Bertigny prenait l'autre, et ils entraînèrent Henriette vers une pièce voisine dont la porte se referma sur eux.

Très-peu de personnes dans l'assemblée s'étaient méprises sur le sens réel de cette scène; cependant aucune, par politesse, ne sembla croire autre chose que ce que monsieur et madame de Bertigny avaient voulu faire croire, à savoir qu'Henriette était incommodée par la chaleur et par le bruit du salon. On échangea bien çà et là des sourires, des clignements d'yeux; on chuchota bien à l'écart, mais aucune observation ne fut exprimée hautement, et on attendit que les maîtres de la maison revinssent donner des nouvelles de la malade.

Bientôt, en effet, monsieur de Bertigny rentra, mais seul. Il annonça avec une gaîté affectée que tout allait bien; le malaise s'était dissipé; le lendemain il n'y paraîtrait pas. On se montra rassuré; néanmoins il était visible que madame de Bertigny ne quitterait plus sa nièce de la soirée, et l'on supposait, d'autre part, que monsieur de Bertigny lui-même ne serait pas fâché de rejoindre sa famille. On exprima donc des vœux polis pour que l'indisposition d'Henriette n'eût réellement pas de suites, et chacun s'empressa de prendre congé.

Au milieu de la débâcle générale, Mersey, que la subite indisposition d'Henriette jetait dans une vive anxiété ne savait s'il devait ou non partir avec les autres. Comme il hésitait, Armantine s'approcha et lui dit d'un ton caressant :

— Monsieur Mersey voudrait-il bien me conduire jusqu'à ma voiture?... Je suis la tante de son ami Oscar. — Mersey s'inclina et offrit son bras à madame de Vareilles. Ils s'éloignaient déjà, quand monsieur de Bertigny fit de loin signe au percepteur de revenir aussitôt qu'il aurait rempli ses devoirs de politesse. Mersey répondit à son tour par un signe d'assentiment, et continua d'avancer à travers les rangs pressés des invités qui se retiraient. Pendant le trajet du salon à la cour d'honneur, où se trouvaient les voitures, Léon Mersey reconnut que sa compagne, si calme et si enjouée en apparence, était en réalité très-agitée. Son bras tremblait sensiblement, sa respiration n'avait pas la régularité ordinaire. Ne se sentant plus observée, elle ne songeait pas à contenir l'émotion qu'elle était parvenue à cacher jusque là au prix de grands efforts.—Monsieur Mersey,—dit-elle d'une voix pénétrante, — vous avez été témoin tout à l'heure des indignes procédés d'Oscar; il a fait de moi dans ce salon un objet de moquerie... Comme vous aurez sans doute occasion de le voir bientôt, je vous prie de lui dire que je compte recevoir sa visite dans le plus bref délai. — Léon répliqua qu'il n'espérait pas avoir le loisir de se rendre chez Oscar de Vareilles, et que le hasard seul les avaient réunis pendant cette soirée.— N'importe! — reprit Armantine avec vivacité, — vous ne pouvez manquer de le rencontrer, soit chez monsieur de Bertigny, soit ailleurs... et je vous conjure, encore une fois, de lui dire que j'ai un pressant besoin de le voir... Qu'il n'essaye pas de se cacher! Il faut que je lui parle, ne fût-ce qu'un instant, et quand je devrais aller le chercher jusque dans certains salons où, dit-on, il passe sa vie!

En même temps elle se jeta, toute frémissante, dans la voiture de remise qui l'avait amenée et elle partit.

XXIV

LE SECRET DE FAMILLE.

Léon Mersey était trop préoccupé lui-même pour donner beaucoup d'attention aux paroles singulières échappées à madame de Vareilles. Il rentra dans les salons maintenant déserts, où les domestiques commençaient à éteindre les lustres, et il se dirigea vers le cabinet de monsieur de Bertigny, dont la porte était restée entr'ouverte.

Monsieur de Bertigny, assis devant son bureau, semblait plongé dans de sombres méditations. Il se leva et tendit la main à Mersey; puis, ayant refermé soigneusement la porte, il dit avec accablement :

— Vous savez sans doute la cause de tout ceci? — Mersey répondit qu'il avait entendu parler, quelques instants auparavant, d'une attaque dirigée dans un journal contre monsieur de Bertigny et sa famille. — En effet, — reprit le député avec tristesse, — vous voyez le résultat de la plus infâme, de la plus odieuse agression. Beaucoup de familles, si honorables qu'elles soient d'autre part, ont une plaie cachée, un secret honteux qu'elles tâchent de faire oublier à force de probité, de considération, de respect de soi-même. Malheureusement, quand on appartient comme moi à la publicité, on ne peut espérer de dérober aux regards une plaie de ce genre. Un homme que vous ne connaissez pas, que vous n'avez jamais vu, mais qui vous hait sans vous connaître, finit tôt ou tard par vous arracher les voiles dont vous couvriez votre blessure et par l'étaler brutalement au soleil. Et quand le scandale éclate, n'espérez ni pitié ni sympathie... Un rire idiot mais immense... le rire de la foule... couvre vos plaintes et récompense l'insulteur. — Monsieur de Bertigny cacha son visage dans ses mains et poursuivit avec désespoir : — Quelle lâcheté! s'attaquer à la mémoire d'une pauvre femme morte, à une innocente jeune fille; fouiller dans un passé déjà reculé pour y ramasser l'offense, le scandale, le déshonneur, n'est-ce pas le comble de la perversité humaine? — Monsieur de Bertigny prit un journal sur la table et le tendit à Mersey, en disant : — Lisez, mon ami, et voyez si une plume n'est pas une arme aussi dangereuse qu'un pistolet ou un poignard.

Cette feuille était le *Dragon rouge*, un petit journal satirique alors en vogue, grâce aux sarcasmes et aux injures dont il était rempli contre tous les personnages marquants de ce temps-là. L'article sur lequel on attirait l'attention de Mersey était écrit dans le style familier de ces sortes de publications, et ainsi conçu :

« PROBLÈME A RÉSOUDRE. — Monsieur de B..., un des » députés les plus *ventrus* du juste-milieu, a une nièce, » grande et belle personne du reste, qui porte son nom » et qui est considérée comme sa fille. Or, on se de- » mande comment monsieur de B... peut avoir une » nièce de même nom que lui. Il résulte des informa- » tions prises dans la commune de..., dont la famille de » ce député *satisfait* est originaire, que monsieur de » B... n'a jamais eu de frère ou de parent de son nom; » il n'avait qu'une sœur, morte jeune avant d'avoir été » mariée. — Quel est donc ce mystère? — Récompense » honnête à qui enverra le mot de ce logogriphe aux » bureaux du *Dragon rouge*. »

Il n'y avait pas de signature, suivant l'habitude à cette époque.

Mersey lut et relut plusieurs fois ces quelques lignes, pour en bien comprendre la portée, pour en peser chaque mot. Enfin il rejeta le journal sur la table et dit avec émotion :

— Eh bien! monsieur, votre ligne de conduite me semble toute tracée... Il faut porter plainte aux tribunaux et poursuivre à outrance le calomniateur.

Le député secoua la tête.

— Y songez-vous, Mersey? — reprit-il; — ne serait-ce pas apprendre au public tout entier que je me reconnais dans cet ignoble factum où je suis désigné seulement par des initiales? Et d'ailleurs le retentissement d'un procès n'augmenterait-il pas le scandale dans une proportion démesurée?

— C'est juste; cependant vous ne pouvez laisser passer ces calomnies sans une énergique protestation.

Monsieur de Bertigny se pencha vers le percepteur.

— Et si ce n'étaient pas des calomnies? — reprit-il presque à voix basse.

— Quoi! monsieur, il serait possible...?

— Oui, mon ami, et c'est là ce qui complique la difficulté; les particularités auxquelles cet odieux journal fait illusion sont véritables. Si elles étaient absolument mensongères, croyez-vous que je m'en fusse affecté à ce point? Il est si facile, quoi qu'on en dise, de confondre les calomniateurs! Mais cette fois, en fouillant dans ma vie privée pour combattre mes opinions et mes actes politiques, on a trouvé un de ces secrets de famille dont la révélation est un crime, et l'on n'a pas hésité à employer cette arme empoisonnée, sans s'inquiéter si elle n'allait pas frapper aussi des faibles et des innocents. — Monsieur de Bertigny poursuivit, après un moment de silence : — Les faits dont il s'agit, mon cher Mersey, sont précisément ceux qui ont déterminé ma nièce à ne jamais se marier. Comme vous êtes notre ami le plus sincère, et comme d'autre part je me propose de faire appel à votre dévouement, il importe que vous soyez au courant de cette triste histoire; je ne vous cacherai donc rien.

En même temps il raconta les événements dont nous allons donner au lecteur un résumé rapide.

Monsieur de Bertigny n'avait jamais eu de frère, en effet, mais une sœur beaucoup moins âgée que lui. Cette sœur, qui s'appelait Adèle, et qui une vingtaine d'années avant l'époque où nous nous trouvons était une charmante personne, demeurait, auprès de ses parents déjà vieux, dans un château du département de la Somme, tandis que le frère aîné exerçait des fonctions publiques à l'autre extrémité de la France.

Adèle de Bertigny fut alors courtisée par un brillant lieutenant de vaisseau, qui lui était allié par sa mère; et comme les jeunes gens s'aimaient, comme d'autre part les fortunes et les conditions étaient à peu près égales, le mariage fut bientôt décidé entre les deux familles. Déjà l'officier avait été accueilli au château, et le jour du mariage était fixé quand arriva tout à coup un ordre du ministre de la marine qui prescrivait au lieutenant de vaisseau d'aller prendre sans retard le commandement d'un brick de guerre en partance à Lorient et de se rendre au Sénégal.

Il s'agissait d'une mission de confiance, et un refus, outre qu'il eût été déshonorant, pouvait faire manquer sa carrière au marin. Cependant il aimait tant sa fiancée qu'il eut le désir d'envoyer sa démission. Son futur beau-père, sa future belle-mère, Adèle elle-même, l'empêchèrent de prendre ce parti. Aussi bien tout annonçait que le voyage serait de courte durée, que le jeune commandant, sa mission accomplie, pourrait revenir en France quelques mois plus tard. Le mariage fut donc ajourné à son retour, et les deux fiancés se séparèrent, non sans bien des larmes.

Ils ne devaient plus se revoir. L'officier de marine, en arrivant à Gorée avec son navire, fut pris d'une de ces maladies épidémiques qui font parfois tant de ravages au Sénégal, et mourut en quelques heures.

On comprendra facilement la douleur que causa cette sinistre nouvelle au château de Bertigny; mais le malheur était encore plus grand et plus irréparable qu'on ne pouvait l'imaginer. La pauvre Adèle, en effet, quand elle apprit la mort du marin, était sur le point de devenir mère.

Ses vieux parents, frappés de désespoir et effrayés de la responsabilité qui pesait sur eux, appelèrent en Picardie leur fils aîné qui s'empressa d'accourir. On discuta dans un conseil de famille les mesures à prendre pour sauver l'honneur du nom; mais Adèle ne voulut pas qu'on employât certaines précautions usitées en pareil cas. Elle ne quitta pas la demeure paternelle, où d'ailleurs elle n'était entourée que de domestiques dévoués; et, quand elle donna le jour à Henriette, l'enfant fut inscrite aux registres de l'état civil avec toutes les indications commandées par la loi.

Du reste, la mère ne subit pas longtemps les conséquences de sa faute. Epuisée par de si terribles secousses, elle mourut deux mois plus tard, en recommandant sa fille à ses vieux parents, et surtout à son frère, dont elle était adorée.

Ce frère n'était pas homme à négliger une pareille recommandation. Marié depuis plusieurs années, il n'avait pas d'enfants et désespérait d'en avoir jamais. Aussitôt donc que la petite Henriette fut en âge de voyager, il vint avec madame de Bertigny (l'excellente dame que nous connaissons) chercher sa nièce; ils l'amenèrent dans la ville éloignée où ils résidaient alors et l'élevèrent comme leur propre fille. Personne ne soupçonna l'irrégularité de la naissance d'Henriette dans ce pays nouveau; et plus tard, les vieux parents étant morts et leurs propriétés de Picardie ayant été vendues, on pouvait croire que le secret de la famille resterait à peu près enfoui dans les archives d'une commune rurale.

Par malheur, l'état civil a d'implacables exigences. Un moment vint où il fut absolument nécessaire de se procurer l'extrait de naissance d'Henriette, tant pour gérer ses biens personnels que pour lui permettre de remplir certains devoirs imposés par la société ou par la religion. Grâce aux précautions que l'on prit, ce secret demeura encore dans le cercle étroit de quelques personnes sûres; mais l'on ne put empêcher qu'Henriette ne s'étonnât du mystère qui l'entourait. Sa curiosité une fois éveillée, elle s'informa, recueillit successivement des détails, frivoles en apparence, mais dont elle savait tirer des conclusions précises. Elle réussit ainsi, malgré son ignorance, à entrevoir ce qu'on lui cachait, si bien que son oncle et sa tante se décidèrent enfin à lui apprendre, avec tous les ménagements convenables, les événements qui se rattachaient à sa naissance.

Henriette, dès qu'elle put comprendre combien sa position dans le monde était fausse, devint sombre et taciturne. La plus cruelle conséquence de certaines fautes, c'est que l'enfant innocent en souffre souvent plus que les vrais coupables; son imagination est déflorée avant l'âge, et son premier devoir, l'affection envers sa mère, peut en recevoir une mortelle atteinte. Aussi, dans la période dont nous parlons, Henriette semblait-elle triste, humiliée, aigrie; elle se considérait comme une exception dans la société; la parole la plus indifférente lui paraissait contenir une allusion outrageante pour elle; tout la blessait, tout l'irritait. Dans sa misanthropie, elle allait jusqu'à maudire ceux qui lui avaient donné le jour, jusqu'à méconnaître la généreuse affection de cet oncle et de cette tante dont elle était la fille d'adoption. Elle avait pris le monde en horreur; elle parlait d'entrer dans un couvent de l'ordre le plus austère et d'y mourir sous le voile.

Toutefois cette tempête de haine et de colère ne pouvait durer dans cette âme douce, tendre, intelligente. Bientôt les idées désordonnées s'apaisèrent; les violents transports chez Henriette firent place à un sentiment mélancolique, à une profonde pitié pour sa malheureuse mère. Sa reconnaissance envers son oncle et sa tante devint peu à peu une espèce de culte, et toutes ses affections se concentrèrent sur eux. Elle ne parla plus d'entrer au couvent; seulement, comme pour se marier elle devait encore se trouver dans l'obligation d'établir son état civil et par suite de révéler publiquement la honte de sa mère, elle prit la résolution de ne se marier jamais, et nous avons vu avec quel stoïcisme elle tenait sa parole.

Tels étaient les faits qui, longtemps inconnus, venaient de produire tout à coup une explosion sous les pas de cette famille tranquille et prospère. Mersey en avait écouté le récit avec attention.

— Ah! — s'écria-t-il, — je disais bien que mademoiselle Henriette devait se faire martyre d'un devoir mal compris, d'une délicatesse excessive!

Il reprit après un moment de silence :

— Eh bien, monsieur de Bertigny, comment pourrais-je vous servir dans les circonstances actuelles?

— Vous le voyez, mon ami, ma situation est des plus difficiles. Je ne saurais intervenir, soit personnellement, soit par un acte judiciaire, sans accroître beaucoup le scandale. Le pamphlétaire pourtant n'a pu s'avancer à ce point sans avoir par devers lui des pièces authentiques à l'appui de sa thèse; s'il en est ainsi, il ne me laissera ni paix ni trêve, je dois m'y attendre. A supposer que je dédaigne cette première attaque, il ne manquera pas de la renouveler en termes plus précis et plus insultants encore, jusqu'à ce qu'il m'ait fait perdre patience. Déjà d'autres journaux ont répété l'article inqualifiable dirigé contre nous, et vous avez vu ce soir l'effet terrible que l'un d'eux a produit sur ma nièce. Il s'agit donc d'arrêter au plus vite ces haineuses hostilités; et ce que je ne peux faire moi-même sans de graves inconvénients, j'ai compté, Mersey, que vous le feriez à ma place.

— Je vous remercie de toute mon âme de cette flatteuse confiance, — reprit Mersey. — Mais d'abord sait-on le nom de l'auteur de cet article?

— D'après les renseignements que je viens de prendre, c'est Arthur Vidal, un jeune bohême déjà célèbre par ses insolences et sa brutalité. Il a trouvé de l'argent, je ne sais comment, pour fonder le petit journal dont il est le rédacteur, et il cherche à arriver au succès à force de violence et de cynisme. Du reste, il n'est pas probable qu'il décline la responsabilité de l'article; il a le courage de son infamie.

— Il suffit, monsieur; je verrai Arthur Vidal et j'exigerai de lui une rétractation formelle... S'il la refuse, je saurais bien le contraindre à l'accorder.

— Vous le provoquerez et vous vous battrez avec lui, n'est-ce pas? — reprit monsieur de Bertigny avec vivacité; — mais je ne veux pas cela du tout, mon cher Mersey... Morbleu! croyez-vous donc que, s'il s'agissait d'un duel, je mettrais un ami à ma place? Je suis bien vieux pour me battre, il est vrai; mais on est toujours en âge de se faire tuer, et, tout en déplorant le triste préjugé qui existe encore dans nos mœurs, je me ferais tuer pour l'honneur de ma famille... Non, non, ce n'est pas là ce que j'attends de vous.

— Mais alors de quelle mission comptez-vous me charger?

— D'une mission toute de conciliation... si le mot de conciliation est de mise avec un pareil misérable. Encore une fois, Mersey, je veux éviter le bruit; un duel ne remédierait à rien, ne changerait rien. Nous avons affaire à un drôle qui fait métier et marchandise de l'insulte et de la médisance; il pratique ce que, dans l'argot de ce temps-ci, on appelle le *chantage*. S'il s'agissait seulement de ma personne, rien au monde ne me déciderait à favoriser ces hideuses spéculations; mais il y va du repos de ma chère et bien-aimée nièce, de la considération due à la mémoire de ma pauvre sœur. Je ne dois pas hésiter... Je vous prie donc de vous rendre chez Vidal dès demain matin; et, sans lui apprendre à quel titre vous intervenez dans cette affaire, vous lui demanderez quel prix il met à une rétractation immédiate et à son silence dans l'avenir. Vous retirerez de ses mains toutes les pièces compromettantes, vous lui ferez signer un engagement de ne jamais recommencer. Quant à la somme que Vidal pourra demander, je vous laisse carte blanche, exigeât-il cinquante mille francs.

Cette mission n'était pas évidemment du goût de Mersey. Cependant il répondit :

— Je suis à vos ordres. Mais si cet homme n'acceptait pas le marché que je dois lui proposer?

— Il acceptera, la chose est sûre. N'est-ce pas là l'unique but de ses manœuvres? Vous êtes ferme, intelligent; vous réussirez.

. . . .

Les deux amis se concertaient sur les mesures à prendre pour le succès de l'entreprise, quand un bruit de voix se fit entendre dans la pièce voisine. Tout à coup une porte intérieure s'ouvrit, et Henriette, suivie de madame de Bertigny, se précipita dans le cabinet.

La jeune fille était enveloppée d'un grand cachemire qui cachait le désordre de sa toilette. Ses cheveux retombaient en partie sur ses épaules; son visage pâle, aux yeux rougis et brillants de fièvre, avait une expression d'égarement. Elle semblait, dans son délire, avoir échappé à sa tante inquiète et consternée.

Le député eut un mouvement d'impatience :

— Y pensez-vous, Henriette? — dit-il; — et pouvez-vous vous présenter ainsi chez moi?... Vous voyez bien que je ne suis pas seul!

— Je n'ai pu la retenir, — dit madame de Bertigny; — cette enfant est si déraisonnable!

— Je savais que je trouverais ici monsieur Mersey! — s'écria Henriette avec exaltation, — et je voulais lui dire... — Elle s'arrêta et regarda fixement Léon. — Vous savez tout, n'est-ce pas? — demanda-t-elle; — mon oncle a dû vous apprendre...

— Il ne m'a rien appris, mademoiselle, qui ait diminué mon profond respect et mon affection pour vous.

— Vous connaissez mon secret pourtant, ce secret dont tout Paris s'entretient à cette heure?... Vous savez quelle honte a présidé à ma naissance, vous savez que ma mère, ma malheureuse mère... Oh! tout mon mépris, toute ma haine au scélérat qui a troublé le repos de ma mère dans sa tombe!

— Allons! allons! mon enfant, laissons cela, — interrompit monsieur de Bertigny; — Mersey apprécie mieux que toi la portée des événements dont tu parles. Rentre dans ta chambre et fie-toi à nous pour arranger cette affaire le mieux possible.

— Je vais rentrer, mais pas avant d'avoir dit à monsieur Mersey ce qu'il faut qu'il sache. Mersey, vous m'aimez, je ne l'ignore pas, et vous m'avez déjà défendue énergiquement à Z*** contre la calomnie; vous devez vous expliquer maintenant combien, à raison de ma naissance, j'ai dû éprouver de gratitude pour un pareil service. Mais cette fois le service sera plus grand encore puisqu'il s'agit de ma mère, cette pauvre martyre. Vengez-la, je vous en conjure : soyez sans pitié pour ce misérable... Tuez-le! tuez-le!... Me promettez-vous de le tuer?

— Henriette! — s'écria le député avec colère.

— Ma chère enfant, reviens à toi, — murmura madame de Bertigny en prenant sa nièce dans ses bras; — songes-tu à tes paroles?... c'est de la véritable folie.

Mais Henriette était arrivée à ce point d'égarement où l'on n'entend plus, où l'on ne comprend plus.

— Je ne suis pas folle, Mersey, — s'écria-t-elle, — et vous pourrez me rappeler plus tard toutes mes paroles... Vous êtes, dit-on, d'une force irrésistible à l'escrime, et vous l'avez bien prouvé en obligeant ce Mourachon à épouser la fille du jardinier... Prouvez-le encore une fois en tuant notre ennemi, ce bourreau de plume, cet insulteur de ma mère!... Et quand vous l'aurez tué, bien tué... si vous aimez encore une pauvre fille dont la mère est morte déshonorée, dont le nom a été flétri dès sa naissance, vous viendrez réclamer sa main... elle ne vous la refusera plus, je vous le jure!

En écoutant ces étranges propos, Mersey demeurait stupéfait. Monsieur de Bertigny dit à sa femme :

— Pour Dieu! ma chère, emmenez-la... vous voyez bien qu'elle délire.

— Oui, oui, mon enfant, viens... Tu as une fièvre ardente.

Et madame de Bertigny, avec une douce autorité, entraînait sa nièce. Celle-ci ne résistait pas; mais au moment de sortir, elle s'écria encore :

— Mersey, n'oubliez rien... Vengez-moi, vengez ma mère... Je vous...

On n'en entendit pas davantage, car la porte venait de se refermer.

Restés seuls, monsieur de Bertigny et Léon gardèrent un moment de silence.

— Mon cher Mersey, — reprit enfin le député avec embarras, — vous ne prendrez certainement pas au sérieux les divagations de cette pauvre enfant. Elle souffre, et, quand l'accès de fièvre sera passé, elle ne croira jamais qu'elle ait pu pousser à ce point l'égarement. Ne tenez donc aucun compte de ce qu'elle vous a dit; elle-même vous en priera dès que la raison lui sera revenue.

Mersey se leva.

— Une seule chose me frappe dans tout ceci, — reprit-il avec émotion, — c'est que mademoiselle Henriette ressent cruellement l'insulte faite à la mémoire de sa mère; aussi ne négligerai-je rien pour lui donner satisfaction... Eh bien! monsieur, je verrai Arthur Vidal demain matin et j'agirai selon les circonstances, afin d'obtenir la réparation de vos griefs.

XXV

L'ENTREVUE.

Oscar de Vareilles occupait, dans le quartier Notre-Dame-de-Lorette, un élégant petit appartement donnant sur des jardins. C'est là que nous le retrouvons le lendemain de la soirée chez monsieur de Bertigny.

Il était encore de bonne heure et Oscar faisait sa toilette dans sa chambre à coucher, se disposant à sortir. Ses préparatifs terminés, il sonna; un garçon de douze à quatorze ans, qui composait tout son domestique et qui avait les vices d'un âge plus avancé, accourut en chantonnant.

— Monsieur ne déjeune pas chez lui? — demanda-t-il d'un air effronté qui semblait lui être habituel.

— Non, je sors. Qui donc est venu ce matin, Hubert? A partir de sept heures, il n'y a plus eu moyen de dormir.

Un sourire narquois se joua sur la face de singe de mons Hubert.

— Eh! comme toujours, des gens qui demandent de l'argent.

— Monsieur de Florestan n'a-t-il pas envoyé les deux cents louis que je lui ai gagnés au jeu?

— Non, monsieur, personne n'a apporté; en revanche...

— C'est bon... Ne s'est-il donc présenté que des créanciers ce matin?

— La dame en chapeau violet est revenue.

Oscar fronça le sourcil.

— Encore!... que lui as-tu dit?

— J'étais fort embarrassé. Elle sait que vous êtes à Paris. Hier au soir, elle a failli vous rencontrer dans une maison où vous allez, et elle voulait vous voir absolument... Enfin elle assure qu'elle est votre parente.

— Et quand cela serait... Eh bien! je vais sortir à l'instant même. Si elle se présente de nouveau, tu lui annonceras que je suis parti pour la province et que je ne reviendrai pas avant un mois.

Tout en parlant, il avait mis ses gants, son chapeau, et, son stick à la main, il se dirigeait vers la pièce d'entrée qui lui servait de salon. Hubert le suivait d'un air de malaise et d'inquiétude en balbutiant :

— Monsieur ne me laisse pas le temps de lui apprendre... Cette dame n'a pas voulu s'en aller, et...

Oscar ne l'écoutait pas; mais à peine eut-il ouvert la porte qu'il comprit de quoi il s'agissait. Une dame élégante, en chapeau violet, était debout au milieu du salon et semblait attendre. On a deviné Armantine de Vareilles.

Hubert, malgré sa légèreté, ne put éviter qu'un vigoureux coup de houssine ne vint cingler ses maigres épaules. Il s'enfuit en hurlant et disparut aussi rapidement qu'une muscade entre les doigts de Robin l'escamoteur.

Oscar, le front crispé, le regard sombre, s'approcha d'Armantine, et lui dit :

— Combien avez-vous donné à ce drôle pour le faire manquer ainsi à son devoir ?

— Deux louis seulement, mon cher Oscar, — répondit Armantine avec une feinte naïveté ; — et j'en eusse donné dix, j'en eusse donné cent pour arriver enfin jusqu'à vous.

Elle leva son voile et montra son gracieux visage, tout resplendissant de jeunesse et de beauté. Oscar détourna les yeux, comme s'il craignait de se laisser prendre aux charmes de cette enchanteresse. Après quelques secondes d'hésitation, il reprit d'un ton sec :

— Soit... Vous m'avez accablé de lettres et de visites, je n'ai pas répondu aux lettres, je n'ai pas voulu recevoir les visites... Puisque vous n'avez pas compris mon silence et mon attitude, puisqu'il vous faut une explication nette et claire... voyons.

Il désigna du geste une place à Armantine sur le canapé. Pour lui, il se débarrassa de sa canne et de son chapeau, et il alla s'asseoir dans un fauteuil, à l'autre extrémité de la pièce.

Armantine, gâtée par les hommages, ne manquait pas de fierté ; aussi cet accueil outrageant appela-t-il des larmes dans ses yeux. Mais elle se hâta de les sécher et reprit avec un accent de reproche mélancolique :

— Comme vous êtes méchant pour moi, Oscar ! Bon Dieu ! qu'ai-je donc fait et pourquoi me traitez-vous si mal, moi, votre tante ?...

— Ma tante ! vous ne l'êtes plus, madame, et vous le savez bien !

— M'est-il donc défendu d'être encore votre amie ? On assure, Oscar, que vos créanciers se montrent très-durs envers vous, et comme nous avons de graves intérêts de succession à régler...

— Ah ! oui, l'affaire de l'hôtel de Z***, n'est-ce pas ? Vous ne tenez pas plus que moi à conserver cette propriété de famille, et vous avez le désir de vendre votre part comme je veux vendre la mienne... Il n'y a rien là que nos notaires ne puissent arranger ensemble. Pour moi, je consens à tout, j'accepte toutes vos conditions... Etes-vous satisfaite ?

— Cette maison, en effet, nous rappelle à l'un et à l'autre des souvenirs pénibles... Mais, en attendant que la vente puisse s'opérer, je n'ignore pas, je vous le répète, vos embarras financiers, et j'ai pensé, j'ai espéré qu'en qualité d'amie...

Elle tirait de sa poche un riche portefeuille qui paraissait bourré de billets de banque. A son grand étonnement, le dissipateur Oscar frappa du pied avec violence.

— De l'argent ! — s'écria-t-il ; — de quel droit osez-vous m'en offrir ? Me croyez-vous assez vil, tombé assez bas pour accepter vos présents ?

Cette fois Armantine ne put plus se contenir. Elle éclata en sanglots, et murmura désespérée :

— Ah ! Oscar, Oscar ! est-ce là ce que je devais attendre de vous ?

Oscar se leva d'un air farouche.

— Cette scène est ridicule, madame, — reprit-il ; — et, dans notre intérêt à tous deux, il est bon de l'abréger... N'avez-vous rien de plus à me dire, madame de Vareilles ?

— Si, si, — s'écria Armantine en se redressant ; — il faut absolument, Oscar, que vous m'expliquiez en quoi j'ai mérité ce mépris, cette haine...

— Vous le voulez ?

— Je l'exige.

— J'aurais cru inutile... Eh bien ! donc, puisqu'il le faut, je vous dirais brutalement les choses... Jeune et jolie veuve, à quel prix avez-vous acquis votre richesse et votre indépendance ? Epouse, qu'avez-vous fait de votre mari, ce vieillard loyal et bon, qui vous aimait d'une affection si profonde et si aveugle ? Mère, qu'avez-vous fait de votre fils, de ce pauvre petit enfant qui aurait dû être votre orgueil et votre joie ?

Armantine était devenue horriblement pâle.

— Quoi ! — balbutia-t-elle, — vous osez m'accuser... ?

— Descendez dans votre conscience. N'y a-t-il rien qui vous accuse ?

— Oscar, ceci est une navrante injustice... J'étais pleine de reconnaissance pour monsieur de Vareilles, qui m'avait donné une position honorable, une grande fortune, un nom respecté. Il m'aimait trop peut-être, mais que pouvais-je contre cet amour ?... Quant à mon enfant, n'ai-je pas scrupuleusement rempli envers lui tous mes devoirs ? Lorsque je me suis séparée de lui, non sans de cruels déchirements de cœur, n'était-ce pas d'après les conseils du médecin, sur l'ordre formel de monsieur de Vareilles lui-même ? Et si, plus tard, j'ai semblé l'oublier chez son indigne nourrice, n'était-ce pas parce que d'autres devoirs, non moins impérieux, non moins sacrés, me retenaient auprès de son père paralysé et mourant ? Enfin, dès que rendue à moi-même j'ai pu accourir auprès de lui, trop tard, hélas ! pour le sauver, ne l'ai-je pas défendu, ne l'ai-je pas vengé de toute mon énergie ?... Oscar, je vous l'affirme, vous seul au monde avez conçu ces abominables pensées. Depuis mes malheurs, je suis devenue pour les habitants de Z*** l'objet d'une espèce de culte ; hier au soir encore, dans le salon de monsieur de Bretigny, vous auriez pu voir un reflet de ces sentiments enthousiastes... Je vous le répète, Oscar, tout le monde m'estime et m'affectionne...

— Même le docteur Gilbert ?

— Le docteur Gilbert n'a plus aucune considération, aucune autorité, depuis que par sa négligence ou son impéritie il a causé la mort d'une de ses malades... La haine et l'envie le rongent ; vous êtes seul, Oscar, à tenir compte des opinions du docteur Gilbert.

— C'est que sans doute personne mieux que moi ne peut comprendre combien elles sont fondées. Je ne saurais écarter certains souvenirs, oublier certaines paroles imprudentes... Tenez, madame de Vareilles, regardez-moi... regardez-moi bien en face... et osez affirmer encore que vous n'avez pas prévu et amené les événements qui vous ont rendue riche et libre ?

Armantine parut accepter le défi, ses yeux essayèrent de se fixer sur les yeux d'Oscar ; mais elle ne tarda pas à être vaincue dans cette lutte. Bientôt ses longs cils s'abaissèrent sur ses prunelles veloutées, elle détourna la tête et dit d'une voix à peine distincte :

— Eh bien ! quand cela serait ! Ingrat, n'était-ce pas pour vous ?

— Pour moi ?

— Vous convenez que vous n'avez pas oublié notre dernière entrevue dans le jardin de l'hôtel... Et, si malheureuse que je suis, j'ai, non pas préparé mais laissé s'accomplir les événements dont vous parlez, n'est-ce pas vous qui m'avez poussé dans cette voie ?

— Ainsi donc vous reconnaissez... Mais de quel droit me rendez-vous solidaire de vos coupables manéges ? Pouvais-je supposer que vous mettriez en usage pour nous réunir ces épouvantables moyens ? Moi aussi je vous aimais de longue date, et j'avais déploré que, dans un moment de dépit, vous eussiez donné votre main à ce vieillard insensé. Quand nous nous sommes revus à Z***, et quand vous avez déployé votre infernale coquetterie pour exciter mes regrets, j'aurais bravé tous les dangers, tous les scandales afin que vous puissiez m'appartenir sans partage ; oui, je vous eusse enlevée sans remords à ce vieux mari, à ce petit enfant, au risque d'attirer sur moi l'exécration du monde, et nous serions allé cacher notre bonheur à l'étranger, dans quelque coin inconnu... Mais, plus tard, quand j'ai commencé à entrevoir votre horrible plan, la froideur a succédé à la tendresse ; le jour où vous avez atteint ce résultat poursuivi avec une inexorable constance, l'horreur et le dégoût ont remplacé dans mon cœur tous les sentiments d'autrefois... Oh! vous êtes une femme forte et stoïque!... Mais votre stoïcisme me fait peur; la beauté et la fraîcheur de votre visage ne peuvent plus que me rappeler combien votre âme est desséchée. J'éprouve en votre présence ce que j'éprouverais devant un de ces beaux serpents, aux merveilleuses couleurs dont la morsure cause une mort foudroyante. Aussi suis-je déterminé à ne vous revoir jamais, dussé-je fuir jusqu'aux extrémités de la terre!

Rien ne saurait rendre l'accent d'aversion, de mépris et de colère qui accompagnait ces reproches. Armantine semblait anéantie et sa tête se penchait sur sa poitrine.

Peu à peu cependant, elle la releva; et, fixant sur Oscar son regard humide, elle murmura :

— Vous vous apercevez du moins, Oscar, que je suis belle... Et, si coupable que vous me supposiez, c'est là, je le sais, une circonstance fort atténuante pour vous.

Oscar se plaça devant elle dans une attitude provocante.

— Belle et jeune! — répliqua-t-il avec ironie; — oui, fort belle et fort jeune encore!... Eh bien! voyez! toutes les jeunes, toutes les belles peuvent m'inspirer de l'amour... toutes... excepté vous!

Armantine poussa un cri de douleur et se renversa en arrière.

— Oh! comme il me hait! — dit-elle. Oscar, sans répondre, se mit à marcher dans le salon d'un pas saccadé. La jeune femme resta accablée pendant quelques instants. Tout à coup elle se redressa par un mouvement souple et nerveux de panthère; ses yeux grands ouverts étaient redevenus secs, étincelants. — Monsieur Oscar, — reprit-elle lentement, — est-ce bien à vous qu'il appartient de me reprocher mes fautes!... Qu'avez-vous fait de votre père?

Oscar, à son tour, devint livide.

— Misérable femme! — balbutia-t-il. Mais presque aussitôt il ajouta d'un ton plus ferme : — Votre audacieuse franchise excite la mienne... Peut-être, en effet, un certain jour, dans un moment de vertige, une infernale pensée a-t-elle germé dans mon cerveau; mais je n'avais rien prévu, rien préparé; un funeste concours de circonstances a pu faire seul que cette pensée devint criminelle. Vous, au contraire, vous avez médité longuement vos projets; vous avez mesuré avec patience à vos victimes la tendresse empoisonnée qui devait les tuer; vous avez calculé froidement leurs souffrances, vous n'avez pas hésité un instant dans l'exécution... Oh! il n'existe aucune comparaison possible, aucune solidarité entre nous, madame; et ce rapprochement est une insulte pour moi.

— Une insulte! — répéta Armantine en se redressant comme une furie; — ignorez-vous donc, monsieur, qu'aux yeux de tous les habitants de Z***, aux yeux de votre oncle lui-même, vous avez été, et vous êtes encore... un PARRICIDE!

— Infâme créature! — s'écria Oscar hors de lui en prenant son stick et en le levant sur Armantine comme pour lui en cingler le visage.

Ce que la honte, la douleur et l'indignation n'avaient pu faire, la crainte du châtiment le fit. Armantine poussa un gémissement et tomba sans connaissance sur le canapé.

Oscar avait rabaissé le bras et semblait honteux de s'être laissé emporter à un tel excès. Cependant il ne se pressa pas de secourir Armantine et la contempla d'un œil farouche.

L'attitude de la jeune femme évanouie était aussi gracieuse que touchante; et, n'eussent été la pâleur de son visage, ses paupières baissées, ses traits immobiles, on aurait pu croire cette attitude savamment étudiée. Le léger chapeau d'Armantine s'était détaché et laissait flotter librement les boucles blondes de son abondante chevelure; sa taille souple et onduleuse se dessinait sur les coussins, tandis que sa main blanche, aux doigts effilés, reposait inerte sur le velours du canapé.

Elle était si belle ainsi que la figure d'Oscar perdit bientôt son expression menaçante. On eût dit que peu à peu l'admiration et la pitié remplaçaient dans son cœur le mépris et la haine qui venaient d'avoir une si terrible explosion. Son front s'éclaircit, ses regards s'adoucirent. Peut-être allait-il céder à une impression nouvelle : la nature humaine est si pleine de contradictions! Les sentiments contraires sont si voisins les uns des autres! Tout à coup on sonna à la porte de l'appartement, puis le petit domestique parlementa dans l'antichambre avec un visiteur inconnu.

Cet incident suffit pour rompre le charme que Vareilles subissait déjà. Craignant que quelqu'un de ses familiers ne pénétrât dans le salon et n'interprétât à sa manière la présence d'Armantine, Oscar s'empressa de passer lui-même dans l'antichambre.

Le visiteur était Léon Mersey, qui semblait insister chaleureusement auprès du groom pour pénétrer jusqu'au maître de la maison.

— Mon cher de Vareilles, — dit-il, — je viens réclamer à l'instant même ton concours pour une grave affaire qui concerne monsieur de Bertigny... Puis-je compter sur toi?

— Sans doute... je te suis. Je te demande seulement quelques minutes, car j'ai du monde.

— Bon! je comprends... Mais reviens vite.

Oscar rentra dans le salon avec Hubert. Armantine était toujours évanouie sur le canapé, bien qu'elle commençât à faire quelques mouvements.

— Tu connais les comédies de ce genre, Hubert, — dit Oscar d'un ton dédaigneux, — et il n'y a pas à s'en inquiéter... Quand je serai parti, tu jetteras un peu d'eau au visage de cette dame, et, dès qu'elle sera revenue à elle, tu iras lui chercher une voiture... M'as-tu compris?

Hubert grimaça un sourire. Son maître alla rejoindre Mersey, et bientôt on les entendit l'un et l'autre descendre l'escalier.

Armantine de son côté, ne demeura pas longtemps dans la maison. Moins d'un quart d'heure après leur départ, elle se dirigeait pâle, abattue, en chancelant, vers la voiture que le domestique venait de faire avancer. Brisée de honte et de douleur, elle murmurait derrière le voile qu'elle avait rabaissé sur son visage :

— Il m'a traitée comme la dernière des misérables... Et pourtant, je l'aime! Mon Dieu! aurait-il la terrible mission de venger ceux qui ne sont plus?

XXVI

ARTHUR VIDAL.

Disons maintenant comment Léon Mersey avait employé cette matinée.

Il s'était présenté de bonne heure chez Arthur Vidal, qui demeurait rue Saint-Lazare; Vidal n'avait pas passé la nuit chez lui et n'était pas encore rentré. Force fut au percepteur d'attendre dans un café voisin. Mais une seconde, une troisième visite ne réussirent pas mieux.

Mersey, cruellement contrarié, ne savait à quoi se résoudre; le portier de Vidal, un brave tailleur allemand, fut touché de son embarras et lui dit avec un accent germanique des plus caractérisés:

— Tenez, mon bon monsieur, je vais vous expliquer... Monsieur Vidal a bien un logement chez nous, mais c'est seulement pour ses créanciers et pour les gens qui veulent lui casser les reins, à cause de son état. Aussi ne vient-il pas souvent, le gaillard! Il passe seulement pour prendre ses lettres... Mais, comme vous n'avez l'air ni d'un *anglais* ni d'un *casseur*, on peut se fier à vous... Vous le trouverez sûrement chez madame Rosalie Prieur, à deux pas d'ici.

— Et qu'est-ce que madame Rosalie Prieur?

— Bon! — répliqua l'Allemand en riant d'un gros rire, — vous ne connaissez pas Rosalie, la fameuse Rosalie! une ancienne actrice qui a eu des chevaux et une voiture... mais qui n'en a plus. Monsieur Vidal est toujours fourré chez elle, et vous avez chance de l'y rencontrer.

Mersey éprouvait une extrême répugnance à aller chercher le rédacteur du *Dragon rouge* chez cette femme galante. Mais le temps pressait, et il s'agissait des plus chers intérêts de la famille Berligny; aussi n'hésita-t-il pas; et, après avoir remercié le portier, il se rendit chez Rosalie Prieur, qui habitait en effet une rue voisine.

Il se trouva bientôt devant une de ces maisons modernes dont la façade, de la base au sommet, est couverte de sculptures, dont le vestibule resplendit de dorures, de marbres, de vitraux coloriés, luxe menteur qui annonce plus souvent la vie aventureuse et la vanité indigente que la véritable richesse. Un concierge, en élégante redingote noire, trônait dans un fauteuil, au fond d'une loge somptueusement meublée, et quand Mersey eut jeté en passant le nom de Rosalie Prieur, on lui indiqua le second étage de la maison.

Il s'engagea donc dans un superbe escalier aux balustres de cristal, recouvert d'un moelleux tapis que maintenaient des baguettes de cuivre doré. Comme il montait d'un pas assez rapide, un froufrou de robe qu'il entendait derrière lui, lui fit retourner la tête. Une femme, tête nue et les cheveux en désordre, mais vêtue d'une splendide robe de velours bleu, qui n'empêchait pas de voir des pantoufles déchirées, montait à sa suite. Elle était grande, svelte, et quoiqu'elle ne fût plus jeune, quoique ses traits fussent flétris, elle conservait encore certains restes de beauté. Elle semblait venir du marché et tenait à la main un grossier cabas qui contrastait avec sa magnifique robe.

Cette femme observait Mersey d'un air curieux, et, quand il s'arrêta à la porte indiquée, elle s'arrêta de même. Le percepteur ayant sonné, ils demeurèrent silencieux en face l'un de l'autre, attendant qu'on vînt ouvrir. Une petite bonne, à mine délurée, accourut enfin, et Mersey demanda madame Rosalie Prieur.

La petite bonne se mit à rire, en regardant tour à tour le visiteur et la dame inconnue. Celle-ci prit son plus grand air et dit en dissimulant son cabas:

— C'est moi, monsieur, qui suis madame Prieur.

Mersey salua froidement.

— Madame, je désirerais causer cinq minutes avec monsieur Arthur Vidal, que l'on assure être chez vous.

La dame à la robe de velours enveloppa Léon d'un de ces regards qui ne laissent échapper aucun détail.

— Je ne sais s'il est chez moi, — répliqua-t-elle; — mais, s'il y est en effet, il travaille sans doute et ne veut pas être dérangé. Quel est votre nom, monsieur, et quelle espèce d'affaire vous amène?

— Mon nom lui est inconnu; mais l'affaire qui m'amène peut lui procurer des avantages nombreux et immédiats.

Mersey avait fort bien calculé l'effet que ces paroles devaient produire sur Rosalie Prieur. Elle sourit et répliqua avec aménité!

— J'avais deviné que vous n'étiez pas... Allons! entrez, monsieur, et je vais m'assurer par moi-même si Arthur reçoit.

Elle remit son cabas à la petite bonne, qui avait écouté en ricanant cette conversation, et elle précéda Mersey. L'ayant introduit dans le salon, elle lui fit signe de s'asseoir, puis elle souleva une portière de tapisserie un peu éraillée, et disparut.

Le salon avait été fort riche autrefois, et l'on y remarquait encore quelques meubles de prix; mais il existait bien des lacunes dans cet ameublement, et sans doute les objets disparus avaient pris le chemin du mont-de-piété ou de la boutique du brocanteur. Mersey, du reste, n'eut pas le temps de faire beaucoup d'observations. Le bruit d'une altercation assez vive s'élevait dans la pièce voisine, et bientôt une voix aigre s'écria:

— Toujours dérangé! c'est insupportable!... Et voilà l'heure d'envoyer de la copie au journal. — On répondit bas, mais avec beaucoup de chaleur. La voix aigre continua: — Une bonne affaire! avec ça qu'elles sont communes les bonnes affaires!... Ce monsieur ne peut-être ni un libraire, ni un directeur de théâtre; et c'est sans doute... Eh bien! ma foi! voyons-le et finissons-en!

Aussitôt la portière se souleva de nouveau, et Rosalie fit signe à Mersey qu'il pouvait entrer.

Arthur Vidal était alors un des types de la race des *bohèmes*, race que l'on a beaucoup trop vantée, beaucoup trop poétisée, et qui est plus dangereuse pour la société paisible qu'on n'a l'air de le croire.

L'origine de Vidal était peu connue; sa famille et ses premières années demeuraient comme dans un nuage, d'où l'on pouvait conjecturer que sa jeunesse n'avait pas été entourée des meilleurs exemples, et qu'il n'avait pas appris au foyer domestique les devoirs des hommes les uns envers les autres, le respect de la femme et le respect de soi-même. Aussi attaquait-il tout ce que l'on est habitué à considérer comme vénérable et sacré, bien qu'il s'en prît aux personnes plus encore qu'aux principes.

Il n'avait aucun savoir et fort peu d'esprit; mais il montrait une audace incroyable; rien ne l'arrêtait, pas même le mensonge, au milieu d'une lutte passionnée. Bien plus, un fait vrai en lui-même prenait sous sa plume toutes les allures de la calomnie. Enfin Arthur Vidal était de ces écrivains qui, incapables de marcher, s'asseyent au bord du chemin pour crier des injures, jeter de la boue à ceux qui marchent; et parmi les honorables individualités auxquelles il s'attaquait parfois, il ne se trouvait personne d'assez hardi pour se retourner contre cet insulteur public et en faire bonne justice.

Tel était donc le pamphlétaire qui jouissait alors à Paris d'une vogue extraordinaire, vogue aujourd'hui oubliée, car les réputations de ce genre ne survivent guère au jour et à l'heure qui les ont vues naître. Au physique, Vidal était un tout jeune homme, presque un enfant; à peine si un mince collier de barbe blonde tirant sur le roux commençait à encadrer son visage blême et déjà étiolé. Sa physionomie avait un caractère hargneux et défiant; une ride permanente à la commissure de ses lèvres eût pu faire croire qu'il souriait toujours, si l'on ne se fût aperçu bientôt que ce prétendu sourire était un rictus. Vidal, tout débraillé, portait un coin-de-feu en tartan, passementé de rouge. Il écrivait sur le coin d'une table encore chargée des reliefs du déjeuner, et tenait entre ses dents une pipe de terre dont dont la fumée répandait dans toute la pièce l'odeur âcre du *caporal*.

Mersey remarqua d'un coup d'œil tous ces détails; il ne put s'empêcher de penser:

— Et c'est entre les mains d'un pareil homme que se trouvent souvent l'honneur et le repos des familles!

Mais, comme on peut croire, préoccupé du succès de sa mission, il ne laissa rien percer de ce sentiment.

Vidal s'était levé.

— Monsieur, — demanda-t-il, — puis-je savoir...?

Mersey déclina son nom et sa qualité.

— Je désire, — ajouta-t-il, — vous entretenir au sujet d'une note publiée dans le *Dragon rouge* et concernant la famille de monsieur de Berligny.

Vidal fronça le sourcil et lança à Rosalie, qui restait debout près de la porte, un regard dont la signification semblait être:

« Tu vois quelle bonne affaire tu me mets sur les bras! »

— Vous venez sans doute au nom de monsieur de Berligny? — demanda-t-il au percepteur.

— Je viens en mon propre nom; je suis l'ami, l'obligé, si vous voulez, de monsieur de Bertigny, et j'ai à cœur de faire cesser des attaques qui m'affligent cruellement. Mes intentions, du reste, sont des plus pacifiques, et sans doute cet entretien va se terminer à la satisfaction commune.

Sur cette affirmation, Vidal fit signe à Mersey de s'asseoir, et s'assit lui-même.

Il y eut un moment de silence, pendant lequel les deux hommes s'examinèrent mutuellement.

— Monsieur, — reprit enfin Vidal, — qu'attendez-vous de moi? Je n'ai rien à rétracter, je vous en avertis. Cette fois, je n'ai pas écrit d'après des données incertaines; je possède les preuves authentiques de tout ce que j'avance. Un correspondant inconnu, ou du moins dont la signature est illisible, m'a envoyé, avec une note explicative, un extrait de naissance de mademoiselle de Bertigny, ainsi que diverses autres pièces dûment légalisées par un maire de campagne. Cet envoi est sans doute le fait de quelque ennemi secret... Mais, — ajouta le pamphlétaire en souriant, — quand il s'agit d'un député du centre il ne faut pas avoir de scrupules! — Mersey n'avait pas l'air d'approuver beaucoup cette théorie; cependant il exprima le désir de voir les pièces dont on parlait. La défiance de Vidal parut redoubler. — Dans quel but? — demanda-t-il sèchement.

Rosalie Prieur s'approcha.

— Que crains-tu donc, Arthur? — dit-elle avec impatience; — monsieur ne mangera pas ces sots papiers, peut-être!... Je sais où ils sont, et je les trouverai sans peine.

Elle alla fouiller dans un carton entr'ouvert, qui semblait contenir des lettres et des notes. Vidal lui fit les gros yeux et donna des signes de colère; mais l'ancienne actrice ne s'effrayait pas pour si peu. Avec une autorité dont elle semblait avoir l'habitude, elle prit dans le carton un paquet portant le timbre de la poste, et le plaça sur la table devant Mersey. Le percepteur put alors feuilleter à loisir les papiers que contenait l'enveloppe.

Il y trouva, en effet, l'acte de naissance d'Henriette et diverses autres pièces qui établissaient nettement l'illégitimité de mademoiselle de Bertigny. Mais ce qui le frappa surtout, ce fut la lettre d'envoi; l'écriture lui en était familière, et, bien que la signature fût illisible à dessein, il n'eut pas de peine à reconnaître l'œuvre de Mourachon, le secrétaire de la mairie de Z***.

— Le drôle! — pensa-t-il; — ne pouvant ou n'osant se venger de moi, qui l'ai obligé d'épouser Thérèse, il se venge sur monsieur de Bertigny et sa famille! Il ne pouvait, en effet, me porter un coup plus sensible. — Cependant il ne laissa toujours rien voir de ses impressions. Son examen terminé, il remit les papiers dans leur enveloppe et dit tranquillement: — Avec votre permission, monsieur, je désirerais être mis en possession de ces pièces, et j'aurais quelque chose à vous demander encore...

— Demandez, monsieur, demandez, — répliqua Vidal avec ironie, — ne vous gênez pas!

— Eh bien! — poursuivit Mersey avec le même flegme, — puisque vous refusez de rétracter dans votre journal la note d'hier, je vous prierai de vouloir bien m'écrire un mot, signé de vous, par lequel vous reconnaîtrez avoir été induit en erreur au sujet de la note dont il s'agit, et par lequel vous vous engagerez en outre à ne pas renouveler vos attaques contre la famille de Bertigny.

— Vous ne demandez que cela?... Et puis-je savoir, monsieur, quel usage vous voudriez faire de cet écrit signé de moi?

— Ce n'est pas un mystère; si vous persistiez dans votre dénigrement public contre mes amis, je pourrais opposer cette déclaration privée à de nouvelles attaques.

— Je comprends... Mais si moi, monsieur, je n'étais disposé ni à vous céder ces pièces dont je suis dépositaire, ni à écrire la déclaration que vous réclamez avec tant d'ingénuité?

Mersey tira de sa poche un portefeuille, y prit quatre billets de mille francs qu'il étala sur la table.

— Papiers pour papiers, — dit-il; — un échange... voulez-vous?

A ce coup de théâtre inattendu, Vidal et sa compagne tressaillirent. Les yeux de Rosalie se fixèrent sur les billets de banque, qui semblaient éveiller en elle des souvenirs et d'âpres convoitises. Le bohème lui-même éprouva une sorte de fascination. Cependant il détourna la tête et dit, en essayant de se montrer indigné:

— Un marché!... Monsieur, pour qui me prenez-vous?

Léon demeura muet. Rosalie dit bas à Vidal avec une extrême vivacité:

— Imbécile! Vas-tu te donner des airs?... Mais je suis là, moi!

Elle ajouta quelques mots en anglais, et Vidal répondit dans la même langue. Le percepteur entendait assez l'anglais pour comprendre que Rosalie rappelait à son associé la gêne cruelle où se trouvait le ménage. Ces observations affaiblirent les velléités de dignité que Vidal venait de montrer.

— Tenez, monsieur, — reprit-il en français avec moins de raideur, — c'est mal à vous de tenter cette pauvre Rosalie par l'étalage de ces chiffons... Eh bien, prenez tout le dossier, et contentez-vous de la parole que je vous donne de ne pas renouveler mes attaques dans le *Dragon rouge*.

— Cela ne me suffit pas, — répliqua Mersey froidement; — il me faut une garantie, c'est-à-dire la déclaration écrite dont j'ai parlé.

En même temps il prit un nouveau billet de mille francs et le posa tout ouvert sur la table, à côté des premiers. Il eût soin de laisser voir au couple de bohèmes que le portefeuille n'en contenait pas d'autres; en revanche, dans une poche secrète de ce portefeuille, se trouvait encore un bon sur la Banque de vingt mille francs, que monsieur de Bertigny avait remis à son envoyé, en même temps que les billets, pour assurer le succès de la négociation en cas de besoin.

Aucune offre nouvelle, du reste, ne devint nécessaire; Rosalie, à la vue de cette somme, sembla perdre la tête:

— Voyons, Arthur, laisseras-tu échapper l'occasion... Il accepte, monsieur, — poursuivit-elle en s'adressant à Mersey; — il va écrire la déclaration que vous exigez... Dictez-la vous-même... Il écrira, je le veux!

Et elle plaça une feuille de papier blanc devant Vidal. Celui-ci essaya encore de résister; mais Rosalie lui parla en anglais avec tant de véhémence et de fermeté qu'il finit par céder en rechignant.

Mersey dicta une note qu'il avait préparée d'avance, et dans laquelle, tout en ménageant l'amour-propre du diffamateur, il lui faisait prendre l'engagement formel de ne pas renouveler ses attaques. Vidal, tout à fait dompté, écrivit ce qu'on voulut. Puis, ayant signé et daté sa déclaration, il la présenta à Mersey.

Le percepteur s'assura qu'elle était en bonne forme, la plia, et la mit avec les autres papiers, qu'il glissa dans sa poche. Alors seulement il retira sa main qu'il avait tenu jusque-là sur les billets de banque, avec une défiance bien légitime.

Une meute de chiens affamés n'est pas plus prompte à s'élancer à la curée, quand le piqueur relève son fouet, que Vidal et sa compagne ne le furent à fondre sur les billets de banque aussitôt qu'on leur en accorda la permission. Mais Rosalie fut plus leste ou elle avait les doigts plus crochus, car elle enleva la meilleure part; son associé dut se contenter d'un billet et de la moitié d'un autre déchiré dans la lutte.

Pendant qu'ils s'injuriaient à demi-voix, Mersey debout, un sourire sur les lèvres, ne songeait plus à cacher son mépris. Vidal s'en aperçut et rougit. Laissant définitivement la victoire à l'ancienne actrice, il s'approcha de Léon, qui se disposait à se retirer :

— Monsieur, — lui dit-il avec embarras, — vous devez avoir une fâcheuse opinion de moi, mais...

— Qu'importe! monsieur; ma tâche est finie... Et nous ne nous reverrons plus sans doute.

— C'est que vous avez l'air de penser...

— Mes pensées n'appartiennent qu'à moi... Votre but, à vous, était de gagner de l'argent; ce but est atteint; ne demandez rien de plus.

Le sang-froid insultant de Mersey porta au comble l'exaspération de Vidal, qui du cramoisi passa au vert livide. Il serra les poings, et dit avec violence :

— Puisque vous interprétez ainsi cette transaction, rendez-moi sur-le-champ mes papiers et je vais vous rendre votre argent... Tout est rompu entre nous.

— Oui-dà! — s'écria Rosalie Prieur avec ironie, — on devrait du moins me consulter! Mais je trouve le marché fait et bien fait; il n'y a pas à y revenir.

Elle se dirigea vers la porte, toute prête à se sauver si l'on tentait de lui enlever son butin; Mersey sourit.

— Vous voyez, monsieur, — reprit-il, — que vous vous avancez trop en proposant d'annuler le marché... Il tient donc, et chacun de nous en acceptera les conséquences.

Et il fit mine encore de se retirer; Vidal était hors de lui :

— Qu'il ne soit plus question de cet arrangement, — reprit-il; — mais votre attitude me déplaît, monsieur; votre rire m'agace, votre flegme est un outrage dont vous me rendrez raison.

Cette fois Mersey ne put se contenir.

— De quoi vous plaignez-vous, mon cher, — dit-il avec vivacité; — prétendriez-vous avoir le moindre droit à la considération? Votre métier, dans ce cas, serait par trop avantageux! Quant à moi, que me reprochez-vous? Vous ai-je dit, ce que je pense, que ce métier est infâme, qu'il mérite la réprobation des honnêtes gens de tous les partis? Non; et pour sauvegarder l'honneur d'une famille estimable, je me suis abaissé jusqu'à traiter avec vous d'égal à égal, jusqu'à vous acheter votre bassesse argent comptant. Je ne vous ai même pas cité ce vers qu'un poëte du siècle dernier adressait à un libelliste de votre sorte :

S'il n'avait pas écrit il eût assassiné.

Vidal, l'œil en feu, la bouche écumante, voulut prendre le percepteur à la gorge. Mais Mersey était sur la défensive, et comme depuis sa guérison il avait recouvré une grande vigueur, il n'eut pas de peine à contenir le chétif jeune homme. — Calmez-vous, monsieur, — lui dit-il d'un ton ferme; — et puisque contre mon désir bien arrêté, j'ai laissé voir tout le dégoût que vous m'inspirez, je consens à me battre avec vous. Seulement, des devoirs de la nature la plus sacrée réclamant ma présence dans l'après-midi, il faut que cette rencontre ait lieu dans le plus bref délai.

— Eh bien! à l'instant! à l'instant même! — s'écria Vidal.

— Laissez-moi le temps de prévenir mes amis. Mais dans deux heures je serai à vos ordres.

— Dans deux heures, soit. Je vais attendre.

XXVII

LE DUEL.

Nous savons que Mersey se mit sur-le-champ à la recherche d'Oscar de Vareilles, et qu'il eut la chance favorable de le rencontrer chez lui. Il apprit à son ami la nécessité où il se trouvait de se battre avec Arthur Vidal, et le pria d'arranger les choses afin que le duel pût avoir lieu sur-le-champ.

— Je voulais éviter cette rencontre, — poursuivit-il, — car aujourd'hui même ma mère doit être opérée de la cataracte par l'oculiste X...; mais l'indignation a été plus forte que ma volonté. Je me battrai donc... Toutefois, mon cher Oscar, la loyauté exige que l'on prévienne mon adversaire de mon habileté à l'escrime, afin qu'il renonce à ce duel ou qu'il choisisse une arme capable d'égaliser les chances.

— C'est bon, c'est bon... je vais prendre Florestan et nous nous aboucherons avec les témoins de Vidal. Il n'y aura pas de temps perdu, je te le promets... Ah çà! tu ne me dis rien de la cause de cette rencontre; il s'agit sans doute de l'attaque dirigée dans le *Dragon rouge* contre la famille de Bertigny?

— Pas précisément; mais...

— Tu veux faire le discret, soit. Monsieur de Bertigny saura pourtant quelle assistance je t'aurai prêtée dans cette occasion... Et où te retrouverons-nous quand tout sera convenu?

— Chez moi, où je vais me rendre de peur que mon absence prolongée ne donne des inquiétudes à ma mère. Faut-il que ce duel ait lieu précisément un jour comme celui-ci!

Les deux amis se séparèrent. Mersey rentra à l'hôtel garni où il demeurait. Comme il montait l'escalier, on lui remit un billet pressé qu'un domestique venait d'apporter et qui était ainsi conçu :

« Oubliez ce que je vous ai dit... J'étais insensée. Ne » vous battez pas; surtout ne *le* tuez pas! Je vous dé» fends de *le* tuer! Si ce malheur arrivait, ma mère se » lèverait de sa tombe pour me maudire!

» H. B. »

Ce billet, où perçait à peine moins de trouble que dans les paroles de la veille, fit réfléchir profondément Mersey.

— Cette charmante enfant craignait-elle donc que je la prisse au mot? — murmura-t-il avec tristesse; — je n'ai jamais voulu, je ne veux encore que donner une leçon à ce misérable libelliste, afin de le rendre plus circonspect.

Il déposa un baiser sur la précieuse lettre et, après l'avoir placée sur sa poitrine pour lui servir de sauvegarde, il monta chez sa mère.

La vieille aveugle était pleine de confiance dans le résultat de l'épreuve qui devait avoir lieu quelques heures plus tard. Mais, en apprenant que son fils allait être obligé de sortir de nouveau, elle lui dit avec un accent de reproche :

— Et quelle affaire si pressante, Léon, peut t'obliger à t'absenter aujourd'hui?

Mersey répondit d'un air embarrassé que monsieur de Bertigny, son protecteur, l'avait chargé de veiller à de sérieux intérêts de famille. La bonne dame sourit finement.

— Oh! s'il s'agit de monsieur de Bertigny et de sa famille, — reprit-elle, — je m'explique tout. Néanmoins, mon enfant, tu ne peux manquer d'être près de moi à l'heure de la crise. Tu me tiendras les mains pendant l'opération, qui, du reste, m'a-t-on dit, sera courte et peu douloureuse; ta présence me donnera du courage. Et puis, — ajouta-t-elle en s'attendrissant, — si, comme je l'espère, le docteur réussit; je veux que mon premier regard tombe sur toi, mon fils bien-aimé, toi dont je n'ai pas vu le doux visage depuis si longtemps.

— Je serai là, ma mère, — répliqua Léon en l'embrassant.

. . . .

Toutefois une idée terrible passa dans l'esprit de Mersey. Était-il sûr de tenir sa promesse? Ne se pouvait-il pas que, dans les conditions inconnues où allait avoir lieu le duel, les chances lui fussent contraires? Cette idée lui causait d'inexprimables angoisses.

— Ai-je bien le droit de disposer de moi-même? — pensait-il; — n'est-ce pas un crime que d'exposer ma vie, pour obéir à un préjugé absurde et sauvage, quand ma vie est si précieuse à cette pauvre femme, quand ma mort peut entraîner la sienne?

Pour échapper à ces lugubres réflexions, il s'empressa de prendre les dispositions exigées par les circonstances. D'abord il plaça sous enveloppe les pièces qu'il tenait de Vidal, la déclaration signée de Vidal lui-même, et envoya le tout à monsieur de Bertigny par une personne sûre. Puis il écrivit quelques lignes en forme de testament, pour le cas où l'issue du duel lui serait contraire.

Il avait à peine terminé ces préparatifs quand on vint le prévenir que deux messieurs l'attendaient en bas dans une voiture. Mersey ne se sentit pas le courage d'aller embrasser sa mère encore une fois; après lui avoir fait dire qu'il serait bientôt de retour, il se hâta de rejoindre Vareilles et Florestan qui se trouvaient dans la voiture et l'on partit.

Pendant les premiers moments, Léon était si ému qu'il ne pouvait parler. Mais bientôt il recouvra son sang-froid et demanda où l'on le conduisait.

— Au bois de Boulogne, — répondit Oscar; — vous vous battez à l'épée.

Les traits de Mersey se détendirent.

— Tu n'as pas manqué pourtant, — reprit-il, — de parler à Vidal et à ses témoins de mon habileté à l'escrime?

— J'ai dit ce que je savais de ton adresse vraiment remarquable, et on n'en a pas tenu compte. Vidal, à qui l'on en a référé, a répondu en goguenardant que fusses-tu dix fois plus fort, il ne te craignait pas.

— Fort bien... Je serai ainsi maître de la situation.

— Ne vous y fiez pas, monsieur Mersey, — dit Florestan, un vieux viveur parisien qui semblait fort expert en matière pareille; — ce Vidal est un assez mauvais tireur, je le sais; mais il compte sans doute sur quelque botte secrète, sur quelque truc de maître d'armes... Prenez vos précautions, je vous le conseille, et gare aux coups de Jarnac!

Le percepteur remercia pour cet avis amical, mais il était facile de voir, à son sourire un peu suffisant, qu'il ne croyait pas en avoir besoin.

Grâce à un excellent cheval qui traînait la voiture de remise, on ne tarda pas à atteindre le bois de Boulogne, beaucoup moins fréquenté alors qu'aujourd'hui, et dont certaines parties étaient toujours désertes. On se dirigea vers une allée où l'on ne voyait que très-rarement des promeneurs; en revanche il s'y trouvait en ce moment une voiture immobile et plusieurs messieurs qui semblaient attendre. On reconnut Vidal, accompagné de ses deux témoins, qui avaient l'apparence de militaires en bourgeois, et enfin d'une troisième personne qu'on sut plus tard être un chirurgien du Val-de-Grâce.

Les témoins, après s'être salués cérémonieusement, procédèrent aux préliminaires du duel; les deux adversaires jetèrent leurs habits et se placèrent en face l'un de l'autre l'épée à la main. Toutefois, avant qu'on leur permît de croiser le fer, un des témoins de Vidal, vieux soudard qu'on appelait « le colonel, » bien qu'il n'eût certainement jamais eu dans l'armée ce grade supérieur, demanda d'une voix rude et comme pour satisfaire à l'usage, si aucun arrangement n'était possible.

— Aucun, — répliqua Vidal d'un ton sec.

— Aucun, — ajouta Mersey; — ainsi hâtons-nous.

— Allez donc, messieurs! — dit le colonel en reculant de quelques pas.

Les deux pointes d'épée s'étaient heurtées, et Mersey, dans son impatience d'en finir, allait attaquer, quand son adversaire rompit tout à coup et avec tant d'agilité qu'il semblait vouloir chercher un refuge dans les broussailles voisines. Le percepteur, ne comprenant rien à cette manière de combattre, le regardait d'un air effaré. Alors Vidal revint à la charge, et se mit à tourner autour de lui, toujours sans engager le fer. Puis, ayant attiré l'attention de son adversaire par une feinte, il pirouetta sur lui-même avec une rapidité inconcevable, et, avant que Mersey eût pu deviner ce mouvement, il lui traversa le bras gauche.

Le coup était en dehors de toutes les règles et ne pouvait réussir que par l'effet d'une surprise; cependant Vidal, de son côté, n'avait pas compté sur la promptitude de décision, sur la dextérité de main du percepteur. Aussi, tandis que Léon était atteint au bras gauche, Vidal lui-même recevait dans le flanc droit une blessure beaucoup plus sérieuse.

Mersey était pourtant encore en état de tenir son épée et de continuer le combat; mais son adversaire s'affaissa sur lui-même en faisant entendre un juron.

— Il en a assez, — dit Florestan qui intervint avec les autres témoins pour faire cesser la lutte. — Tonnerre! monsieur Mersey, je vous avais bien prévenu que vous deviez craindre un coup de Jarnac!... Du reste vous *lui* avez rendu la monnaie de sa pièce.

— Le coup est, j'en conviens, un peu contre les usages, — dit le colonel en fronçant ses gros sourcils; — mais si quelqu'un le trouve déloyal, on n'a qu'à me le dire... *à môa!* — Personne ne daigna protester, les deux adversaires ayant été atteints. — Eh bien donc! messieurs, — reprit le colonel avec emphase, — nous pouvons déclarer l'honneur satisfait.

Quelques instants plus tard, Mersey, après avoir reçu du chirurgien l'assurance que son adversaire n'était pas en danger de mort, et après avoir vu Vidal partir, avec ses témoins, dans la voiture qui les avait amenés, remonta dans l'autre voiture avec Oscar et Florestan pour retourner chez lui. Sa blessure, quoique peu grave, comme nous l'avons dit, n'était pourtant pas à négliger, et c'était à peine s'il avait laissé le chirurgien poser un premier appareil pour arrêter le sang. Son unique pensée maintenant était de se rendre au plus vite auprès de sa mère. Les cahots de la voiture, lancée au galop, semblaient lui causer d'atroces douleurs; mais il se roidissait contre le mal et son impatience allait croissant.

Quand on atteignit enfin la rue où il demeurait, Mersey vit à sa porte la voiture du médecin oculiste. Tremblant d'arriver trop tard, il remercia ses témoins de l'assistance qu'ils venaient de lui prêter, et les congédia. Vainement voulurent-ils le suivre, pour le soutenir dans l'escalier; il craignait que leur présence n'effrayât la pauvre aveugle en ce moment, et il les décida à se retirer.

Pour lui, il monta, non sans efforts, au second étage et il arriva enfin, hors d'haleine, à l'appartement de sa mère.

Il était temps. Madame Mersey venait de s'installer dans un grand fauteuil en face de la fenêtre; et le docteur, après avoir disposé de nombreux et bizarres instruments sur un meuble à côté de lui, allait commencer l'opération. Plusieurs personnes se tenaient à portée de l'assister.

Quand Léon entra, la pauvre aveugle disait :

— Mon Dieu! où donc est mon fils? Peut-il m'abandonner ainsi?

— Non, non, ma mère, je suis là! — s'écria Léon en cherchant à raffermir sa voix; — veuillez me pardonner... Maintenant je ne vous quitte plus.

Et ses lèvres brûlantes se posèrent sur les joues de madame Mersey.

On le regardait avec un étonnement mêlé de pitié. Il était très-pâle; sa redingote, négligemment jetée sur ses épaules, laissait voir sa chemise toute tachée de sang.

Il n'avait pas voulu mettre en écharpe son bras blessé, mais il le tenait serré contre sa poitrine. Redoutant qu'une parole ou une démonstration imprudente n'excitât les alarmes de sa mère, il posa un doigt sur sa bouche pour recommander le silence.

Madame Mersey, du reste, était loin de soupçonner la vérité. Elle sourit et dit avec indulgence :

— A la bonne heure ; les amoureux sont si ingrats ! Je craignais... Eh bien ! Léon, assieds-toi à mon côté.... Donne-moi ta main... A présent, docteur, — poursuivit-elle en s'adressant à l'oculiste, — vous pouvez commencer quand vous voudrez... Mon fils est près de moi ; je resterai ferme comme un roc.

Le médecin, après avoir fait à l'aveugle et aux assistants certaines recommandations indispensables, procéda à la difficile et délicate opération dont il était chargé.

Un silence religieux s'établit dans la chambre. Léon, comme nous l'avons dit, était assis auprès de madame Mersey, qui lui tenait la main dans les siennes. Or, cette main était précisément celle qui appartenait au bras blessé, et chaque mouvement de la pauvre femme causait à son fils une atroce douleur.

Il se garda bien de se plaindre et ne voulut pas changer de position. Mais, à mesure que l'opération avançait, madame Mersey, dans les spasmes de la souffrance, serrait plus fortement, sans s'en apercevoir, le bras du pauvre garçon, dont elle aggravait ainsi les tortures. Léon s'efforçait toujours de ne rien faire paraître ; et, quoique une sueur froide commençât à lui découler du front, quoique son visage fût contracté, il disait de temps en temps de sa voix la plus calme :

— Courage ! chère maman... tout va bien... quelques minutes encore et sera fini.

Une fois pourtant, madame Mersey, dans une crispation nerveuse, serra son fils avec tant de force que le malheureux jeune homme ne put résister. Il n'essaya pas de retirer son bras, il ne poussa pas un soupir ; mais sa tête se renversa en arrière, ses yeux se fermèrent, et il s'évanouit tout à fait.

Un des assistants accourut pour le soutenir, mais nul n'osa parler.

La situation, en effet, était des plus critiques. L'évanouissement de Léon pouvait causer une émotion dangereuse à l'aveugle, troubler l'opérateur qui avait tant besoin de sa présence d'esprit. Madame Mersey devina qu'il se passait quelque chose d'extraordinaire ; lâchant cette main inerte et moite, elle demanda :

— Léon, qu'y a-t-il ? Pourquoi ne me parles-tu plus ?

Une jeune fille, qui venait d'entrer sans bruit avec une autre personne se glissa vers elle, et dit d'un ton affectueux :

— C'est mon tour, bonne maman Mersey. Le spectacle de vos souffrances produit trop d'impression sur votre fils... Je serai plus forte que lui.

— Mademoiselle Henriette de Bertigny ! — murmura la vieille dame avec un accent de reconnaissance.

Mais on ne lui permit pas d'en dire davantage et l'oculiste poursuivit sa besogne.

C'était en effet Henriette et sa tante qui venaient d'entrer. Oscar de Vareilles, en quittant Mersey, n'avait pu résister à la tentation de se faire honneur auprès du député de son intervention dans une affaire qui intéressait tant monsieur de Bertigny. Bien qu'il ignorât certaines particularités qui avaient précédé le duel, il s'empressa de raconter comment Mersey venait de venger l'injure de la famille. Le député remercia Oscar et le congédia en lui promettant de ne pas oublier sa conduite obligeante dans cette circonstance. Puis, comme sa femme et sa nièce étaient dans des transes mortelles au sujet du percepteur, il passa chez elles pour les mettre au courant des faits accomplis. Les dames, en apprenant que Mersey était blessé et qu'il lui fallait pourtant assister à la grave opération que devait subir sa mère, n'avaient pu résister au désir d'aller lui offrir leurs services. Elles s'étaient donc habillées précipitamment, s'étaient jetées dans une voiture, et nous avons vu comment elles étaient arrivées au plus fort de la crise.

On transporta Léon sur un canapé, tandis qu'Henriette prenait sa place auprès de la malade. Bientôt quelques gouttes d'eau fraîche le ranimèrent, et il recouvra peu à peu connaissance.

Cependant l'opération continuait. Tout à coup madame Mersey poussa un cri de joie. Le chirurgien venait d'enlever, pour un instant, le bandeau qu'il avait placé sur ses yeux, et elle s'écria :

— Bon Dieu ! J'y vois... où est mon fils ? — Léon s'élança du canapé et vint se placer à côté d'Henriette. Le premier regard de madame Mersey tomba sur deux jeunes et beaux visages, pâles l'un et l'autre, mais souriants et exprimant pour elle la plus profonde tendresse. — Mes enfants ! — dit-elle.

Le médecin se hâta d'intervenir et de replacer le bandeau, qu'on devait seulement enlever beaucoup plus tard et quand les yeux de la malade se seraient habitués insensiblement à la lumière.

Madame de Bertigny disait bas à Léon :

— Ses enfants !... votre mère a raison, monsieur Mersey. Nous sommes tous pénétrés de reconnaissance pour votre généreuse conduite, pour votre dévouement... D'ailleurs Henriette a réfléchi que, son secret étant connu maintenant, le plus sûr moyen d'éviter de nouveaux scandales était de changer de nom... Et elle en changera... bientôt !

Peu de mots suffiront pour apprendre au lecteur ce qu'il advint des personnages principaux de cette histoire.

Quelques mois après les derniers événements que nous venons de raconter, Léon Mersey épousait Henriette de Bertigny ; et, pour satisfaire les scrupules de la fiancée, le mariage eut lieu sans bruit et sans éclat, justement dans le village ignoré de Picardie où elle était née. Mersey, à qui le baron de Maledan, près de mourir, avait rendu, par un scrupule de conscience, l'héritage de sa tante, avança rapidement dans ses fonctions, grâce à son mérite supérieur et un peu sans doute grâce au crédit du député. Lorsque la révolution de février éclata, il était receveur général dans une ville importante du midi de la France.

Oscar de Vareilles, bien que monsieur de Bertigny, comme nous savons, ne l'aimât guère, fut récompensé de l'assistance qu'il avait prêtée à Mersey. Il obtint un poste administratif dans une colonie lointaine, et ses amis du boulevard l'alien l'oublièrent bien vite. Il s'en consola en épousant une femme de race jaune, qui lui apporta en dot beaucoup de sacs de roupies, et il fit souche de colons français à l'autre extrémité du globe.

Quant à Armantine, d'abord inconsolable des mépris d'Oscar, elle finit par chercher à Paris des distractions qu'une jeune, jolie et riche veuve comme elle ne pouvait manquer de trouver. Elle les trouva si bien que monsieur et madame de Bertigny, qui l'avaient si honorablement accueillie dans les premiers temps, furent bientôt dans la nécessité de lui interdire leur maison. Armantine ne s'en émut guère et continua de mener la vie à grandes guides, jusqu'à ce que, à moitié ruinée, flétrie avant l'âge et devenue laide, elle se fit dévote et affecta les mœurs les plus austères. C'est ainsi que bien souvent finissent ses pareilles.

Le docteur Gilbert, à Z***, resta longtemps accablé par l'injuste réprobation qu'un acte criminel de son confrère, l'officier de santé Martinval, faisait peser sur lui. Cependant peu à peu sa science incontestable, sa profonde expérience, l'honnêteté de sa vie, triomphèrent des préjugés de ses compatriotes. Martinval, qui l'avait dénigré avec le plus d'acharnement, tomba malade, et se sentant perdu, le fit appeler auprès de lui. Le docteur, sans rancune, s'empressa de se rendre à cet appel ; il prodigua à l'homme qui avait été son mortel ennemi les soins les plus intelligents, les plus empressés. Martinval en parut fort touché, mais il ne fit aucun aveu, et ce fut seulement après sa mort que ses héritiers remirent à Gilbert un écrit signé de lui où il racontait toute la vérité à l'égard de Cori-andre Mourachon.

Gilbert, par un sentiment de générosité, ne se pressa pas de révéler l'infamie de son confrère défunt ; il s'agissait d'un fait ancien, déjà oublié, et il éprouvait une inexprimable satisfaction à songer qu'il n'avait pas commis une funeste erreur, comme il l'avait cru jusque-là. Aussi quelques intimes seulement eurent-ils connaissance de ces aveux ; et jamais, par la suite, aucun client du docteur ne fit allusion au passé.

Mourachon, l'heureux époux de Thérèse, ne fut pas destitué de ses fonctions de secrétaire de la mairie à Z***, malgré sa complicité dans les attaques d'Arthur Vidal contre la famille de Berligny. Quelle vengeance Léon Mersey, rentré à Z***, tira-t-il donc du galant bossu? Nous ne saurions le dire ; mais les employés de la perception assuraient que, peu de jours après le retour de Mersey, Mourachon ayant osé se présenter dans le cabinet du percepteur, on avait entendu un bruit assez fort ; puis Mourachon était sorti précipitamment, les vêtements en désordre, les joues couvertes d'une rougeur foncée qui n'était pas naturelle. Enfin un des employés (c'était, nous devons l'avouer, l'espiègle Raymondin) prétendait avoir parfaitement vu la marque d'une semelle de botte sur la partie inférieure de l'élégant paletot que portait le bossu ce jour-là. Encore une fois, nous ne saurions donner aucun renseignement précis sur cette grave affaire. Toujours est-il qu'à partir de ce moment maître Mourachon s'abstint de venir à la perception, même pour les nécessités du service, et que, quand il rencontrait Mersey par hasard, il saluait humblement, puis s'esquivait d'un air craintif.

CONCLUSION.

Après avoir terminé le récit que l'on vient de lire, mon ami X*** me dit :

— Eh bien ! êtes-vous convaincu maintenant qu'il y a des *crimes inconnus?*

— Ce coup d'œil jeté dans les profondeurs de la société m'y a fait entrevoir des abîmes effrayants, j'en conviens. Mais ces crimes sont-ils vraiment aussi communs que vous le prétendez?

— Ils ne sont que trop fréquents, et vous pouvez être assuré que chacun de vos lecteurs, en cherchant dans sa mémoire, y trouvera le souvenir d'un ou de plusieurs faits de ce genre. J'ai pu exposer seulement quelques-uns de ces crimes inconnus, et je me suis borné à en indiquer quelques autres ; mais, excepté les particularités de la lutte entre les médecins de Z*** et les ignobles diffamations du libelliste Arthur Vidal, je n'ai guère parlé des crimes qu'on pourrait appeler *professionnels*. Or, à un grand nombre de professions correspondent des crimes spéciaux dont l'énumération serait impossible. Ainsi, supposez un magistrat qui juge contre sa conscience, qui condamne un innocent, ou ruine et déshonore sans motifs une famille ; supposez, dans un autre ordre d'idées, un conducteur de locomotive qui omet sciemment certaines précautions indispensables ; un marin qui manque de vigilance dans une manœuvre dont dépend le sort du navire ; un simple ouvrier de fabrique qui, au milieu de ces terribles machines mues par la vapeur, néglige à un moment donné d'ouvrir une soupape ou de presser un ressort ; supposez... Mais je m'arrête ; car vous devez voir déjà l'immense variété de faits monstrueux et coupables dont les sciences, les lettres, les arts, l'industrie, le commerce, peuvent être la source sans que le code ait à intervenir.

— Taisez-vous... vous me donnez le frisson.... Et pourtant, mon cher X***, une chose me frappe dans votre récit.

— Quoi donc?

— C'est que si, dans la société, il y a des *crimes inconnus*, il y a aussi beaucoup de *vertus cachées*, et cela console.

FIN DES CRIMES INCONNUS ET DE LA QUARANTE-TROISIÈME SÉRIE.

TABLE

DES CHAPITRES CONTENUS DANS CET OUVRAGE

FIN DE LA TABLE.

TABLE

DES OUVRAGES CONTENUS DANS CE VOLUME.

FIN DE LA TABLE DE LA QUARANTE-TROISIÈME SÉRIE.

Paris, — Imprimerie J. Voisvenel, rue Chauchat, 16.

CATALOGUE DES PUBLICATIONS LITTÉRAIRES DU SIÈCLE.

PARIS, 14, RUE CHAUCHAT.

AVANTAGES RÉSERVÉS AUX ABONNÉS DU JOURNAL LE SIÈCLE.

Tout Abonné au SIÈCLE a droit, outre la prime gratuite, à une remise de cinquante pour cent sur le prix marqué de tous les ouvrages que renferme ce Catalogue. Les demandes des départements doivent être affranchies et contenir leur montant en un mandat sur la poste ou à vue à l'ordre de M. le Directeur-Gérant du SIÈCLE. Ajouter à la demande le prix du port, qui est, par chaque volume, de 1 franc pour ceux de la première catégorie; de 80 centimes pour ceux de la deuxième; de 60 centimes pour ceux de la troisième; de 40 centimes pour ceux de la quatrième.

Première catégorie.

Musée littéraire.

[illegible] série. — Les sept Péchés capitaux: l'Orgueil, l'Envie, [illegible]ère, la Luxure, la Paresse, l'Avarice, la Gourmandise. [illegible] Prix : 6 fr.

[illegible] série. — Les Catacombes de Paris, ÉLIE BERTHET; [illegible]rgone, DE LA LANDELLE; Gabrielle, Mme ANCELOT. Prix : 6 fr.

[illegible] série. — Marcel, FÉLICIEN MALLEFILLE; Les Frères [de la] Côte, E. GONZALÈS; Le Conseiller d'État, F. SOULIÉ; [Hist]oire de Chantilly, L. GOZLAN; Hermione Sénéchal, [Hélè]ne Raynal, PAUL FERNEY. Prix : 6 fr.

[illegible] série. — Le Chemin le plus court, ALPH. KARR; [Ésaü] le lépreux, EMMANUEL GONZALÈS; Blanche Morti[mer], ADRIEN PAUL. Prix : 6 fr.

[illegible] série. — Une Haine à bord, DE LA LANDELLE; Les [illegible], E. BERTHET; Le Bossu, P. FÉVAL. Prix : 6 fr.

[illegible] série. — Les Excentricités de sir Georges, Nicette, [ADRI]EN PAUL; Une Vengeance, Mme LÉONIE D'AUNET; Les [Mend]iants de Paris, Mme CLÉMENCE ROBERT; 4 Nouvelles [illegible], ADRIEN PAUL. Prix : 6 fr.

[illegible] série. — Le Chevalier de Floustignac, A côté du [bonh]eur, A. PAUL; Les Burgraves, E. BERTHET; Un Corsaire [sous l']Empire, FULGENCE GIRARD; L'Or est une chimère, [la Tr]aite des Blanches, Sans Famille, MOLÉRI. Prix : 6 fr.

[illegible] série. — Thaddeus le ressuscité, M. MASSON et A. LU[CHET]; La Belle novice, E. GONZALÈS; Le Marquis de Montlar, [Madame] Leblanc, MOLÉRI; Le Nouveau monde, O. COMETTANT. Prix : 6 fr.

[illegible] série. — Frère et Sœur, A. LUCHET; Ivanhoé, WALTER SCOTT (trad. de Victor Perceval); La Dryade de Clairefont, E. BERTHET; Les Proscrits de Sicile, E. GONZALÈS. Prix : 6 fr.

27e série. — Les Géants de la mer, DE LA LANDELLE; Le Vengeur du mari, EMMANUEL GONZALÈS. Prix : 6 fr.

28e série. — Fragments de voyages autour du monde, GABRIEL LAFOND (DE LURCY); Les Brigands, ÉMILE NORMAND; Nouvelles Diverses, Huit jours au Monténégro, ADRIEN PAUL. Prix : 6 fr.

29e série. — L'Homme des bois, ÉLIE BERTHET; En Amérique, en France et ailleurs, OSCAR COMETTANT; Bernard le potier de terre, Étienne Giraud, MOLÉRI; Les Duels de Valentin, ADRIEN PAUL. Prix : 6 fr.

30e série. — Une Belle de jeu, Les Finesses de d'Argenson, ADRIEN PAUL; La Famille Guillaume, Suzanne, MOLÉRI; Le Gentilhomme verrier, ÉLIE BERTHET; Le Chasseur d'hommes, EMMANUEL GONZALÈS. Prix : 6 fr.

31e série. — Robin Hood, PIERCE EGAN (traduction de Victor Perceval); Marcelline Vauvert, FULGENCE GIRARD; Les Saboliers de la forêt Noire, EMMANUEL GONZALÈS; Les Martyrs de la Pologne, LOUIS NOIR. Prix : 6 fr.

32e série. — La Belle argentière, Vte PONSON DU TERRAIL; Les Anabaptistes des Vosges, les Marquards, une Noce dans le Poitou, ALFRED MICHIELS; Sur nos Grèves, Giulia Falcoin, FULGENCE GIRARD. Prix : 6 fr.

33e série. — Le Serment des quatre valets, Vte PONSON DU TERRAIL; Souvenirs d'un simple zouave, L. NOIR. Prix : 6 fr.

34e série. — La Reine des barricades, PONSON DU TERRAIL; Jeanne de Valbelle, C. B. ANC; Les Mémoires d'un Ange, E. GONZALÈS; Les Chasseurs de chamois, A. MICHIELS. Prix : 6 fr.

35e série. — Comment on aime, ÉTIENNE ÉNAULT; Le Brouillard sanglant, LOUIS NOIR; Les Sept baisers [de Buc]kingham, E. GONZALÈS et MOLÉRI; Le Curé du Pecq, [Jean] Lebon, GUSTAVE CHADEUIL. Pr[ix : 6 fr.]

36e série. — Jacques la Hache, LOUIS NOIR; L[es] Drames bourgeois, MOLÉRI; La Double vue, ÉLIE BE[RTHET]; Les Trois Dancées, EMMANUEL GONZALÈS. Pr[ix : 6 fr.]

37e série. — Les Colon d'Algérie, E. BERTHET; Les [Amours] du Vert-Galant, la Mignonne du roi, une Princesse [russe], le Serment de la veuve, Giangurgolo, Jacqueline, [Épave], Les Jardins de Monaco, E. GONZALÈS; La Terre p[romise], Iambo, un Don Juan sur le retour, Partie et Re[vanche], MOLÉRI. Pr[ix : 6 fr.]

38e série. — Le beau Galaor, Vte PONSON DU TE[RRAIL]; L'Hôtesse du Connétable, E. GONZALÈS; La Contessina, [V.] PERCEVAL; Le Calvaire des Femmes, M.-L. GAGNEUR. [illegible]

39e série. — La seconde jeunesse du roi Henri, [PONSON] DU TERRAIL; L'Épée de Suzanne, E. GONZALÈS; Ca[mpagne] du Mexique, L. NOIR; les Cyniques, etc., J. VILBORT. [illegible]

40e série. — Chroniques de la marine française, FU[LGENCE] GIRARD; Contes d'une nuit d'hiver, ALFRED MICH[IELS]; Dragon rouge, LÉON GOZLAN; la Tour du télégraph[e, E.] BERTHET. Prix [illegible]

42e série. — Jean Bart et Charles Keyser, — les [illegible] de Portugal, l'Usurier sentimental, — la plus heure[use des] femmes, — l'École de la vie, DE LA LANDELLE. Pr[ix : 6 fr.]

43e série. — *Les Drames de l'honneur* : — l'Enfant [trouvé] — Histoire d'une conscience, — Mademoiselle de [Champ]rosay, ÉTIENNE ÉNAULT; les Crimes inconnus, [illegible]. Prix [illegible]

Deuxième catégorie.

ŒUVRES CHOISIES D'EUGÈNE SUE.

[To]me 1er, 1re PARTIE. — Mathilde, mémoires d'une [jeun]e femme. Prix : 4 fr. 50

[To]me 1er, 2e PARTIE. — Paula Monti ou l'Hôtel Lam[bert]. — Le Marquis de Létorière, Crao. — Thérèse Du[noyer]. — Arthur, journal d'un inconnu. Prix : 4 fr. 50

[To]me 2, 1re PARTIE. — Latréaumont. — Jean Cavalier [ou le]s Fanatiques des Cévennes. — Le Colonel de Surville. [— De]lphin-Arabian. Prix : 4 fr. 50

[To]me 3, 1re PARTIE. — La Salamandre. — Atar-Gull. — [illegible] — La Vigie de Koat-Ven. Prix : 4 fr. 50

[To]me 3, 2e PARTIE. — La Coucaratcha. — Le Com[man]deur de Malte. — Le Morne-au-Diable. — Les Aven[tures] de Hercule Hardi; Kardiki. Prix : 4 fr. 50

[N]OUVELLES ET ROMANS CHOISIS D'ÉLIE BERTHET.

[To]me 1er, 1re PARTIE. — Le Colporteur, le Val d'An[dorre], la Croix de l'affût. — La Maison murée, le Pacte de famine, une Passion, le Dernier alchimiste, la Tour Zizim, le Chasseur de marmottes. — Le Roi des ménétriers. — Le Nid de cigognes. — La Mine d'or. Prix : 4 fr. 50

Tome 1er, 2e PARTIE. — L'Étang de Précigny. — Richard le fauconnier, la Ferme de l'Oseraie. — La Belle drapière, le Château d'Auvergne. — Le Réfractaire, le Cadet de Normandie. Prix : 4 fr. 50

Tome 2, 1re PARTIE. — Bastide Rouge, Roche Tremblante. — Mystères de la famille. — Spectre de Châtillon. — Braconnier, Château de Montbrun. Prix : 4 fr. 50

Tome 2, 2e PARTIE. — Le dernier Irlandais. — Le Vallon suisse. — Une Maison de Paris. — La Marquise de Norville, la Nièce du Notaire, la Convulsionnaire, le Père Xavier, le Marquis de Beaulieu, les deux Meuniers. Prix : 4 fr. 50

Tome 3, 1re PARTIE. — L'Oiseau du désert, le douanier de Mer, le Juré. Prix : 4 fr. 50

NOUVELLES ET ROMANS CHOISIS D'A. DE LAVERGNE.

Tome 1er, 1re PARTIE. — La Recherche de l'inconnue. — La Famille de Marsal. — L'Aîné de la famille. — Un Gentilhomme d'aujourd'hui. Prix : 4 fr. 50

Tome 1er, 2e PARTIE. — La Duchesse de Maza[rin]. — [illegible] Circassienne. — La Pension bourgeoise, le Chevali[er du silence], le Comte de Mansfeldt, le Secret de la confe[ssion], le Cadet de famille. Prix [illegible]

Tome 2, 1re PARTIE. — La Princesse des Ursi[ns]. — Il faut que jeunesse se passe. — Les Trois aveugles. — [Le Der]nier seigneur de village. — La Marquise de Cont[illac], Livre du mezouar, la Course au clocher, Francas le [Bossu]. — Le Château de la Brosse-Saint-Ouen, la Dernière [illegible] de Santeuil, Anne d'Arcona, Hannah Glenmore, le B[raspro]. Prix [illegible]

Tome 2, 2e PARTIE. — Le Lieutenant Robert. — [illegible] historiques de France. — L'Ut de Poitrine. — Pauline, les Suites d'une Passion, la Sainte d'Ollémont, le [illegible] more de Grenade, la Force, le bourgeois de Bay[onne], Jeune Boulders. Prix [illegible]

Le Fils du diable, PAUL FÉVAL. Prix [illegible]

Les Mystères de Londres, — Prix [illegible]

Le Veau d'or, F. SOULIÉ et LÉO LESPÈS. Prix [illegible]

Ésaü le Lépreux, E. GONZALÈS. Prix [illegible]

Les Géants de la mer, DE LA LANDELLE. Prix [illegible]

Troisième catégorie.

[EUG]ÈNE SUE. — L'Orgueil, 2 fr. 50. — L'Envie, la Colère, [2 fr.] 50. — La Bonne aventure, 2 50. — Latréaumont, 2 fr. [50.] — Arthur, 2 fr. 50. — Jean Cavalier, 2 fr. 50. — La Vigie [de Ko]at-Ven, 2 fr. 50.

[ÉLI]E BERTHET. — Les Catacombes de Paris, 2 50. — Les [illegible], 2 50. — L'Homme des bois, 2 50. — La Marquise [de N]orville, la Nièce du Notaire, la Convulsionnaire, le [Père] Xavier, le Marquis de Beaulieu, les deux Meuniers, [illegible] — Le Gentilhomme verrier, 2 50. — Le Colon d'Algérie.

[PAU]L FÉVAL. — Les Amours de Paris, 2 50. — Le Bossu, 2 50.

[DE] LA LANDELLE. — La Gorgone, 2 50. — Les Grands de [Port]ugal, l'Usurier sentimental, 2 fr. 50.

[L.] GOZLAN. — Le Médecin du Pecq, 2 fr. 50.

Vte PONSON DU TERRAIL. — La Jeunesse du roi Henri; La Belle argentière, 2 50; Le Serment des quatre valets, 2 50; La Reine des Barricades, 2 fr. 50.

CLÉMENCE ROBERT. — Les Mendiants de Paris, 2 50.

EUGÈNE SCRIBE. — Nouvelles et Proverbes, 2 50.

F. DERIÈGE. — Les Mystères de Rome, 2 fr. 50.

M. MASSON et A. LUCHET. — Thaddeus le Ressuscité, 2 fr. 50.

MOLÉRI. — L'Or est une chimère, la traite des blanches, Sans Famille, 2 fr. 50. — Les Petits drames bourgeois, 2 fr. 50.

OSCAR COMETTANT. — Le Nouveau monde, 2 fr. 50. — En Amérique, en France et ailleurs, 2 fr. 50.

G. LAFOND (DE LURCY). — Fragments de Voyage autour du monde, 2 fr. 50.

WALTER SCOTT (trad. Victor Perceval). — Ivanhoé, 2 fr. 50.

PIERCE EGAN. — Robin Hood, par V. Perceval, [illegible]

E. GONZALÈS. — Chasseur d'hommes, 2 fr. 50. — M[émoires] d'un Ange, 2 fr. 50. — Amours du Vert-Galant, Mign[onne du] roi, Princesse russe, Serment de la veuve, Giang[urgolo], Jacqueline, Épave, Jardins de Monaco, 2 fr. 50.

A. DE LAVERGNE. — Famille de Marsal, 2 f. 50. — [Pension] bourgeoise, Chevalier du silence, Comte de Ma[nsfeldt], Secret de la confession, 2 f. 50. — Lieutenant Robert [illegible]

L. NOIR. — Les Martyrs de la Pologne, 2 f. 50. — [Souve]nirs d'un simple zouave, 2 f. 50. — Jacques la Hache [illegible]

M.-L. GAGNEUR. — Le Calvaire des Femmes, 2 fr. [illegible]

FULGENCE GIRARD. — Sur nos Grèves, Giulia Falco[in] — Chroniques de la marine française (République [illegible]

ÉTIENNE ÉNAULT. — Comment on aime, 2 f 50. — [L'Enfant] trouvé, 2 fr. 50

Quatrième catégorie.

[ÉLI]E BERTHET. — Le Colporteur, le Val d'Andorre, la Croix [de l'af]fût, 1 fr. 20. — La Maison murée, le Pacte de fa[mine], une Passion, le Dernier alchimiste, la Tour Zizim, [le Ch]asseur de marmottes 1 fr. 20. — Le Roi des ménétriers, [1 fr.] 20. — Le Nid de cigognes, 1 fr. 20. — La Mine d'or, 1 fr. [20. —] L'Étang de Précigny, 1 fr. 20. — Richard le faucon[nier], la Ferme de l'Oseraie, 1 fr. 20. — La Belle drapière, le [Chât]eau d'Auvergne, 1 fr. 20. — Le Réfractaire, le Cadet de [Nor]mandie, 1 fr. 20. — La Dryade de Clairefont, 1 fr. 20. — [L]a Bastide Rouge, la Roche Tremblante, 1 fr. 20. — [M]ystères de la famille, 1 fr. 20. — Le Spectre de Châ[tillo]n, 1 fr. 20. — Le Braconnier, le Château de Montbrun, [1 fr.] 20. — Le dernier Irlandais, 1 fr. 20. — Le Vallon suisse, — Une Maison de Paris, 1 fr. 20. — La Double vue, 1 fr. 20. [— L]a Tour du Télégraphe, 1 20. — L'Oiseau du désert, 1 20. [— L]e douanier de Mer, 1 20. — Le Juré 1 20. — Les Crimes [inco]nnus, 1 20.

[EUG]ÈNE SUE. — La Luxure, la Paresse, 1 fr. 20. — L'Avarice, [la G]ourmandise, 1 fr. 20. — Le Marquis de Létorière, [illegible] 1 fr. 20. — Thérèse Dunoyer, 1 fr. 20. — Le Colonel [de Su]rville, Delphin-Arabian, 1 fr. 20. — La Salamandre, [1 fr.] 20. — Atar-Gull, 1 fr. 20. — La Coucaratcha, 1 fr. 20. — [Le C]ommandeur de Malte, 1 fr. 20. — Miss Mary, 1 fr. 20.

[AL]PH. KARR. — Fort en thème, 1 20. — Feu Bressier, 1 f. 20.

[illegible] SOUVESTRE. — Riche et Pauvre, 1 fr. 20.

[ÉMILE] NORMAND. — Mahdi.

[LÉO]N GOZLAN. — Le Dragon rouge, 1 f. 20. — Le Faubourg [myst]érieux, 1 fr. 20.

[illegible] DE BERNARD. — Le Nœud-Gordien, 1 fr. 20.

[E. G]ONZALÈS. — Les Frères de la Côte, 1 fr. 20. — La Belle novice, 1 fr. 20. — Les Proscrits de Sicile, 1 fr. 20. — Le Vengeur du mari, 1 fr. 20. — Les Saboliers de la forêt Noire, 1 fr. 20. — Les Sept baisers de Buckingham, 1 fr. 20. — Les Trois Dancées, 1 fr. 20. — L'Hôtesse du connétable, 1 fr. 20. — L'Épée de Suzanne, 1 fr. 20.

A. LUCHET. — Frère et Sœur, 1 fr. 20. — Souvenirs de Fontainebleau, 1 fr. 20.

ADRIEN PAUL. — Blanche Mortimer, 1 fr. 20. — Sir Georges, Nicette, 1 20. — 4 Nouvelles, Thérèse, 1 20. — Les Aventures du chevalier de Floustignac, A côté du bonheur, 1 fr. 20. — Une belle de jeu, les Finesses de d'Argenson, 1 fr. 20. — Les Duels de Valentin, 1 fr. 20. — Nouvelles Diverses, Huit jours au Monténégro, 1 fr. 20.

MAYNE-REID (traduit par Allyre Bureau). — Le Buffalo blanc, 1 fr. 20 c.

Mme ANCELOT. — Gabrielle, 1 fr. 20.

P. FERNEY. — Hermione Sénéchal, Hélène Raynal, 1 fr. 20.

DE LA LANDELLE. — Une Haine à bord, 1 fr. 20. — Jean Bart et Charles Keyser, 1 20. — La plus heureuse des femmes, 1 20. — L'École de la vie, 1 20.

LÉONIE D'AUNET. — Une Vengeance, 1 fr. 20.

FULGENCE GIRARD. — Un Corsaire sous l'Empire, 1 fr. 20. — Marcelline Vauvert, 1 fr. 20.

BIBLIOPHILE JACOB. — Pignerol, 1 fr. 20.

MOLÉRI. — Le Marquis de Montlar ou un Gentilhomme d'autrefois, Madame Leblanc, 1 fr. 20. — Bernard le potier de terre, Étienne Giraud, 1 fr. 20. — La Famille Guillaume, Suzanne, 1 fr. 20. — La Terre promise, Iambo, un Don Juan sur le Retour, Partie et Revanche, 1 fr. 20.

ALEXANDRE DE LAVERGNE. — La Recherche de l'inco[n]nue, 1 20. — L'Aîné de la famille, 1 20. — Un Gent[ilhomme] d'aujourd'hui, 1 20. — La Duchesse de Mazarin, 1 20. [— La Cir]cassienne, 1 20. — Le Cadet de famille, 1 20. — La [Princesse] des Ursins, 1 20. — Il faut que jeunesse se passe, [1 20. — Les] Trois aveugles, le Dernier seigneur de village, La Marquise de Contillac, le Livre du mezouar, la C[ourse au] clocher, Francas le Bossu, 1 fr. 20. — Le Châte[au de la] Brosse-Saint-Ouen, la Dernière [illegible] de Santeuil, [Anne] d'Arcona, Hannah Glenmore, le Braspro, 1 fr. 20. [illegible] historiques de France 1 fr. 20. — L'Ut de Poitrine [illegible] — Histoire et Roman, 1 fr. 20.

ALFRED MICHIELS. — Les Anabaptistes des V[osges], Marquards, une Noce dans le Poitou, 1 fr. 20. — [Les Chas]seurs de chamois, 1 20. — Contes d'une nuit d'hi[ver], — Contes des montagnes, 1 fr. 20.

CASIMIR PLA[illegible]. — Jeanne de Valbelle, 1 fr. 20.

LOUIS NOIR. — Le Brouillard sanglant, 1 fr. 20 [— Cam]pagne du Mexique, 1 fr. 20.

G. CHADEUIL. — Le Curé du Pecq, Jean Lebon, [illegible]

V. PERCEVAL. — La Contessina, 1 fr. 20. — [illegible] et V. PERCEVAL. Une femme dangereuse, 1 fr. 20.

Vte PONSON DU TERRAIL. — Le beau Galaor, 1 f[r. 20. — La] seconde jeunesse du roi Henri, 1 fr. 20.

J.-M. VILBORT. — Les Cyniques, etc. 1 fr. 20.

ÉTIENNE ÉNAULT. — Histoire d'une conscience, [illegible] Mademoiselle de Champrosay, 1 fr. 20.

[1]1 mai 187[illegible]

Paris. — Imprimerie J. Voisvenel, 1[illegible], rue Chau[chat].

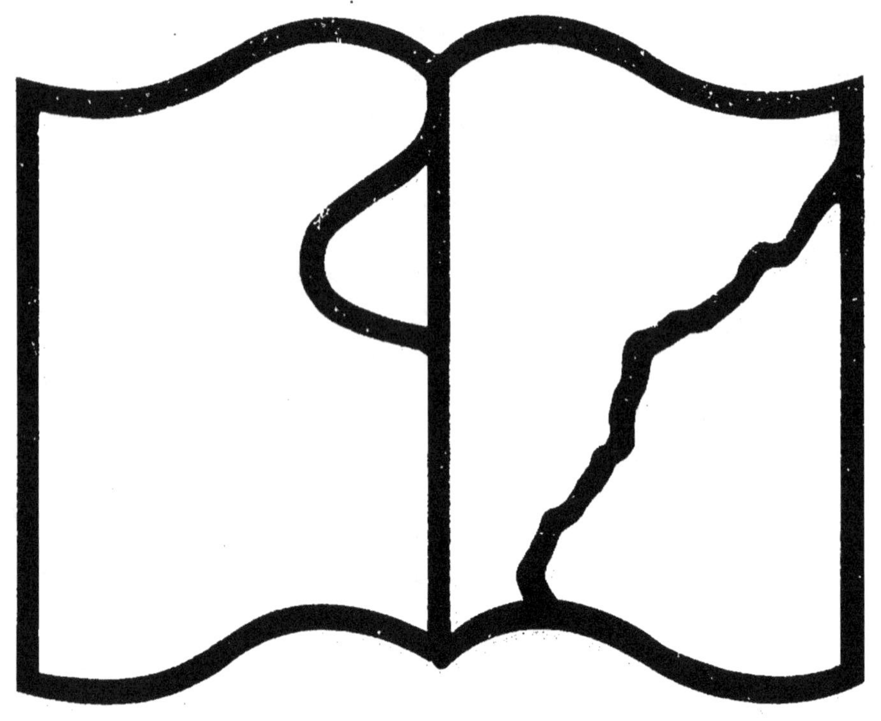

Texte détérioré — reliure défectueuse

NF Z 43-120-11

www.ingramcontent.com/pod-product-compliance
Lightning Source LLC
LaVergne TN
LVHW021006090426
835512LV00009B/2102